室町幕府の成立後も、幕府と後醍醐天皇らの南朝勢力との戦いは続き、ようやく終結したのは明徳《めいとく》三年（一三九二）だった（「南北朝の合一」）。その後、三代将軍・足利義満《よしみつ》が着手したのは、複数国の守護を兼ねる山名《やまな》、大内《おおうち》らの勢力削減である（「明徳の乱」「応永《おうえい》の乱」）。また、室町幕府が関東の拠点として置いた鎌倉府《かまくらふ》では、そのトップである鎌倉公方《くぼう》・足利持氏《もちうじ》が室町幕府に対抗し、「永享《えいきょう》の乱」が勃発する。新たな争乱の時代に突入したのだ。

戦国時代の争乱の特徴は、大名が対立する大名の領国に侵攻するなど、領土争いの色彩が濃い点である。一方、室町時代の争乱の特徴は、室町幕府が守護の抑制を図ろうとした結果、勃発した戦いが多いことだ。「明徳の乱」などは、その典型である。関東では「上杉禅秀《うえすぎぜんしゅう》の乱」に始まる争乱で鎌倉府が弱体化・崩壊し、やがて長い戦争の時代に突入した。加えて、室町時代は将軍や守護の家督をめぐる紛争が激化した結果、一族が分裂して抗争が繰り広げられたのも大きな特徴である。「応仁・文明の乱」は、そうした紛争が集約された戦いでもあった。また、幕府と対立した南朝の存在も重要である。

とはいえ、室町時代の争乱は類書が乏しく、また争乱の構造が複雑なだけに、一般的にはなかなか理解が及ばない点が多々ある。本書は室町時代の代表的な戦乱と政変を取り上げ、詳しくかつわかりやすく解説したものである。本書を通して室町時代の戦乱と政変に関心を抱いていただけたら、望外の喜びである。

渡邊大門

はじめに

近年、日本中世史への関心が高まっており、とりわけ戦国・織豊《しょくほう》時代の人気は衰えるところを知らない。一方で、鎌倉から室町の各時代も書籍が次々刊行されており、注目されつつある。

しかし、本書がテーマとする室町時代の戦乱と政変については、近年「観応《かんのう》の擾乱《じょうらん》」や「享《きょう》徳《とく》の乱」、「応仁《おうにん》・文明《ぶんめい》の乱」などが話題になってはいるものの、その他の戦乱や政変はさほど取り上げられることがなく、類書も非常に乏しい。本書は貞和《じょうわ》五年（一三四九）に勃発《ぼっぱつ》した「観応の擾乱」からはじまり、戦国時代の端緒となった明応《めいおう》二年（一四九三）の「明応の政変」までの戦乱と政変を取り上げる。

最初に、室町幕府成立などの経緯について触れておこう。

鎌倉時代末期、後醍醐《ごだいご》天皇を中心とする倒幕勢力が台頭した。やがて、足利尊氏《あしかがたかうじ》らの協力もあり、鎌倉幕府が滅亡したのは、正慶《しょうけい》二年（一三三三）のことである。その直後に誕生したのが、後醍醐天皇をいただいた建武《けんむ》政権である。しかし、その復古的な政治は長く続かず、建武三年（一三三六）に瓦解《がかい》した。その後を受けて、同年に足利尊氏が開いたのが室町幕府である。以降、室町幕府は元亀《げんき》四年（一五七三）に最後の将軍・足利義昭《よしあき》が織田《おだ》信長《のぶなが》によって京都を追放されるまで、二百四十年近くも続いた。

室町時代

戦乱と政変の

渡邊大門 編

柏書房

『戦乱と政変の室町時代』——目次

第1章　「観応の擾乱」　その後の幕府混乱の萌芽、室町草創期の〝兄弟の争い〟

秦野裕介

第5章　「永享の乱」　関東をさらなる混沌に陥れた室町将軍と鎌倉公方の全面戦争　中根正人

第6章　「結城合戦」　「永享の乱」で敗れた鎌倉公方の遺児たちによる〝復讐戦〟　前川辰徳

第7章　「嘉吉の乱」

〝万人恐怖〟への反動、幕府権威失墜の端緒となった将軍暗殺劇

渡邊大門

第8章　「禁闕の変」

後花園天皇襲撃事件に見る、皇統をめぐる複雑な争いの真相

秦野裕介

第12章　「明応の政変」〝将軍が二人?〟――細川政元による新将軍擁立のクーデター　古野　貢

足利氏略系図（算用数字は将軍代数、漢数字は鎌倉公方代数。二重線は養子）

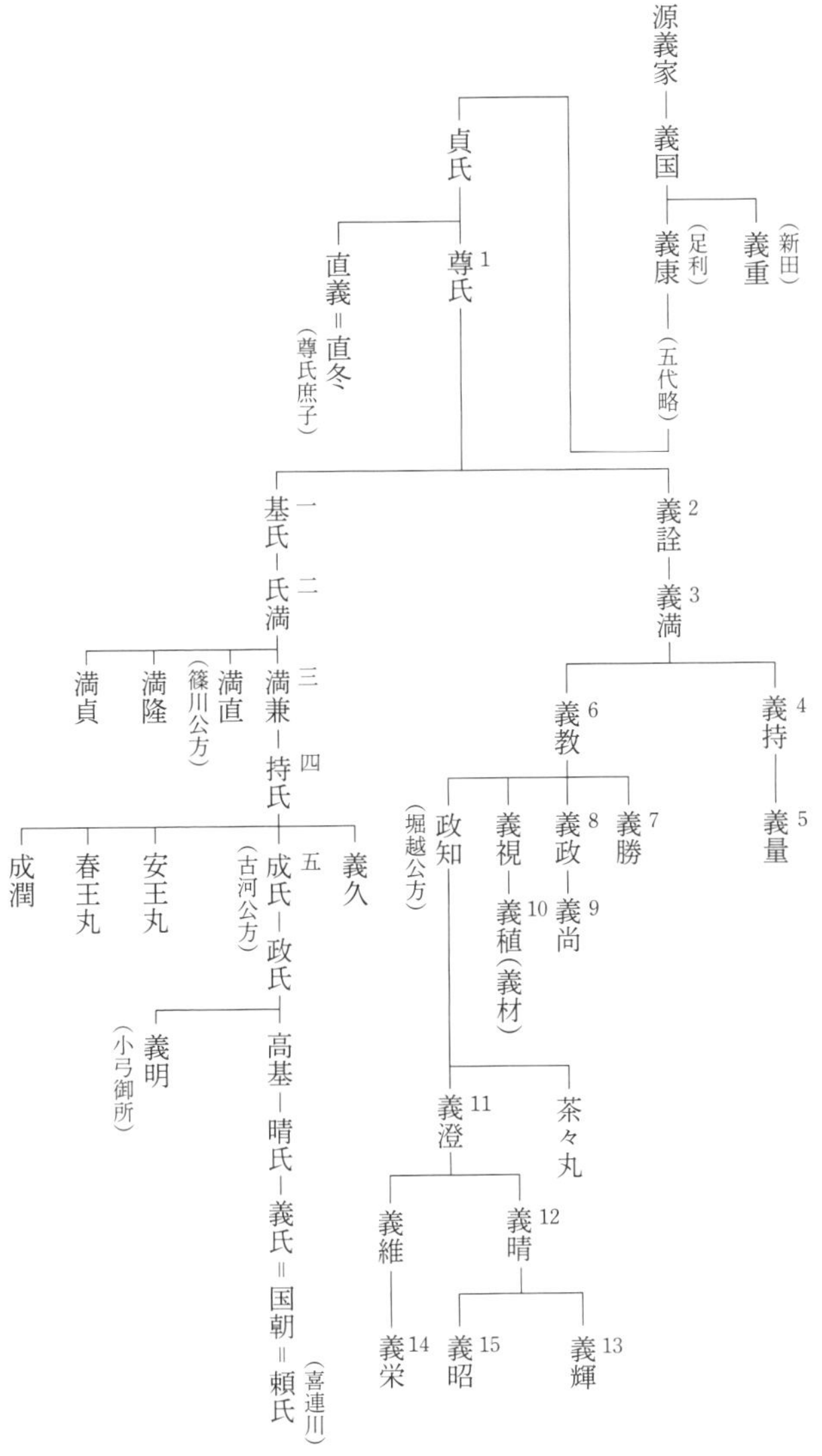

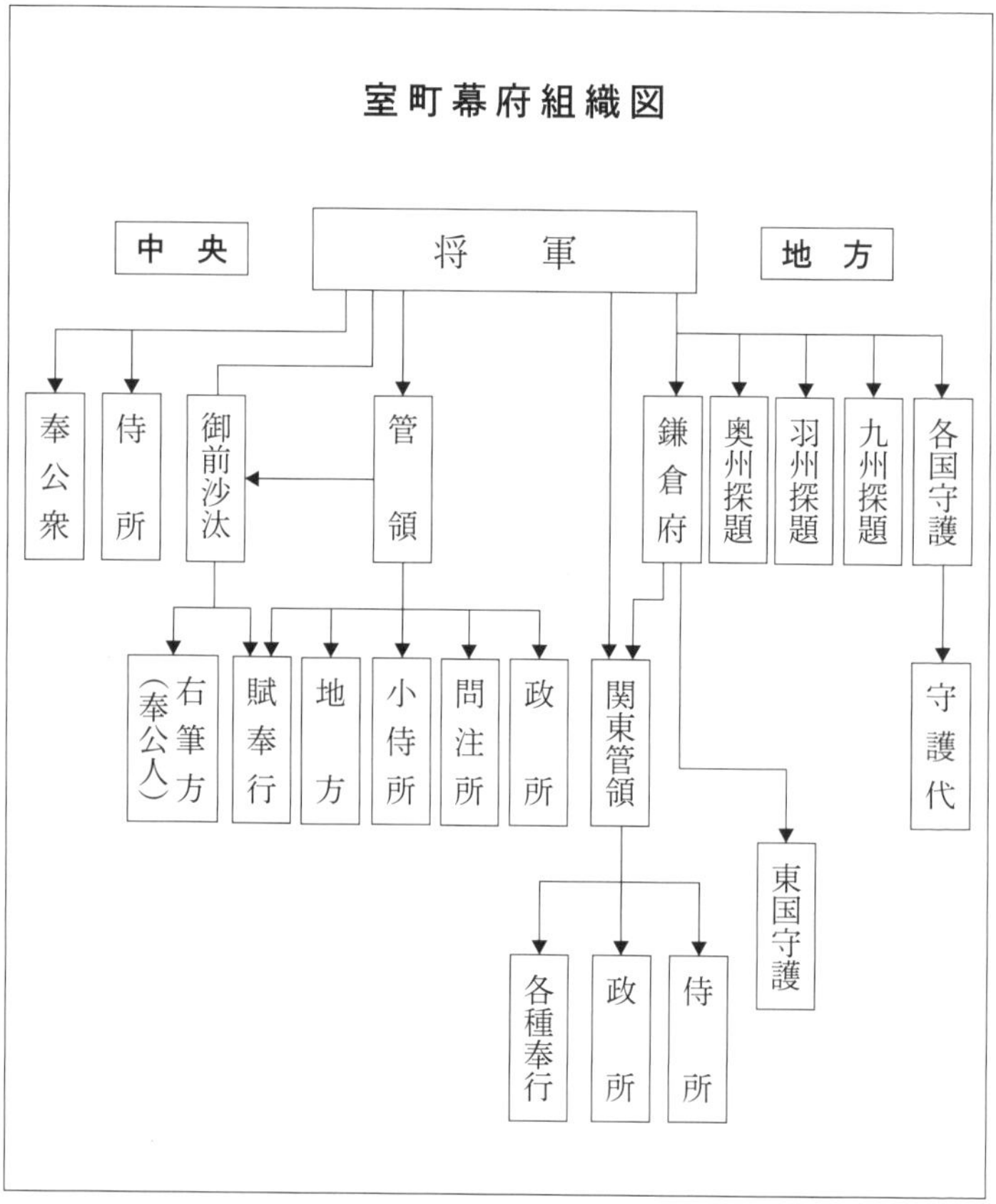

将軍を補佐したのが管領。奉公衆は将軍直属の軍事力で、侍所は京都の治安維持などを担当した。政所以下の組織は、幕府の行財政などを担当した。鎌倉府は室町幕府の組織をほぼ踏襲していたが、それ以外の探題の組織については不明な点が多い。各国の守護は、それぞれの国を支配した。

第１章

「観応の擾乱」

その後の幕府混乱の萌芽、
室町草創期の〝兄弟の争い〟

秦野裕介

◎「観応の擾乱」の時代背景

「観応《かんのう》の擾乱《じょうらん》」とは、室町幕府初代将軍・足利尊氏《あしかがたかうじ》の執事《しつじ》・高師直《こうのもろなお》と尊氏の弟・足利直義《ただよし》の衝突が、やがて尊氏と直義兄弟の争いに発展、日本全国を巻き込むこととなった戦いである。室町幕府の中枢が二つに分裂し、日本全土を巻き込む戦乱となった。

まず、室町幕府の成立に至るまでを概観しておこう。

元弘《げんこう》三年（一三三三）、鎌倉幕府を打倒して始まったのが後醍醐《ごだいご》天皇の「建武《けんむ》の新政」である。しかし、新政体制はすぐに破綻《はたん》、当初は天皇方だった足利尊氏は後醍醐と敵対することとなった。建武三年（一三三六）に大覚寺統《だいかくじとう》（南朝）の後醍醐天皇が吉野（奈良県吉野町）に遷幸《せんこう》すると、尊氏は持明院統《じみょういんとう》（北朝）の光明《こうみょう》天皇を擁立《ようりつ》したため、日本は南北朝の内乱状態に陥る。

その後、暦応《りゃくおう》元年（一三三八）の北畠顕家《きたばたけあきいえ》・新田義貞《にったよしさだ》の相次ぐ敗死によって南朝方の頽勢《たいせい》が明らかとなる中、その年には足利尊氏は自らが擁立した光厳《こうごん》院政のもと、征夷大将軍《せいいたいしょうぐん》に任ぜられた。

将軍職に就いたものの、その後まもなく尊氏は事実上の隠遁《いんとん》生活に入り、政務は基本的に尊氏の弟の足利直義が担当することとなった。しかし、恩賞を与える権限である恩賞宛行《あてがい》権は依然尊氏の下にあり、足利家の家宰《かさい》（主家の政務の取締役）を務めてきた高師直が尊氏の権限を執行する形ができあがっていた。

このような尊氏と直義の権限の分掌については、軍事指揮権と行賞権を持つ尊氏の権限を「主従制的支配権」、民事裁判権や直義の権限を「統治権的支配権」と呼び、室町幕府開創期の官制体系を分析する研究がある（佐藤：一九六〇）。一方で、この見方に対して、尊氏＝主従的支配権、直義＝統治権的支配権の、この両者をはっきりと分けることができるのか、尊氏の軍事編成にも統治権的な要素が存在し、恩賞宛行・所領安堵《あんど》にも双方の要素が混在する、として

北朝系図（数字は天皇代数）

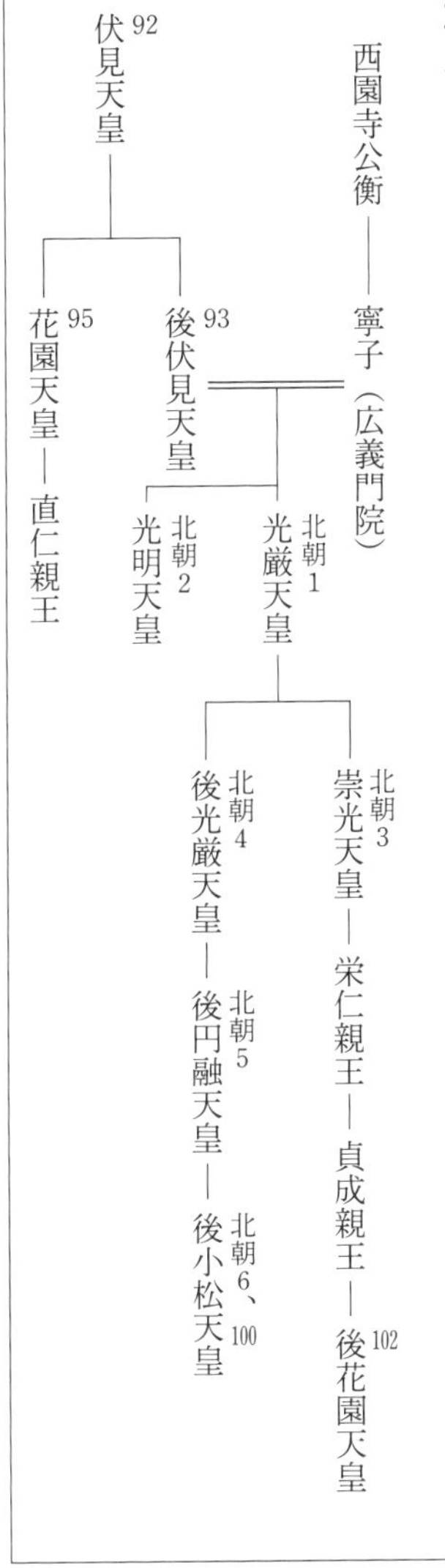

その破綻を主張する見解も出されている（亀田：二〇一七）。

また尊氏と直義の二頭政治という見方に対しても、事実上直義がほぼ「執権《しっけん》」として幕政のすべてを担当していた、という考え方もある（亀田：二〇一七、桃崎：二〇二〇）。

ともあれ、尊氏と直義の両者が幕政に関わっていたこと、さらには尊氏と直義の対立に発展したことが「観応の擾乱」の直接の原因である。

◎高師直と足利直義の対立

「観応の擾乱」の主要因は高師直と足利直義の対立であるが、両者の対立はかなり古くから存在した、と見られている。しかし本格的に両者が対立する契機は、師直の勢力が飛躍的に大きくなる貞和《じょうわ》四年（一三四八）の「四条畷《しじょうなわて》の戦い」の後と見られる。

一般に師直と直義の対立に関しては、尊氏の持っている軍事指揮権を代行する師直と、朝廷との交渉も担当していた直義の対立とみなされてきた。すなわち、軍事指揮権を持つ師直は恩賞を充《あ》て行《が》う必要があり、寺社本所領《ほんじょ》（寺社や貴族の荘園）に対する押領《おうりょう》（権利侵害）を黙認することも多かったのに対し、朝廷との交渉を担当する直義は寺社本所領の保護にも励まなければならなかったことが、両者の衝突の原因となったと指摘されているのである。

師直については、南北朝の動乱を描いた軍記物語である『太平記《たいへいき》』に寺社本所領への侵害を煽《あお》る師直の記述があったり、また「院や天皇が必要ならば木や金で作って、本物の院や天皇は流し捨ててしまえ」と放言したりした、という話が出てくる。ただこれらについては、直義が帰依《きえ》していた妙吉《みょうきつ》という禅僧による師直を讒言《ざんげん》する言葉であり、信用するに足りない、という見方もある（亀田：二〇一七）。

建武三年の幕府発足当初は非常に広い権限を保持していた師直だが、少しずつ削減されていったことが各種研究で指摘されている。その師直が再び勢力を大きく広げる契機となったのが、「四条畷の戦い」であった。

南朝方の楠木正成《くすのきまさしげ》の遺児・楠木正行《まさつら》が挙兵し、藤井寺で細川顕氏《ほそかわあきうじ》軍を撃破するにおよび、幕府は正行に対して師直を出陣させた。師直は正行を自刃《じじん》に追い込み、さらに吉野を攻撃して南朝を奥地の賀名生《あのう》に追いやることに成功した。その結果師直の権勢は大幅に上がり、直義との不協和音が大きくなり始めたのである。

そして、前述の『太平記』に載せられた讒言によって、直義は師直排除に動き出すこととなる。

◎師直の挙兵と直義の没落

貞和五年（一三四九）閏《うるう》六月、直義は師直の暗殺を図るが失敗し、これが京都を揺るがす騒動に発展した。事件後、直義と尊氏が話し合った結果、師直は執事を解任され、師直の弟（兄とも）の高師泰《もろやす》の子息・高師世《もろよ》が執事に就任した。

しかし翌月には師直は反撃に転じ、大軍を集めた。直義は敵《かな》わずと見て自身の邸《やしき》から尊氏の土御門東洞院殿《つちみかどひがしのとういんどの》に避難したが、師直は構わず尊氏邸を包囲した。室町幕府において将軍に対して申し入れを行う際に軍勢で将軍御所を取り囲む行為を「御所巻《ごしょまき》」というが、師直のこの行為は、記録されているものとしてはじめての御所巻である。

この結果、直義が政務から引退し、代わって尊氏の嫡子《ちゃくし》・足利義詮《よしあきら》が鎌倉から上京して直義の地位を引き継ぐこと、直義の腹心の上杉重能《うえすぎしげよし》・畠山直宗《はたけやまただむね》の二人が流罪《るざい》となることで決着し、師直は囲みを解いた。直後、尊氏・直義双方の崇敬を受けていた夢窓疎石《むそうそせき》の仲介もあって直義は政務に復帰し、師直も執事に復帰するが、実態は師直の力が大幅に強化されたもので、直義の権限は抑え込まれていった。まず、流罪になっていた上杉重能と畠山直宗が師直によって殺害され、また上京してきた義詮が、直義のいた三条殿に入り、政務に関与しはじめた。一方、尊氏の末子で直義の養子になっていた足利基氏《もとうじ》が、義詮と交代する形で、初代鎌倉公方《かまくらくぼう》として鎌倉に下向していった。

義詮の到着とともに直義は三条殿から細川顕氏邸の錦小路堀川に移り住み、そこで出家した。しかし観応元年（一三五〇）、基氏と同じく尊氏の実子であり、直義の養子となったのちに九州に向かった足利直冬《ただふゆ》が、後述するように後醍醐天皇皇子で征西《せいせい》将軍の懐良《かねよし》親王と協調する動向を見せると尊氏、義詮、師直は動揺し、尊氏は自ら直冬を討伐《とうばつ》するための出陣を決意した。

◎直義の南朝降伏と師直の滅亡

直冬討伐のための尊氏の出陣が直後に迫った観応元年十月二十六日、直義が京都を出奔《しゅっぽん》した。それに構わず尊氏と師直は九州に向けて十月二十八日に出発し、義詮と佐々木導誉《ささきどうよ》らが京都を守ることとなった。

十一月三日に直義は大和《やまと》（奈良県）で挙兵し、直義と尊氏の武力対決が始まった。それに対して十一月十六日には尊氏は、光明天皇の兄で院政を敷いていた光厳上皇に直義追討の院宣《いんぜん》を奏請《そうせい》した。直義と良好な関係にあった光厳上皇は当初は反対したが、尊氏の強い態度に結局受け入れざるを得なかった。直義は朝敵《ちょうてき》とされてしまったのである。

それに対抗するために直義は十一月二十三日に南朝に降伏した。当然直義の降伏申し入れに対しては、南朝内部でもその真意をめぐって激論が交わされたが、直義を受け入れて皇統を統一すべし、という北畠親房《ちかふさ》の意見が採用され、直義の南朝への降伏は了解された。

十二月二十九日、備前《びぜん》（岡山県）に達していた尊氏は、直義が石清水《いわしみず》八幡宮を占拠したという知らせを受けるなどすると、戦況の不利を察して反転、入京した。しかし時すでに遅く、翌年正月十五日には義詮は京都を脱出し、直義派の桃井直常《もものいただつね》が入京、その後、光厳上皇と後村上《ごむらかみ》天皇にそれぞれ献金している。直義は南北両朝の講和を模索したようであるが、両朝への献金は南朝方からの不信を買い（飯倉：二〇〇二）、親密だった光厳上皇との関係も壊しかねない動きであった（亀田：二〇一七）。

京都を脱出した義詮は尊氏と合流後に京都奪還を目指したものの敗北し、丹波にとどまった。尊氏と師直らは播磨《はりま》（兵庫県）に退いて再起を図ったものの、摂津《せっつ》（大阪府）打出浜《うちではま》の戦いで敗北し、直義との講和が成立した。

講和条件に従って出家することとなった師直兄弟だったが、摂津から京へ送られる途上の武庫川《むこがわ》のほとりで、師直に殺害された上杉重能の子・修理亮《しゅりのすけ》の襲撃を受け、殺害された。ここに「観応の擾乱」の第一段階は直義の圧勝に終わった。

◎頓挫する南朝との講和交渉

三月二日、尊氏と直義は会談し、今後の体制が構築された。義詮が政務を担当し、直義がこれを補佐する体制が整えられた。また、執事は設置されず、直冬は正式に鎮西探題《ちんぜいたんだい》への任命が決まった。

戦いに敗れたとはいえ、尊氏は自分に従った武将への恩賞を要求し、さらに面会に来た細川顕氏（尊氏方から直義方に寝返っていた）に対してこれを拒絶するなどしたために、急速に求心力を回復した。

その一方、義詮と直義の関係は修復されず、政権運営において直義は手詰まりに陥りはじめた。

さらに、直義と南朝の講和交渉も、皇統の問題・所領の問題・幕府の存立の問題をめぐってまとまらなかった。この辺りの経緯については『吉野御事書案』（『群書類従《ぐんしょるいじゅう》』第二十一輯《しゅう》）に、北畠親房と直義のやりとりが残されている。

結局、観応二年（一三五一）五月、南朝は直義の提案を拒否し、交渉は決裂した。

◎直義の孤立と「正平の一統」

直義と義詮の関係は改善せず、直義の孤立は北朝の太政大臣《だじょうだいじん》・洞院公賢《とういんきんかた》の日記『園太暦《えんたいりゃく》』にも記されるほどであった。観応二年七月、直義は義詮に政務を完全に移譲することを表明する。一旦は尊氏の慰留によってとどまったが、直義の立場の悪化は誰《だれ》の目にも明らかであった。

そのような中、護良《もりよし》親王の皇子である興良《おきよし》親王を奉じて挙兵した赤松則祐《あかまつのりすけ》を討伐するために義詮が播磨に、また則祐の舅《しゅうと》である佐々木導誉を討伐するために尊氏が近江《おうみ》（滋賀県）に出陣していった。

この則祐と導誉討伐の出陣についてはこの後の展開が示す通り、則祐・導誉と義詮・尊氏が示し合わせて直義を挟撃するために仕組んだものとする見方が根強い（則祐が護良親王の側近であったことから、実際に則祐が幕府に反旗を翻《ひるがえ》したとする見方もある。亀田：二〇一七）。

実際、直義も尊氏と義詮による包囲殲滅《せんめつ》作戦と解釈し、七月三十日深夜、北陸に出奔してしまった。ここに「観応の擾乱」の第二段階が始まった。

近江に入った尊氏は導誉に迎えられ、仁木義長《にっきよしなが》・土岐頼康《ときよりやす》らが参上し、体制を整えた。

直義は北朝に比叡山《ひえいざん》への動座《どうざ》（貴人が居所を移すこと）を提案したが、北朝はそれを断り、これまで基本的に協力関係にあった光厳上皇と直義はついに決裂した。

その後、直義と尊氏の間には講和交渉が行われ、十月二日には尊氏と直義が近江の錦織《にしこおり》興福寺（滋賀県長浜市）で対面したが、結局決裂し、直義は北陸道から関東に向かい、鎌倉入りした。

尊氏は直義との戦いや交渉の間に南朝との交渉も開始している。八月段階では後醍醐天皇と足利尊氏の双方の敬意を集めた天台宗《てんだいしゅう》の高僧・恵鎮《えちん》（円観《えんかん》）を介した交渉を行っていたが、のちに赤松則祐を介した交渉に切り替え、十月二十五日には尊氏と南朝の講和が成立した。講和条件は皇統を南朝に一本化する、直義を追討する、というものであった。これは北朝を完全に見捨てることを意味した。

『園太暦《う》』によればこの講和は義詮と則祐、導誉が主導したもので、これを不満とした尊氏は義詮を討とうとした、と記されている。亀田俊和《かめだとしたか》氏は尊氏が不満を抱いたのは、直義を討つ、という点ではなかったか、と推測している（亀田：二〇一七）。尊氏が本来北朝よりも南朝の後醍醐天皇にシンパシーを抱いていたらしいことを考えれば、皇統の一本化には異存がなかっただろうから、この指摘は正鵠《せいこく》を射ているかもしれない。

十一月四日、尊氏は関東に入った直義を追討するために京都を出発し、その留守には義詮を残していった。

その三日後の十一月七日、南朝の後村上天皇は、光明天皇の跡を継いだ北朝の崇光《すこう》天皇と皇太子・直仁《なおひと》親王を廃した。ここに北朝は消滅し、皇統は大覚寺統に統一された。いわゆる「正平《しょうへい》の一統《いっとう》」である。

十二月二十三日に三種の神器《じんぎ》が接収され、二十八日には光明・崇光に太上天皇《だいじょうてんのう》の尊号が奉《たてまつ》られた。しかし、そもそも光明にはすでに三年前に太上天皇尊号宣下は行われていたから、これは、それまでの北朝の事績を一切認めない、という意図であった。

この一連の動きに衝撃を受けたか、上皇となっていた光明は落飾《らくしょく》（高貴な人間が仏門に入ること）してしまった。この行動に対して、洞院公賢は「不可思議」と評し、光明の兄である光厳は「御迷惑」と評した。

光厳は三種の神器を引き渡す一方で「昼御座御剣《ひのおましのごけん》」と琵琶《びわ》の名器の「牧馬《ぼくば》」の引き渡しを履行せず、北朝を守ろうと孤軍奮闘していたのである。そのような中で突如出家して、いわば敵前逃亡の形になった弟に対する光厳の評価は辛辣《しんらつ》にならざるを得なかっただろう。

◎「薩埵峠の戦い」と直義の死

さて、直義追討のために出陣した尊氏だったが、十二月十三日には駿河《するが》の薩埵山《さったやま》（静岡県静岡市）付近に陣を張り、二十七日に交戦した。この戦いで、尊氏は圧倒的に優勢だった直義方を破り、翌観応三年（一三五二）正月五日に鎌倉に入った。敗れた直義は浄妙寺《じょうみょうじ》に幽閉され、

「観応の擾乱」対立の構造

貞和５年(1349)

足利直義 VS 高師直

直義が師直暗殺を図るも失敗、師直の逆襲で師直派が政務の中心に。

観応元年(1350)「観応の擾乱」勃発

光厳上皇(北朝)「直義追討の院宣」

足利直義 VS 足利尊氏・高師直

↓降伏

後村上天皇(南朝)

懐良親王・足利直冬征伐に九州へ向かった
尊氏・師直不在の隙を突き直義挙兵。
師直派粛清で「観応の擾乱」第一段階は直義の勝利。
しかし、尊氏も影響力を保つ。

観応２年(1351)「正平の一統」

足利直義 VS 足利尊氏・足利義詮

南朝との講和交渉決裂で直義孤立、「正平の一統」により、
北朝が廃され皇統は大覚寺統(南朝)に統一。
「薩埵峠の戦い」での直義の敗戦と死で「観応の擾乱」終結。

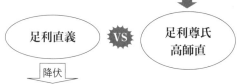

直義派は武装解除された。

二月二十五日、鎌倉に下向していた鎌倉公方の足利基氏が元服、その翌日に直義は死去した。ちなみに、直義の死去した二月二十六日は奇《く》しくも師直一門が殺害された一周忌に当たる。直義の死を『太平記』は「鴆毒《ちんどく》」によって殺害された、とする。「鴆毒」は「鴆」という南方の鳥の羽を酒に浸して使用する毒であるとされるが、羽に毒を持つ鳥の実在性は怪しいため、毒殺説については疑問が持たれている（近年パプア・ニューギニアでズグロモリモズの羽に強毒があり、他に近縁の鳥数種に同様の毒があることが確認されたため、「鴆毒」の実在の可能性も出てきた）。

直義の死後、尊氏は関東に散在する直義派に対応するために鎌倉にしばらくとどまり、西国は義詮が政治を全面的に担当することとなった。義詮を補佐したのは師直の実弟・高重茂《しげもち》の他に佐々木導誉らであった。

直義の死によって狭義の「観応の擾乱」は終結したことになるが、実際には直義の死後、その余波はさらに続くことになる。

◎「正平の一統」の破綻

「正平の一統」後、南朝による北朝接収の動きは着々と進められていった。尊氏が京を離れていた観応三年二月二日、後村上天皇は光厳上皇に対し、歴代の楽器の引き渡しを要求してきた。

その翌日には後村上は賀名生を出て石清水八幡宮に向かうことを義詮に通告し、二月二十六日、賀名生を出発した。

閏二月六日、南朝は尊氏の征夷大将軍を罷免《ひめん》し、宗良《むねよし》親王を征夷大将軍に任命した。これに抵抗する形で義詮は後村上天皇のもとに使者を派遣して交渉を行ったが、後村上天皇は新補《しんぽ》地頭職の補任権の引き渡しを要求し、幕府権力を大きく制約しようとしていた。

もっとも、この交渉も時間稼ぎのほぼダミーのものだったと考えられている。後村上天皇は楠木正儀《まさのり》の軍勢を引き連れ、洛中《らくちゅう》には後村上に先んじて北畠顕能《あきよし》の軍勢が入京していたのである。顕能入京の四日後の閏二月十九日には後村上も要害の石清水八幡宮に入り、翌日、千種《ちくさ》顕《あき》経《つね》の軍と楠木正儀の軍が京都に突入してきた。

義詮は東寺《とうじ》に陣を敷いて南朝軍を迎え撃ったが敗北し、七条大宮で侍所《さむらいどころ》頭人の細川頼春《ほそかわよりはる》(のちの管領《かんれい》・細川頼之《よりゆき》の父)が戦死した。義詮は近江に没落し、京都は南朝によって制圧された。

南朝の一方的な和議の破棄によって「正平の一統」は破綻したのである。

◎尊氏の関東での戦い

南朝方の北畠親房の作戦は、京都で義詮を攻撃するのと同時に関東で新田義宗《よしむね》・義興《よしおき》(いずれも新田義貞の遺児)、脇屋《わきや》義治《よしはる》(義貞の弟の脇屋義助《よしすけ》の遺児)と北条時行《ほうじょうときゆき》(北条高時《たかとき》の遺児)が挙兵し、信濃《しなの》（長野県）では宗良親王、陸奥《むつ》（福島・宮城・岩手・青森県）では北畠顕信《あきのぶ》も挙兵して尊氏を包囲するものであった。さらに直義派の上杉憲顕《のりあき》も新田軍に参加した。

しかし関東では尊氏が一連の合戦で勝利し、最終的に三月十二日、尊氏が鎌倉を奪還、新田軍は壊滅し、義興・義宗らは越後《えちご》（新潟県）へ、憲顕や宗良親王は信濃に没落していった。

優勢だったはずの南朝方が尊氏に敗北したのは、南朝にとって痛恨事であった。ここに尊氏排斥《はいせき》を目論《もくろ》む親房の遠大な計画は破綻した。一方、劣勢を跳《は》ね返して勝利をつかんだ尊氏は関東における幕府の勢力を固めることに成功した。

東国を平定した尊氏は正平の年号を破棄し、観応年号に戻している。

一方、京では義詮が近江に没落した翌日の閏二月二十一日、後村上天皇から光厳・光明・崇光三上皇と直仁親王に対して八幡への御幸の要請があった。

この要請は洞院公賢を通じて三上皇のもとに届けられた。戦乱に巻き込まれることを後村上が心配しての体《てい》であったが、実際には北畠顕能の軍勢に護送されてのことであって、任意の形をとりながら、事実上の連行であった、と見られている。

光厳はこの連行が必ずしも平和的な一時避難ではなく、後村上による北朝破壊活動と見ていたのか、公賢に持明院統伝来の文書群を預けている。光厳としては、南朝に降伏する形で北朝を見限り、しかも京都から没落するにあたって自らを見捨てて逃亡した義詮に北朝の存続を託すことはできなかったのだろう。

義詮は三日後には正平の年号を破棄して観応を使用し、南朝との和議の破棄を告げ、反撃態勢に入った。三月十五日、ついに義詮は入京したが、先に書いた通り南朝方は三上皇と直仁親王、光厳上皇兄宮の梶井《かじい》門跡《もんぜき》の尊胤法親王《そんいんほっしんのう》を河内《かわち》（大阪府）に移送していた。門跡とは、皇族・公家が住職をつとめる寺院、またはその本人のことである。しかし実はこの時光厳の「三宮《さんのみや》」（弥仁王《いやひとおう》。崇光上皇の同母弟。のちの後光厳天皇《ごこうごんてんのう》）を取り逃がしていたのだ。四月二日には南朝軍が弥仁王の身柄を奪おうと京都に迫ってきた、という情報が流れたが、多くの軍勢が弥仁王を守護、北朝はかろうじて次の天皇を確保したのである。南朝は三上皇の身柄を確保した意味を失ったのである。

石清水八幡宮に立て籠《こ》もった南朝方に対し足利軍は二ヵ月の攻囲戦を行い、五月十一日、後村上天皇は石清水八幡宮を脱出し、賀名生に没落していった。この時の戦闘で南朝方は多くの犠牲者を出した。

五月十八日には早速三上皇らの帰還交渉が始まるが、うまくいかず、三上皇らの身柄は六月二日には東条から後村上のいる賀名生に移された。

◎後光厳天皇擁立

南朝との三上皇の帰還交渉が頓挫《とんざ》した幕府は北朝の再建を急ぐこととなった。先述の弥仁王が新天皇の候補となったが、三種の神器がない状態での皇位継承となった。こうした異常事態での継承としては、三種の神器を西国に持っていかれた後鳥羽《ごとば》天皇の事例があるが、その時は後鳥羽の祖父で、政務の実権を握る「治天《ちてん》の君《きみ》」であった後白河《ごしらかわ》法皇の「譲国詔」によって正統性を確保した。しかし今回は「譲国詔」を出す治天の君を欠いていたため、幕府は天皇を擁立する前に治天の君を擁立する必要性に迫られた。

幕府は、光厳・光明上皇の生母で、崇光と弥仁王の祖母に当たる広義門院西園寺寧子《こうぎもんいんさいおんじやすこ》を治天の君として担ぎ出そうとし、六月三日、佐々木導誉がその旨を申し入れたが、広義門院は一旦はそれを拒絶した。広義門院からすれば、義詮の不手際で招いた事態であり、その尻拭《しりぬぐ》いに女院の治天の君という不自然な状態となることへの抵抗感があったのは当然であろう。

その後、十九日になって広義門院もようやく弥仁王の践祚《せんそ》を承諾し、ここに初の天皇家出身ではない、女性の治天の君が誕生したのである。

七月に入り、天皇の践祚を継体《けいたい》天皇の先例に倣《なら》うことが決定され、八月十七日、弥仁王が元服《げんぷく》（この時はじめて弥仁という諱《いみな》が定められた）し、続いて践祚した。後光厳天皇である。

異例ずくめの後光厳天皇擁立によって天皇の権威は大きく傷つき、強引な天皇の擁立劇は各所に波紋を広げた。

義詮が南朝との交渉を打ち切り、後光厳天皇擁立に動き始めた時、一番衝撃を受けたのは義詮から見捨てられた形となった光厳だったのではないか。後光厳践祚に先立つ八月八日、光厳は西大寺《さいだいじ》長老の光耀《こうよう》上人から授戒されて出家した。自らのレゾンデートルを見失ったのであろう。洞院公賢は「本心からか、欺《あざむ》くための出家か。よくわからない。驚くべきことだ」(『園太暦』)と記している。公賢には光厳の衝撃がわからなかったのであろう。

光厳は五年後、南朝から許されて帰洛したが、その時親しい廷臣以外の参上を拒み、洛外に庵《いおり》を結んで世俗との関わりを絶ってしまった。その後、光厳は丹波山国荘にあった無住の寺(現在の常照皇寺《じょうしょうこうじ》)に居住し、そこで死去、現地に葬られた。山国陵《やまくにのみささぎ》という。また、光明法皇には長谷寺《はせでら》で死去した、という伝承がある。この兄弟はいずれも後光厳天皇から大きく距離を取ってしまったのであった。

義詮は文和《ぶんな》二年(一三五三)六月にも南朝軍の侵入を許し、美濃《みの》(岐阜県)まで没落しているが、この時は後光厳天皇をしっかりと連れて没落した。天皇の身柄を確保しておくことの重大性を認識したのだろう。

この時、尊氏は鎌倉を発し、美濃で後光厳天皇に拝謁《はいえつ》すると、九月二十一日、後光厳を奉じて義詮とともに入京した。

鎌倉から京に戻るのに際し、尊氏は畠山国清《くにきよ》を関東執事に任命し、鎌倉府の体制を整えるが、尊氏の死後、鎌倉公方・基氏は尊氏派の武将を排除し、直義派の武将を登用して上杉氏を関東執事、関東管領とする体制を構築する。それはやがて、室町幕府を揺るがす体制ともなっていき、本書で後述される「上杉禅秀《ぜんしゅう》の乱」「永享《えいきょう》の乱」「結城《ゆうき》合戦《かっせん》」(第4~6章)、そして「享徳《きょうとく》の乱」（第9章）といった争乱を生み出すこととなるのである。

◎九州の足利直冬と懐良親王

「観応の擾乱」の第二幕のもう一つの主戦場は九州である。全国的に南朝が壊滅していく中で、九州だけは南朝方の天下が十年間にわたって続いた。その主要因は、九州の地においては北朝方が尊氏派と直冬派に分裂して戦い続けたことにある。そしてもう一つは後醍醐天皇皇子の征西将軍宮・懐良親王が肥後《ひご》（熊本県）の菊池武光《きくちたけみつ》に擁立され、多くの武士を集め得たことである。

「観応の擾乱」が始まると直冬は九州に入り、懐良親王と協調しながら尊氏派の一色範氏《いっしきのりうじ》と戦い、やがて少弐頼尚《しょうによりひさ》の支援を得て勢力を拡大し、貞和五年（一三四九）には博多《はかた》を制圧した。そして、直冬の勢力拡大を恐れて征伐に乗り出した尊氏が、その混乱に乗じて挙兵した直義に敗れ、その結果、直冬も正式に鎮西将軍に任命されたことは、すでに書いた通りである。

その後「正平の一統」で尊氏派の範氏と懐良親王が協調することで孤立した直冬は石見《いわみ》（島根県）に本拠を置くこととなる。文和二年（一三五三）には南朝方に降《くだ》り、楠木正儀とともに京都を制圧したが、尊氏の反撃にあって敗北し、再び石見に没落していった。尊氏はその五年後の延文《えんぶん》三年（一三五八）、懐良親王を追討するために九州に向かおうとするが、直冬との戦いで受けた矢傷がもとで死去した。ここに「観応の擾乱」の関係者はすべて死去した。

「観応の擾乱」九州における影響と展開

観応元年(1350)「観応の擾乱」勃発

**懐良親王
足利直冬
少弐頼尚** VS **一色範氏
(尊氏派)**

尊氏(北朝方)の子・直冬が懐良親王(南朝方)と協調、
北朝方は分裂して戦うことに

観応２年(1351)「正平の一統」

**懐良親王
一色範氏** VS **足利直冬
少弐頼尚**

「正平の一統」後の親王と範氏の協調で孤立した直冬、石見に没落

文和２年(1353)、直冬の南朝帰順後

**懐良親王
足利直冬
少弐頼尚** VS **一色範氏
(尊氏派)**

親王と頼尚の協調で範氏、京都に没落

延文４年(1359)「筑後川の戦い」

懐良親王 VS **少弐頼尚**

直冬派の頼尚を撃破、以後13年間、南朝による九州支配

その後、九州では尊氏派が駆逐された後、懐良親王が直冬派の少弐頼尚を「筑後川《ちくごがわ》の戦い」で撃破し、以降九州だけは南朝が十三年間にわたって支配したが、これも「観応の擾乱」の余波といえるだろう。

また北朝内ではその後、後光厳天皇の兄である崇光上皇とその子孫が自らの皇位継承の正統性を主張し、後光厳皇統と崇光皇統の争いが続くこととなる。最終的に崇光の曾孫《そうそん》の後花園《ごはなぞの》天皇が皇位を継承するが、それは「禁闕《きんけつ》の変」(第8章)という騒乱を招く一因となったのである。これも「観応の擾乱」の後遺症といってよいだろう。

第2章

「明徳の乱」

専制政治を展開した
足利義満による有力守護追討戦

市川裕士

◎「明徳の乱」の時代背景

「明徳《めいとく》の乱」は、明徳二年（一三九一）十二月、室町幕府三代将軍・足利義満《あしかがよしみつ》が、西国の有力守護《しゅご》・山名《やまな》氏の反乱を鎮圧した戦いである。

はじめに、「明徳の乱」に至るまでの時代背景を見ておこう。

「観応《かんのう》の擾乱《じょうらん》」（第1章）による室町幕府権力の分裂は、足利尊氏《たかうじ》・義詮《よしあきら》が勝利して終結した。しかし、擾乱時から敵対していた山陰の山名氏、周防《すおう》・長門《ながと》（山口県）の大内《おおうち》氏は、乱後も依然として反幕府方として行動しており、九州においては南朝方が優勢であった。

そして、延文《えんぶん》元年（一三五六）、幕府は中国地方の反幕府方勢力を制圧するため、細川頼之《ほそかわよりゆき》を中国管領《かんれい》として派遣した。これにより、貞治《じょうじ》二年（一三六三）には、山名・大内氏が幕府方に帰順しており、中国地方においては幕府方の優勢が確立している。

なお、「観応の擾乱」において山名氏が尊氏に敵対し、反幕府方として行動した背景として、西日本海水運の要衝小浜津《ようしょうおばまつ》を含む所領である若狭《わかさ》税所今富名《さいしょいまとみみょう》（福井県小浜市）をめぐる佐々木《ささき》導誉《どうよ》との対立という問題が挙げられている（『太平記《たいへいき》』）。当該期においては、複数の守護職を保持する有力守護の対立が、南朝をはじめとする反幕府方勢力との連携により大規模な軍事課題に発展しており、いかにして有力守護を統制するかという点が幕府の重要課題であった。

そして、親裁を行った二代将軍・足利義詮は、将軍権力の強化により有力守護を統制することを図ったが、貞治六年（一三六七）十二月に死去し、幼少の義満が跡を継いでおり、義満の幼少期においては、管領・細川頼之が幕府政治の中で重要な役割を果たしている（吉田：二〇一四）。なお、山名時氏《ときうじ》は、頼之の管領就任に対して不満を示した。また、応安《おうあん》六年（一三七三）十二月には、時氏の子の師義《もろよし》と細川頼之の対立により、諸国の軍勢が上洛《じょうらく》している（『後《ご》愚昧記《ぐまいき》』）。当該期の山名氏については、反細川方としての行動が見られるのである。

康暦《こうりゃく》元年（一三七九）閏《うるう》四月、足利義満は、細川頼之を京から追放した。「康暦の政変」である。四国に下向した頼之は伊予《いよ》（愛媛県）に進攻しており、同年十二月には山名師義の子の義幸《よしゆき》が中国地方と伊予における頼之との戦闘に対応するため下向した（『花営三代記《かえいさんだいき》』）。さらに、「康暦の政変」後、山名氏の惣領《そうりょう》・時義《ときよし》は、伊予守護・河野《こうの》氏と連携して頼之に対する軍事行動を展開している（「河野文書《もんじょ》」）。山名氏は、「康暦の政変」後の細川氏対策において、重要な軍事的役割を求められたのである。

「康暦の政変」を契機として、足利義満は「専制政治家」への道を歩み始め（榎原：二〇〇三）、有力守護の追討《ついとう》や反乱の鎮圧により、その勢力を削減している。すなわち、明徳元年（一三九〇）の美濃《みの》（岐阜県）、伊勢《いせ》（三重県）守護・土岐《とき》康行《やすゆき》の追討（「土岐康行の乱」）であり、明徳二年十二月の「明徳の乱」である。
本章では、「明徳の乱」について、南北朝期における山名氏の動向を中心に考察していく。

◎南北朝期における山名氏の動向と分国の拡大

南北朝動乱が勃発《ぼっぱつ》すると、山名氏の惣領・時氏は足利尊氏のもとで行動しており、草創期の室町幕府において重要な役割を果たしている。また、「観応の擾乱」において山名氏は山陰地方を中心に反幕府方の有力勢力として行動しており、南朝方として、足利直冬《ただふゆ》の指揮下で京に進攻した。そして、貞治二年（一三六三）九月、山名氏は幕府方に帰順しており、因幡《いなば》・伯耆《ほうき》（鳥取県）、丹波《たんば》（京都府・兵庫県）、丹後《たんご》（京都府）、美作《みまさか》（岡山県）の守護に補任されるとともに、領有を望んでいた若狭税所今富名を与えられている。時氏は、「観応の擾乱」において反幕府方として行動し、その後幕府方に帰順することで、勢力を維持・拡大したのである。

山名時氏は、応安四年（一三七一）二月に死去し、子の師義が跡を継いだ。しかし、師義は、永和《えいわ》二年（一三七六）に死去しており、時氏の子で師義の弟にあたる時義が跡を継ぎ、伯耆と但馬《たじま》（兵庫県）の守護職を継承している。また、師義の子の義幸は丹後の守護職を受け継いだが、のちに弟の満幸《みつゆき》に交替している。

山名氏の分国《ぶんこく》（管轄国）が拡大したのは、時氏死後、師義と時義が惣領の時期である。すなわち、永和四年には、南朝方勢力の制圧を目的として、時氏の子の氏清《うじきよ》が和泉《いずみ》（大阪府）守護

山名氏略系図（二重線は養子）

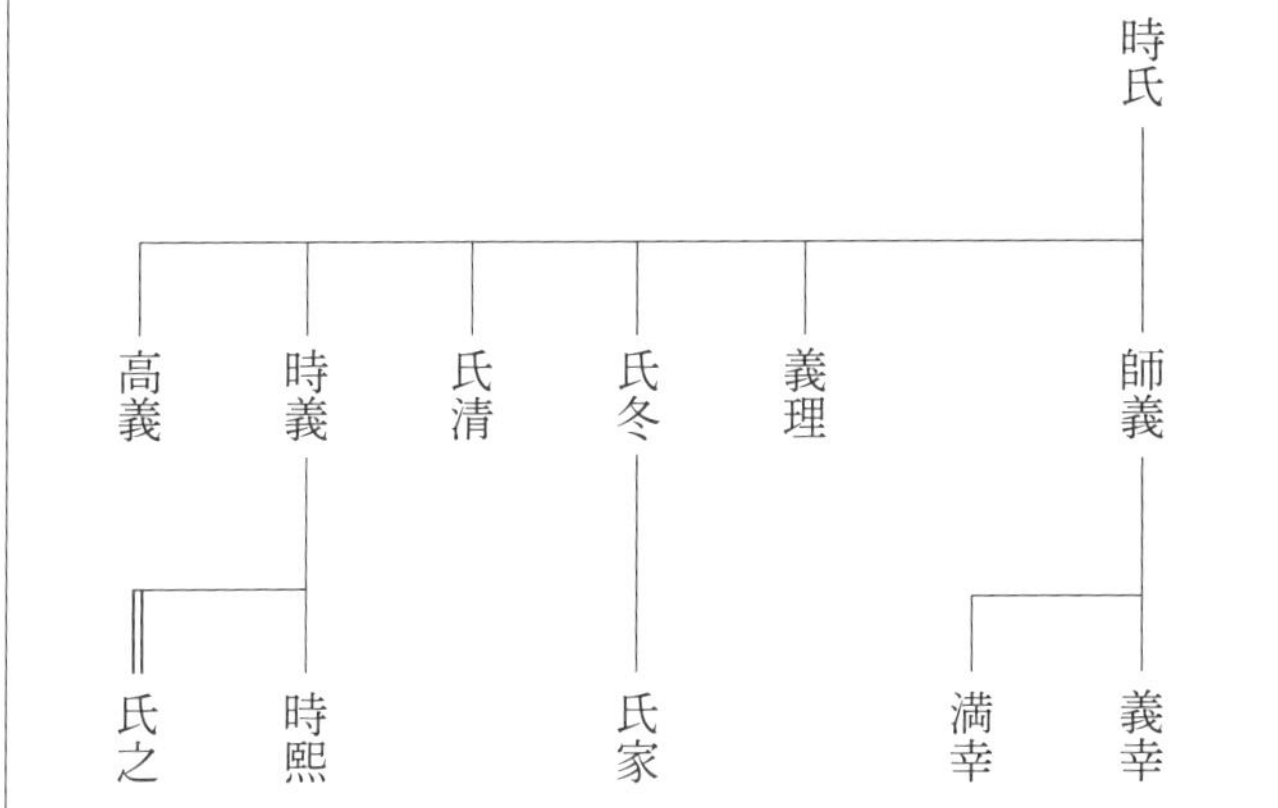

に、義理《よしまさ》が紀伊《きい》（和歌山県）守護に補任されている。また、「康暦の政変」後、備後《びんご》（広島県）守護は今川了俊《いまがわりょうしゅん》から山名時義に交替したが、この守護交替は細川氏への軍事的対応を目的としたものと考えられる。山名氏は、南朝方勢力の制圧や、「康暦の政変」後の細川氏対策において幕府から政治的役割を求められ軍事行動を展開する中で、分国が大きく拡大したのである。

さらに、政変後、山名義幸は出雲《いずも》（島根県）守護に補任されている。出雲守護も丹後と同様に弟の満幸に交替したが、満幸は、侍所《さむらいどころ》頭人を務めるなど山名氏の中でも有力な存在となっていく。そして、「康暦の政変」後、惣領・時義が京を離れ、但馬に在国したのに対し、満幸、氏清は在京し、義満に奉仕する役割を担ったとされている（山田：二〇一八a）。

ここで、山名氏清の動向を見ると、時氏死後、山陰地方の山名氏分国と京を結ぶ重要な国であった丹波の守護職を継承するとともに、永和元年には若狭税所今富名に被官《ひかん》（家臣）・伊賀《いが》氏を代官として派遣している（「若狭国税所今富名領主代々次第」）。また、氏清は侍所頭人を務めるとともに、堺《さかい》（大阪府堺市）を擁《よう》する和泉や山城《やましろ》（京都府）の守護に補任されており、室町幕府体制下において重要な役割を果たしている。

これらの点から、幕府は氏清と満幸を重用することで、惣領への権力集中を抑止することを図ったと考えられよう。山名氏は、惣領が短期間で交替するとともに、氏清を中心とする有力一族の存在により、惣領による一族統制が動揺していたのである（市川：二〇一七、二〇一八）。

◎山名時熙・氏之の追討

康応《こうおう》元（一三八九）年三月、足利義満は安芸厳島《あきいつくしま》（広島県廿日市市《はつかいち》）に参詣《さんけい》した（『鹿苑院《ろくおんいん》殿厳島詣記』）。この厳島参詣は、大規模な船団を編成して行われており、斯波義種《しばよしたね》・細川頼元《よりもと》をはじめとする諸大名とともに山名満幸も同行している。また、山名時義の子の時熙《ときひろ》が備後から参上しており、尾道《おのみち》（広島県尾道市）に寄ることを義満に勧めているが、時義は病気のため参上していない。そして、康応元年五月、山名氏の惣領・時義は死去した。

時義死後、時義の子の時熙と、師義の子の満幸の間で惣領の地位をめぐって対立が激化する。また、この対立において山名氏の一族は、時熙・氏之《うじゆき》方と、満幸・氏清・義理方に分かれ、それぞれが連携して行動している。

そして、明徳元年（一三九〇）二月、足利義満は、時熙と氏之を追討《ついとう》するよう氏清・満幸に命じた。『明徳記』によると、山名氏は義満の上意をないがしろにすることが多く、とくに時義は但馬に在国して幕府の命令に従わなかったため、沙汰《さた》（処分）を行うことが検討されていたが、時義が死去したため、時熙・氏之を追討したとされている。義満は、満幸に伯耆、隠岐《おき》（島根県）守護職を与え、伯耆の制圧を命じるとともに、氏清には但馬守護職を与え、同国の制圧を命じた。この命令を受けて氏清は、時熙と氏之を追討することは、一族の衰退につながると義満に訴えている。また、氏清は、赦免《しゃめん》の可能性があれば、追討に向かわず、両者を教訓すると主張しており、追討を回避することを図った。これに対し、義満は、赦免の可能性はないとしてあくまで発向を命じており、同年三月、氏清は但馬に進発し、時熙を追討した。

さらに、明徳元年三月、幕府は、細川頼之を備後守護に任じており、四国から出兵した頼之は同国を制圧した。なお、同年閏三月、時熙は、備後北部の国人《こくじん》・山内通忠《やまのうちみちただ》に対して同国の信敷荘《しのぶのしょう》東方（広島県庄原市）を給分として与えている（「山内首藤家文書」）。時熙は、山内氏との関係を強化することで、細川氏との戦闘を有利に展開することを図ったと考えられるが、以後、同国における時熙の動向は確認できない。そして、『明徳記』によると、追討を受けた時熙と氏之は、京に潜伏したとされている。

この追討により、備後守護は細川氏に交替したが、山名氏は依然として丹波・和泉・但馬（氏清）、丹後・出雲・伯耆・隠岐（満幸）、美作・紀伊（義理）、因幡（氏家《うじいえ》）の守護職を保持している。山名氏は、氏清と満幸を中心に室町幕府体制下における西国の有力守護として、その勢力を維持していたのである。

◎「明徳の乱」勃発

明徳二年（一三九一）十一月、足利義満は、山名満幸を出雲守護から解任した。満幸が仙洞《せんとう》御領である出雲横田荘（島根県奥出雲町）を押領《おうりょう》し、停止命令に従わなかったためである（『明徳記』）。

京を追放され丹後への在国を命じられた満幸は、和泉の氏清のもとに向かい、義満は何かにつけて山名氏を滅ぼそうとしていると訴え、挙兵を勧める。また、満幸は、義満に対する「謀《む》反《ほん》」ではなく、細川頼之に対する「恨」により挙兵することを氏清に主張している。満幸の訴えを受け、挙兵を決意した氏清は、美作・紀伊守護の山名義理に協力を要請し、同意を得ており、連携して京に進攻することを決定した。また、十二月二十三日には、因幡守護の山名氏家が八幡（京都府八幡市）に下向しており、京は大きな騒ぎになっている。

そして、山名満幸が丹後から丹波へ、氏清は和泉から八幡へと兵を進めた。さらに、義理は紀伊から天王寺《てんのうじ》（大阪府大阪市）に進攻している。このように、山名氏は京近郊まで兵を進めており、同時に京に進攻することを図った。なお、義満は、この段階においても戦闘を回避することを図っており、一族の「親方」である山名義理に対し説得を試みている。すなわち、義満は、氏清・満幸を教訓し、反逆をやめさせるよう義理に求めたのである。しかし、この交渉が失敗に終わったことで開戦は決定的になり、十二月二十五日、義満は、諸大名を集め、合戦の評定《ひょうじょう》を行っている。

評定には細川頼之・頼元・満春《みつはる》、畠山基国《はたけやまもとくに》、今川泰範《いまがわやすのり》・仲秋《なかあき》、一色詮範《いっしきあきのり》、斯波義重《よししげ》、大内義弘《よしひろ》、赤松義則《あかまつよしのり》、佐々木京極高詮《ささききょうごくたかのり》が参加した。この評定では、「天下静謐《せいひつ》」が重要であることから、氏清・満幸の訴訟を聞き、その主張に問題がなければ赦免することも検討すべきという意見が優勢であった。しかし、義満は、山名氏の軍事行動について「天下」の簒奪《さんだつ》を目的としたものと認識しており、戦闘を決意する。戦闘を決意するにあたり義満は、「当家ノ運ト山名ノ一家ノ運トヲ天ノ照覧ニ任スベシ（足利氏の運と、山名氏の運を天に任せる）」と述べたとされている（『明徳記』）。

そして、幕府方では、義満が一色詮範の堀川亭に移るとともに、先述した諸大名に加え、義満直属の親衛隊・護衛軍であり、奉公衆《ほうこうしゅう》の前身にあたる「御馬廻《うままわり》」が内野《うちの》（京都府京都市）を中心に布陣し、山名氏の軍勢を迎撃することとなった。

◎戦闘の展開と氏清の死

明徳二年十二月二十六日、足利義満は、出雲国人の古志義綱《こしよしつな》に対して「山名一族等事、所加治罰也」と、山名氏を追討することを伝え、幕府方として軍事行動を展開するよう命じた（「古志文書」)。義満は、満幸の分国であった出雲の国人に対して幕府方として行動するよう命じることで、山名方勢力の切り崩しを図ったとみられる。

また、同年十二月二十七日、幕府は「南方凶徒等参洛」と、南朝方の軍勢が京に進攻することを伝え、路次を塞《ふさ》ぎ、軍事情勢を注進するよう離宮八幡宮(京都府大山崎町)の大山崎神人《おおやまざきじにん》(離宮八幡宮に所属する神人)に命じた(「離宮八幡宮文書」)。これは、和泉から京に進攻する山名氏清の軍勢に対する軍事行動を命じたものであり、幕府が山名氏を南朝方と認識していたことがうかがえよう。

そして、十二月三十日、京に進攻した山名氏の軍勢と幕府方の軍勢との間で戦端が開かれる。まず、山名高義《たかよし》・小林義繁《こばやしよししげ》が二条大宮に兵を進め、大内義弘と戦闘に及んだ。山名高義は時氏の子であり、小林氏は、関東を出自とする山名氏の被官《ひかん》(家臣)である。『明徳記』によると、大内義弘自身が、長刀を取って戦い、傷を負ったと記されているが、激戦の末、山名高義と小林義繁は戦死し、山名氏の軍勢は敗退した。

また、山名満幸の軍勢は、内野に進攻し、細川頼之・畠山基国と戦闘に及んでいる。なお、足利義満は、満幸・氏清の進軍に対し、戦況が不利な方面を支援するため、「御馬廻三千余騎」を率いて中御門大宮に出陣した。義満は、「明徳の乱」について天下の行く末をかけた戦いと考えており、自らが手を下さなければならないとして、「御馬廻」に出撃を命じている。そして、この戦いに敗れた満幸は、丹波路へと没落した。

次に、山名氏清の動向を見ると、二条大宮・二条猪熊《いのくま》に進攻しており、大内義弘・赤松義則の軍勢と戦闘に及んでいる。また、この戦闘では、山名時熙が、氏清の軍勢と戦っている。大内義弘と赤松義則は、戦況が不利であったため、満幸との戦闘を終え、兵を休めていた足利義満に援軍を要請する。これを受けて、義満は一色詮範・斯波義重の軍勢を派兵するとともに、自らも氏清との戦闘を支援するため「御旗」を進めており、「御馬廻」が進撃した。そして、激戦の末、氏清は押小路大宮において戦死。山名氏は敗北した。

◎「明徳の乱」後の紛争処理

京における山名氏の軍勢と幕府方の軍勢との戦闘は一日で終結した。「明徳の乱」後、山名氏清・満幸・義理の分国は、山城―畠山基国、丹波―細川頼元、丹後―一色満範《みつのり》、美作―赤松義則、和泉・紀伊―大内義弘、但馬―山名時熙、伯耆―山名氏之、出雲・隠岐―佐々木京極高詮に割譲される。また、若狭税所今富名は一色詮範に与えられている。山名氏の分国・所領は大幅に削減されたのである。

丹波路へと没落した山名満幸は、丹後で幕府軍を迎え撃つことを図ったが、同国の国人が満幸に敵対したため、伯耆に進出した。そして、明徳三年一月十日、幕府は、山名氏を「退治」したことを伝え、幕府方として行動するよう、出雲国人・諏訪部《すわべ》（三刀屋《みとや》）氏に命じた（「三刀屋文書」）。

また、同年と推測される二月、佐々木京極高詮は、三刀屋左京入道に対し、山名氏との戦闘における軍忠を賞するとともに、出雲に下向することを伝え、協力を要請している。そして、明徳四年二月、諏訪部詮扶は、「大勢」を率いて出雲の三刀屋城（島根県雲南市）に押し寄せた山名満幸を撃退した。「明徳の乱」後、佐々木京極高詮は、同国の国人・諏訪部氏との関係を強化することで山名氏との戦闘を有利に展開することを図ったのである。

さらに、明徳四年四月、幕府は伊予守護・河野通義《みちよし》に対し、伯耆に発向して同国の守護・山名氏之に合力するよう命じている（「河野文書」）。ここから、伯耆において、山名氏之と満幸の間で戦闘が展開されていたことがうかがえよう。

このように、出雲・伯耆においては、山名満幸と幕府方との間で大規模な軍事行動が展開されており、幕府は、伊予の軍勢を派兵して満幸の追討を図った。さらに、応永《おうえい》元年（一三九四）十一月には満幸蜂起《ほうき》の情報を受け、赤松義則が美作に出兵している（「東寺百合文書《とうじひゃくごう》」）。満幸は、山陰地方を中心に幕府に対して軍事抵抗を続けたが、応永二年三月、京で討《う》ち取られている。

次に、氏清・義理の分国であった和泉・紀伊をみると、明徳三年二月、新たに守護に任じられた大内義弘は、京を出兵して両国に進攻し、山名氏に対する軍事行動を展開している。義理は、紀伊で大内氏の軍勢を迎え撃つことを図ったが、同国の国人が大内氏に従ったため、出家して伊勢に没落した。

『明徳記』によると、京の戦闘で敗北した後、山名満幸・義理は、それぞれの分国に下向して国人を動員することを図ったが、国人が従わず、敵対したため、早期に敗退したとされている。しかし、満幸は、出雲・伯耆・美作において軍事抵抗を続けており、幕府は守護の軍勢を派兵して鎮圧を図った。また、山名義理が紀伊を没落するにあたり、行き先について検討する中で、備後に向かい、「タチミ」とともに美作に進攻することが選択肢の一つとして挙げられている。「タチミ」は、山名氏の下で備中新見荘《にいみ》（岡山県新見市）の現地支配を行った多治部《たじべ》氏ではないかと考える。そして、山名氏追討後、新見荘は、細川氏の支配下に入っており、多治部氏は要害を構えて軍事抵抗に及んでいる（山田：二〇一八b）。

このように、「明徳の乱」による山名氏追討後も、山陰地方を中心に山名氏の下で行動した国人が存在しており、これらの勢力の存在が、満幸が軍事抵抗を続けることが可能であった要因と考えられよう。

◎「明徳の乱」勃発の背景

これまで、「明徳の乱」の展開を述べたが、次に、乱勃発の背景について検討を行いたい。

まず、「明徳の乱」に関する先行研究を見ると、佐藤進一《さとうしんいち》氏は、強豪山名氏の打倒を図る足利義満が、惣領・時義の死後、露骨な一族分裂策を展開して、その勢力を削減したと指摘している（佐藤：一九六五）。

また、小川信《おがわまこと》氏は、義満が山名氏の勢力削減を図り、時熙・氏之を赦免するとともに、氏清・満幸を圧迫して反乱に追い込んだとする。そして、この方針転換は、斯波義将《よしゆき》の与党である山名氏と宿敵の関係にあった細川頼之の参画のもとで決定されており、義満と頼之の策略により、山名氏一族の内紛を将軍家への反逆に転化させ、氏清・満幸を滅ぼしたと指摘している（小川：一九七二）。

これに対し、新田《にった》一郎《いちろう》氏は、当該期においては義満の主導のもとで斯波派と細川派の対立という構図自体が解体されつつあったと指摘しており、「明徳の乱」を通じて義満の突出した優位性が明らかになったと述べている（新田：二〇〇一）。また、山田徹《やまだとおる》氏は、山名氏について、細川氏との対立は見られるものの、斯波氏との関係は史料上確認できないと指摘しており、当該期の政治史を斯波派と細川派の対立という図式の中で理解することに疑義を呈している（山田：二〇一七）。

さらに、川岡勉《かわおかつとむ》氏によると、義満は、有力守護を弾圧し、勢力を削減することで上意の優越性を確立することを図っており、最大の勢力を誇る山名氏を標的にしたとされている（川岡：二〇〇九）。

このように、「明徳の乱」の背景については、有力守護の勢力削減を図る足利義満が山名氏を圧迫・挑発して挙兵へと追い込み、反乱を起こすよう仕向けたと理解されてきた。とくに乱勃発の直接的な契機としては、満幸の出雲守護解任という問題が挙げられている。

しかし、この守護解任について、伊藤俊一《いとうとしかず》氏は、「応安大法《おうあんたいほう》」（応安元年に発布された幕府の荘園政策）のもとでの寺社本所領《ほんじょ》保護のあり方を象徴的に示すものであり、遵行を行わなければ守護が解任されるという幕府法の原則がようやく実効性を持つに至ったことがわかる事件と指摘している（伊藤：二〇一〇）。満幸の守護解任と京からの追放は、山名氏を追い込み、反乱を起こさせるための謀略としてではなく、幕府法の原則に基づいて行われたものと理解すべきだろう。

また、氏清・満幸との開戦を決意するにあたり義満は、足利氏の運と山名氏の運を天に任せて戦闘に臨んだとされている。この点については佐藤進一氏も、義満には勝利の確信がなかったと述べているが、勝利の確信がない中で、義満が主体的に山名氏の反乱を誘発し、京の戦闘で雌雄《しゆう》を決することを図ったという理解は、再考が必要と考える。

なお、義満は、丹波・八幡・天王寺と京近郊まで山名氏の軍勢が進攻しているにもかかわらず、氏清・満幸の反逆をやめさせるよう、山名義理に対し説得を試みている。ここから、義満が山名氏との戦闘を回避し、政治的な解決を図っていたことがうかがえよう。

さらに、地方に軍勢を派兵して制圧した「土岐康行の乱」（美濃）や、山名時熙・氏之の追討（但馬・伯耆・備後）、「応永の乱」（和泉）とは異なり、「明徳の乱」においては、京が戦場になっており、市街戦が展開されている。この点について、呉座《ござ》勇一《ゆういち》氏は、義満が、大兵力が駐留する京に山名氏をおびき寄せ、壊滅させたと指摘している（呉座：二〇一四）。また、小川《おがわ》剛生《たけお》氏によると、幕府は、遠国の反乱を鎮圧することが困難であったが、山名氏については、都近くにおびきよせて粉砕したため、鎮圧に成功したとされている（小川：二〇一二）。

しかし、乱勃発の直前に義満は、在京していた満幸を京から追放し、丹後への在国を命じている。また、京での戦闘終結後、大内義弘は和泉・紀伊に進攻して義理を追討しており、山名氏の本拠地である山陰地方についても佐々木京極高詮や、美作守護・赤松義則が出兵して軍事行動を展開した。さらに、幕府は伊予の軍勢を伯耆に派兵して満幸を追討しており、山名氏分国に幕府軍を派兵して鎮圧を図っている。

あわせて、「明徳の乱」の経過を見ると、多くの在京守護が参戦しているにもかかわらず、山名氏の進攻の前に苦戦を強《し》いられており、氏清との戦闘においては救援要請を受けて義満直属の親衛隊、護衛軍を投入することでようやく撃滅に至っている。呉座氏の指摘するように大規模な兵力を備える京を戦場として選んだという点に加え、幕府の対応は、京を戦場としなければならないほどに後手《ごて》を踏んでいたと見るべきではないか。

また、義満は、一族分裂策を展開することで山名氏の勢力削減を図ったと理解されてきたが、時熙・氏之追討後、その守護職は備後を除いて氏清・満幸に与えられており、この段階で山名氏の勢力が大幅に削減されたと評価することはできない。さらに時熙追討後、氏清は山城守護に任じられている。山名氏は氏清・満幸を中心とする体制を構築し、義満から重用されていたのである。

なお、佐藤進一氏は、「明徳の乱」について、足利一門を中心とする家格秩序を崩す危険性を有する外様《とざま》守護・山名氏の勢力削減を目的としたものと指摘している（佐藤：一九六五）。一方で、谷口雄太《たにぐちゆうた》氏は、中世後期の武家社会において、山名氏は、足利一門と認識されており、足利氏を頂点とする「足利的秩序」の中で、足利一門と非足利一門の間には明確な差が存在したとする（谷口：二〇一九）。さらに、大坪亮介《おおつぼりょうすけ》氏は、氏清について、『明徳記』の中で義満と天下を争うライバルとして描かれるとともに、当初より義満に敗北すべき存在であることが明示されていると指摘した（大坪：二〇一六）。

この点について、『明徳記』によると、氏清は「天下ノ望」を有していたと記されているが、小林義繁は戦闘に勝利したところで、義満のもとを離れ、山名氏の「家僕」になる大名が今さらいるだろうかと主張し、氏清を戒《いまし》めたとされている。氏清・満幸の挙兵が足利氏に代わる山名氏を中心とする天下の実現、天下の簒奪を目的としたものであったのかという点について明らかにすることはできないが、最大の勢力を有した足利一門山名氏の反乱は、義満によって鎮圧されたのである。

これまで、「明徳の乱」勃発の背景について述べたが、義満は、在国して命令に従わなかった時熙・氏之を追討するとともに、仙洞御領を押領した満幸を幕府法に基づいて追放した。ここから、義満は、上意の絶対性を確立するため、幕命に従わない山名氏を処罰し、勢力を削減する意向を有していたと考えられるが、山名氏一族が氏清・満幸を中心に結集して挙兵し、南朝と提携して京に進攻したことは想定を上回る事態だったのではないか。義満は、結果的に山名氏の反乱を鎮圧し、その勢力を一挙に削減したが、この結果をもって、義満が当初から大規模な軍事作戦によって山名氏を討滅することを企図し、反乱へと追い込むためにさまざまな謀略を展開したとする理解は再考が必要と考える。

また、氏清・満幸の動向を見ると、細川頼之との対立や、一族間の抗争を契機として南朝方に転じて挙兵したと見られるが、この時、「観応の擾乱」において反幕府方として行動し、その後、幕府方に帰順することで勢力を維持・拡大した時氏の事例を想定したと考えられる。氏清・満幸は、京に進攻し、その軍事的な実力を誇示することで、守護職の回復と勢力の維持・拡大を図ったと見るべきだろう。

◎乱後の室町幕府と山名氏

明徳三年閏十月、南北朝の合一が実現する。北朝は、南朝との和議について積極的ではなかったが、義満は、「明徳の乱」で山名氏が南朝方として行動したことを受けて、両朝の合一を急ぎ進めた（小川：二〇一二）。このことからも、義満にとって、「明徳の乱」の衝撃が大きなものであったことがうかがえよう。

「明徳の乱」後、山名氏の惣領・時熙は、室町殿に近侍《きんじ》して行動することで勢力の回復を図った。そして、山名氏は、「応永の乱」（第3章）後の大内氏対策や「嘉吉《かきつ》の乱」（第7章）後の赤松氏追討において重要な軍事・政治的役割を求められており、その分国は大きく拡大した。山名氏は、室町幕府体制下における西国の有力守護として、幕府の地方支配においてさまざまな軍事・政治的役割を求められ行動する中で、勢力が拡大したのである。

第3章

「応永の乱」

「反乱」か「世直し」か？――
大内義弘、幕府軍との闘い

浅野友輔

◎「応永の乱」の時代背景

本章で取り上げる「応永《おうえい》の乱」は、応永六年（一三九九）、室町幕府および先の将軍・足利《あしかが》義満《よしみつ》に反目した有力大名である大内義弘《おおうちよしひろ》が、和泉《いずみ》国堺《さかい》（大阪府堺市）で幕府軍に敗れて戦死した出来事である。この戦乱は前章の「明徳《めいとく》の乱」に続く、義満による有力大名の粛清《しゅくせい》劇とされ、義満は大内氏の領国・権限を大幅に削減することに成功した。

一方、この「応永の乱」は大内義弘単独によるものではなく、大内氏以外の反義満派も加わり広範囲に展開したことが、諸史料および先行研究から明らかとなっている。本章では義弘以外の他勢力の動向にも目を配りながら、戦乱の一端を紹介していきたい。まずは前章の「明徳の乱」以降の情勢と、戦乱の前提となる大内義弘・足利義満両者の関係について追っていこう。

明徳元年（一三九〇）から翌年にかけて、現在の近畿・中国地方のうち十一ヵ国を管轄していた山名《やまな》氏が内部分裂および将軍・幕府への反目と敗戦によって、領国を大幅に削減された（「明徳の乱」）。この戦乱は山名氏の内紛に、時の室町将軍・足利義満が割って入るという形で展開したもので、幕府軍の勝利の結果、義満は有力大名の山名氏の牽制《けんせい》に成功した。

この「明徳の乱」で活躍を見せたのが、本章の主人公で周防《すおう》・長門《ながと》（山口県）周辺の支配を担う大名の大内義弘である。義弘は「明徳の乱」以前も義満に従って中国・九州地方の反幕府方との戦いで功を挙げ、周防・長門近隣の石見《いわみ》（島根県）や安芸《あき》（広島県）にも勢力を伸ばすなど、義満が厚い信頼を寄せる猛将だった。

義弘ら幕府軍は京都の内野《うちの》で山名勢を撃破して勝利をおさめた。義弘の武名は一層高まり、のちに「西国一ノ勇士」と称《たた》えられていく（『明徳記』）。戦後、義弘は将軍の義満から戦功を賞され、山名氏管轄の和泉（大阪府）・紀伊《きい》（和歌山県）両国守護職を兼務。西国では豊前《ぶぜん》（福岡・大分県）にも勢力を伸ばしていた義弘は、山名氏に代わって西国最大の管轄範囲を持つ有力大名となった。

山名氏を追討《ついとう》した義満の狙いは、有力大名の力を削《そ》ぎ、幕府権力の安定化と、守護に対する優位性の確立を図るという点にあった（市川：二〇一七など）。「明徳の乱」の前にも、義満は美濃《みの》（岐阜県）・尾張《おわり》（愛知県）・伊勢《いせ》（三重県）守護の土岐《とき》氏の後継者問題に介入し、義満に反目した土岐康行《やすゆき》を追い落として土岐氏を弱体化させている（「土岐康行の乱」）。義満は有力大名内の紛争の火種に常に目を光らせ、つけ入る隙《すき》を狙《ねら》っていたのだ。

つまり、有力大名の権限が将軍の立場や、幕府の運営に支障を来《きた》すとみなされた場合、出る杭《くい》は打たれるということである。山名氏の力が落ちたとなると、その後権限を拡張させた大内氏が次なる標的となるのは避けられない状況だったといえるだろう。

◎マルチな活躍を見せる義弘

「明徳の乱」を経て管轄圏を拡大させた義弘は、主に畿内で活動し、堺を拠点に和泉・紀伊支配にあたっていた。

義弘は領国外でも活躍の幅を広げていく。

明徳三年（一三九二）、義弘は幕府および日本列島の課題だった南北朝（朝廷の二統迭立《てつりつ》）の合一実現にあたり、南朝方との交渉に参与した。交渉内容の詳細や、義弘の関与の度合いは不明だが、義弘は南朝の管轄圏内である大和《やまと》（奈良県）、河内《かわち》（大阪府）や北朝・幕府の拠点である京都の近国《きんごく》にあたる和泉を押さえており、これが交渉に参画した要因だったのだろう（平瀬：二〇一七）。つまり、義弘は「明徳の乱」の戦功で獲得した和泉・紀伊国管轄者という地位を、多方面にわたって活用していたのである。

こうした義弘の活躍に義満も最大限の敬意を払った。明徳四年（一三九三）十二月、義弘は義満から将軍家一族（足利一門）に准じる立場とみなされる名誉を受けた（「蜷川《にながわ》家文書《もんじょ》」）。以後、義満の将軍職譲渡（応永元年、一三九四）まで義弘は明確に義満・幕府と対立することなく、領国維持と幕府内の施策をこなしていく。

しかし、義満の信頼厚い義弘は、やがて義満・幕府への対決を志した。義弘と義満の間にいったい何があったのだろうか。

◎義弘と義満の微妙なすれ違い

将軍が義満から義持に代替わりした後の応永二年（一三九五）、義弘は義満の出家剃髪《ていはつ》にあわせて自身も剃髪する。将軍の代替わりと義弘の剃髪は、幕府の体制および義弘・義満の関係が新たなフェーズに入ったことを告げていた。

畿内での動向に加えて、西国方面でも義弘の権勢は拡大し、九州統治の核である九州探題《たんだい》の権限にも影響するようになっていた。応永二年、九州探題の今川了俊《いまがわりょうしゅん》が突如として解任され、後任に足利御一家の渋川満頼《しぶかわみつより》が就任した。了俊が応永九年（一四〇二）にまとめた『難太平記《なんたいへいき》』によれば、了俊は義弘と豊後《ぶんご》（大分県）守護の大友親世《おおともちかよ》による義満への讒言《ざんげん》により、探題職を奪われたのだという。

了俊は九州探題時代に朝鮮との交易を行い、権益を独占していたが、了俊失脚後、義弘は新探題の満頼に代わって頻繁《ひんぱん》に朝鮮とやり取りを重ねて交渉ルートを確保する（小川：二〇一二）。義弘の朝鮮との間でのやり取りは、その緊密さゆえ義満の目にとまり、幕府の交易ルートとして利用が図られていくことになった（伊藤：二〇〇五）。加えて、義弘は有力家臣や、弟の満弘《みつひろ》、弘茂《ひろもち》、盛見《もりはる》に領国を分割経営させ、ますます勢威を増していた（藤井：二〇一三など）。

また、義弘はその勇猛さゆえか、義満からの要求をのまないこともあった（平瀬：二〇一七）。応永四年（一三九七）、義弘は義満から北山第《きたやまだい》（義満の新邸）新築工事のため、自らの家臣を手配するよう命じられたが、それを拒んだという（「臥雲日件録抜尤《がうんにっけんろくばつゆう》」）。

大内氏略系図（点線は推定）

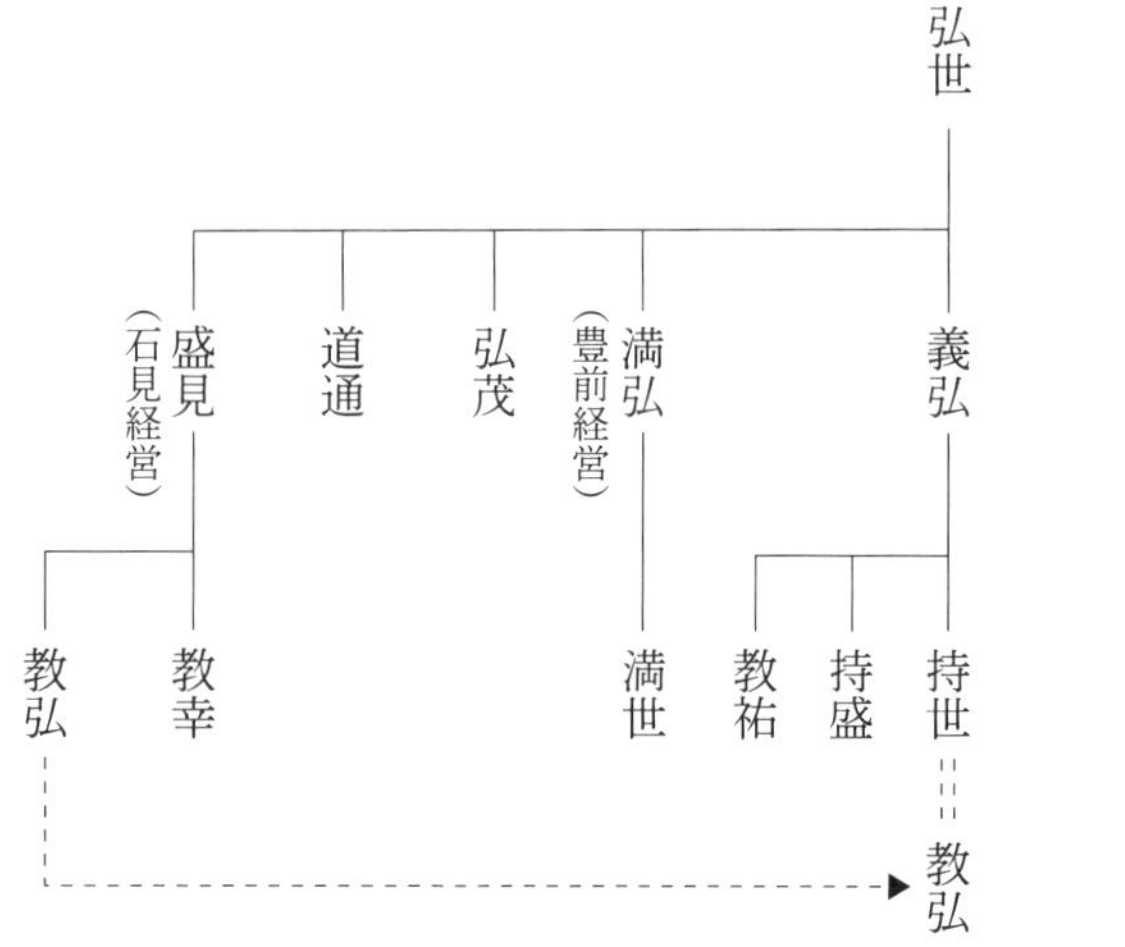

このような状況ではあったが、両者の仲は険悪とはならなかったようで、以後も義弘は義満との友好姿勢を崩さない。だが、義弘の権限拡張と、義満との微妙なすれ違いは、大名への牽制を企図する義満の警戒心を強めるには十分だった可能性が高い。

状況は義弘にとって良くない方向へと動いていく。応永四年、義弘は幕府や九州探題・渋川満頼から、敵対する少弐《しょうに》貞頼《さだより》・菊池《きくち》武朝《たけとも》との戦いを依頼される。大内氏からは、弟で当時豊前支配に参与していた満弘や、同じく弟の盛見が戦地に赴いた。大内勢は果敢に戦ったものの、同年末に満弘が出征先の筑前《ちくぜん》（福岡県）で戦死してしまう。

西国統治にあたり、義弘と満弘は折り合わないことも多く、かつては幕府を巻き込んで戦いを繰り広げたこともあった（藤井：二〇一三、

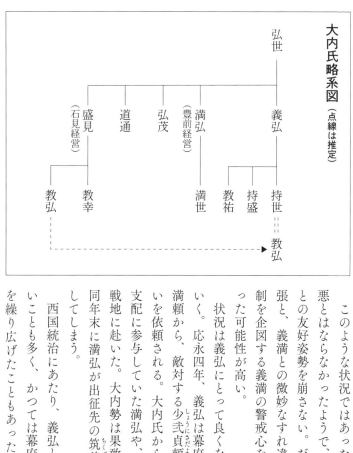

平瀬：二〇一七など）。そのため、満弘の死は義弘・義満対立の大きな要因にはならなかったともいわれる。とはいえ、この頃には大内氏による豊前支配の核となっていた満弘を失ったことは、兄弟による共同統治で領国を経営していた大内氏にとって痛手だっただろう。しかし、義弘および大内氏は九州攻めで大きな犠牲を払ったにもかかわらず、幕府から満弘の死の見返りを受けることはなかった。

応永五年（一三九八）、混迷化する九州情勢にあって、今度は義弘が自ら拠点の和泉を離れて九州に出陣することになる。義弘は翌応永六年（一三九九）にかけて西国にとどまり、同年十月十三日に和泉へ帰国（「寺門事条々聞書《じもんのことじょうじょうききがき》」）。この九州出張の間にも倭寇《わこう》との戦いで功を挙げ、朝鮮との交渉事にも参与するなど多忙な日々を送っていた。

◎義弘・義満、決別の瞬間

こうした中、義弘が義満に討たれるのではないかという噂《うわさ》が流れはじめる（「吉田家日次記《よしだけひなみき》」、小川：二〇一二）。義満はこの噂が大ごとになるのを避けようとしたが、義弘下向中の応永六年四月、義弘と親しい関白《かんぱく》の二条師嗣《にじょうもろつぐ》を失脚させるなど、義弘・義満間の距離間は広がっていく（小川：二〇一二）。義弘が和泉に帰国した頃には、義弘謀反《むほん》の噂が広まっていた（「寺門事条々聞書」）。

そして、義弘が和泉に帰国して間もない十月二十七日、義満は義弘の真意を確かめるべく使者の絶海中津《ぜっかいちゅうしん》を義弘のもとに派遣した（「寺門事条々聞書」、『応永記』）。中津は義弘に対し、京都で義満と面会して事情を説明するよう求める。

中津の来訪にあたり、大内家臣の中には義弘に対して蜂起《ほうき》に慎重姿勢をとるよう提言する者もいるなど、さまざまな意見が飛び交っていたらしい（『応永記』）。義弘方は反幕府派と幕府との関係修復を模索する者とに意見が分かれ、義弘自身も義満・幕府への反抗・決起をすべきか否《いな》か熟慮していたともいわれる（藤井：二〇一三、平瀬：二〇一七）。

しかし結局、義弘が中津の説得に応じることはなかった。それどころか、義弘は「鎌倉公方《かまくらくぼう》の足利満兼《みつかね》と連携して義満の政道を諫《いさ》める」と約束しており、そのために翌月頭には満兼とともに上洛《じょうらく》すると言った（「寺門事条々聞書」、『応永記』）。

興福寺の学僧による記録の一部の「寺門事条々聞書」や、義弘の死後にまとめられた「応永の乱」に関する軍記『応永記』によれば、義満は九州の諸勢力に義弘追討を命じていたらしい。これに先の満弘の死が加わり、さらに義満が義弘を京都に呼び寄せて粛清するという噂まで立った。こうした義満の挙動によって義弘は進退に窮《きゅう》し、反抗に至ったのだという。

義満に対する不信感が頂点に達した義弘は、和泉へ帰国して以降「応永の乱」、そして自身の死まで同国にあって、義満からの出頭命令に従わなかった。義満は絶海中津による義弘説得の翌日、十月二十八日付けで、義弘追討の旨の書面を各地に書き送った。義弘と義満および室町幕府との関係は急速に悪化の一途をたどったのである。

さて、義弘が中津の説得を拒んで幕府との決別を表明する際に言ったとされる、「鎌倉公方の足利満兼と連携して義満の政道を諌める」という発言に登場する満兼とはいったい何者で、当時どのような動きをしていたのだろうか。

この点は、近年の鎌倉公方の位置付けや、「応永の乱」に関する先行研究の中でクローズアップされている。以下で「応永の乱」の周辺人物の動向もまじえながら、乱の前後の流れを見ていくことにしよう。キーマンは足利満兼、そして前九州探題の今川了俊である。

◎鎌倉公方と義弘の「世直し」計画

当時、東国一帯に影響力をもった鎌倉公方の足利満兼は、父・氏満《うじみつ》の死（応永五年）からほどなくして義満への対抗姿勢を燃やしていた。応永六年十月二十五日付けで、満兼は大和（奈良県）の興福寺《こうふくじ》に向けて義満への反抗表明と、自身への協力要請を記した手紙を送った。

特に興福寺に送った文面には「（満兼は）天命を奉《たてまつ》り、暴乱（義満）を討ち、国を鎮めて民心を安定させよう」とあり、満兼が新たに畿内を掌握する盟主となる野心が全面に押し出されていた（「寺門事条々聞書」）。加えて、満兼は義弘の影響力が強い安芸国内の勢力にも決起の手紙を書き送っていた（『萩藩閥閲録《はぎはんばつえつろく》』）。

これほどまでに満兼の心を駆り立てたものは何だったのだろうか。その背景には、満兼の父・氏満生前の幕府と鎌倉公方とのいびつな関係があった。氏満の名は将軍義満の一字を受けたものであるなど、一見すると両者の仲は友好的に見えるが、その裏で東国支配をめぐって方針を違えることもあったのである。

氏満は自身の権限を強化すべく、関東の紛争に介入して有力者を攻め殺したり、時には中央政局の動揺に乗じて義満への反抗姿勢を見せるなどして睨《にら》みをきかせていく。とはいえ、氏満は直接幕府と対決することはなく、幕府側もできるだけ氏満を刺激しないように努めていた（小国：二〇一三など）。氏満は支配規模を拡大しつつ、幕府とのやり取りも重ねながら東国で地盤を固めていく。両者の関係は緊張感をはらみながらも協調的なものだったようである（石橋：二〇一四）。

応永五年に氏満は亡くなるが、跡を継いだ満兼は、父同様、幕府の意のままに動くことはなかった。それどころか、伊豆《いず》（静岡県）国内の寺社領の問題で義満と激しく対立するなどしたため、両者の間には亀裂が走った（「三宝院文書」、小国：二〇一三）。

義弘はこうした義満・満兼両者の複雑な状況を踏まえてか、満兼に接近していったようである（平瀬：二〇一七）。満兼はもとより足利の血を引く武門の頭領格である。義弘が義満に歯向かうことになったとしても、満兼を擁立すれば足利氏を核にする室町幕府の成り立ちを損ねるものではない（谷口：二〇一七）。

満兼が興福寺など諸方面に決起の手紙を発したのにあわせて、義弘も連絡を取っていった（「寺門事条々聞書」）。その姿は、さしずめ満兼を奉じて理想の室町幕府像を見出《みいだ》そうとする「世直し人」義弘とでもいえようか。

西国最大勢力の大内義弘、東国統括者の足利満兼、両者の利害は一致した。満兼は義弘と示し合わせて京都へ進もうと企図し、東国の軍勢を結集させるべく、要地の武蔵《むさし》国府中《ふちゅう》（東京都府中市）へと移って時機をうかがった（「喜連川判鑑《きつれがわはんかがみ》」、石橋：二〇一五）。義弘は西国方面に弟の盛見を残し、もう一人の弟・弘茂とともに畿内にとどまり、今後の方針を熟慮した（『応永記』）。諸方面へ決起を促した義弘と、義満・幕府との関係はもはや修復不能となっていたのである。

◎影をちらつかせる今川了俊

義弘と義満の不仲に密《ひそ》かに注目する人物はもう一人いた。当時京都にいた今川了俊である。了俊はかつて九州支配の要職たる九州探題の地位にあったが、先述の通り、義弘との対立もあって応永二年に罷免《ひめん》され、その後は今川氏領国の遠江《とおとうみ》・駿河《するが》（静岡県）の支配に関与していた。

このように以前は対立していた両者だったが「応永の乱」の直前に、義弘は了俊と頻繁に連絡を取り合うようになったらしい。実は、了俊はかねてから鎌倉公方や諸勢力との間にパイプを持っており、義弘はその力量に期待したのだ。その中で、了俊は義弘と鎌倉公方満兼の仲介役を務め、両者の連携関係の構築に寄与する（小川：二〇一二、平瀬：二〇一七）。了俊自身は乱に加わることはなかったが、その肥大化に多大なる影響を与えたのである。

了俊は義弘との関係を否定しているが、のちに自身の命運を左右することになったという（『難太平記』）。『難太平記』が「応永の乱」以降、了俊が政治の表舞台から去ったのちにまとめられたという点を踏まえると、同書での了俊の言い分については検討を要するが、了俊が「応永の乱」の渦中にいて、義弘の決起前後の思惑を知る人物だった可能性は高いといえるだろう。義弘・満兼の動きは、両者の勢力圏のはざまにあった人物たちをも巻き込むものだったのである。

◎義弘対幕府の情報戦と義満施策の爪痕

さて、目まぐるしい動きを見せる義弘・満兼に対し、幕府側もこの状況を傍観しているわけではなかった。二人の動きを受け、幕府は十月から十一月にかけて、西国の安芸や九州の諸勢力に対し、義弘の叛意が明らかになったと喧伝《けんでん》し、幕府方への協力を求めていく（「福原家文書」「熊谷家文書」「島津家文書」）。協力要請は義弘・満兼から連絡のあった興福寺にも及んだ。興福寺側は義満から「伊勢の北畠《きたばたけ》氏（元南朝勢力）が大内氏討伐《とうばつ》に参戦するから協力するように」と依頼されたようである（「寺門事条々聞書」）。

一方、十一月中には丹波《たんば》（京都府・兵庫県）の宮田時清《みやたときmiddle》、美濃（岐阜県）の土岐詮直《あきなお》、近江《おうみ》（滋賀県）の京極秀満《きょうごくひでみつ》（近江守護の京極高詮《たかのり》の弟）といった面々が義弘・満兼への協力を表明した。京都へのアクセスが容易、かつ有力大名家の一派だった彼らが義弘・満兼に味方したことで、

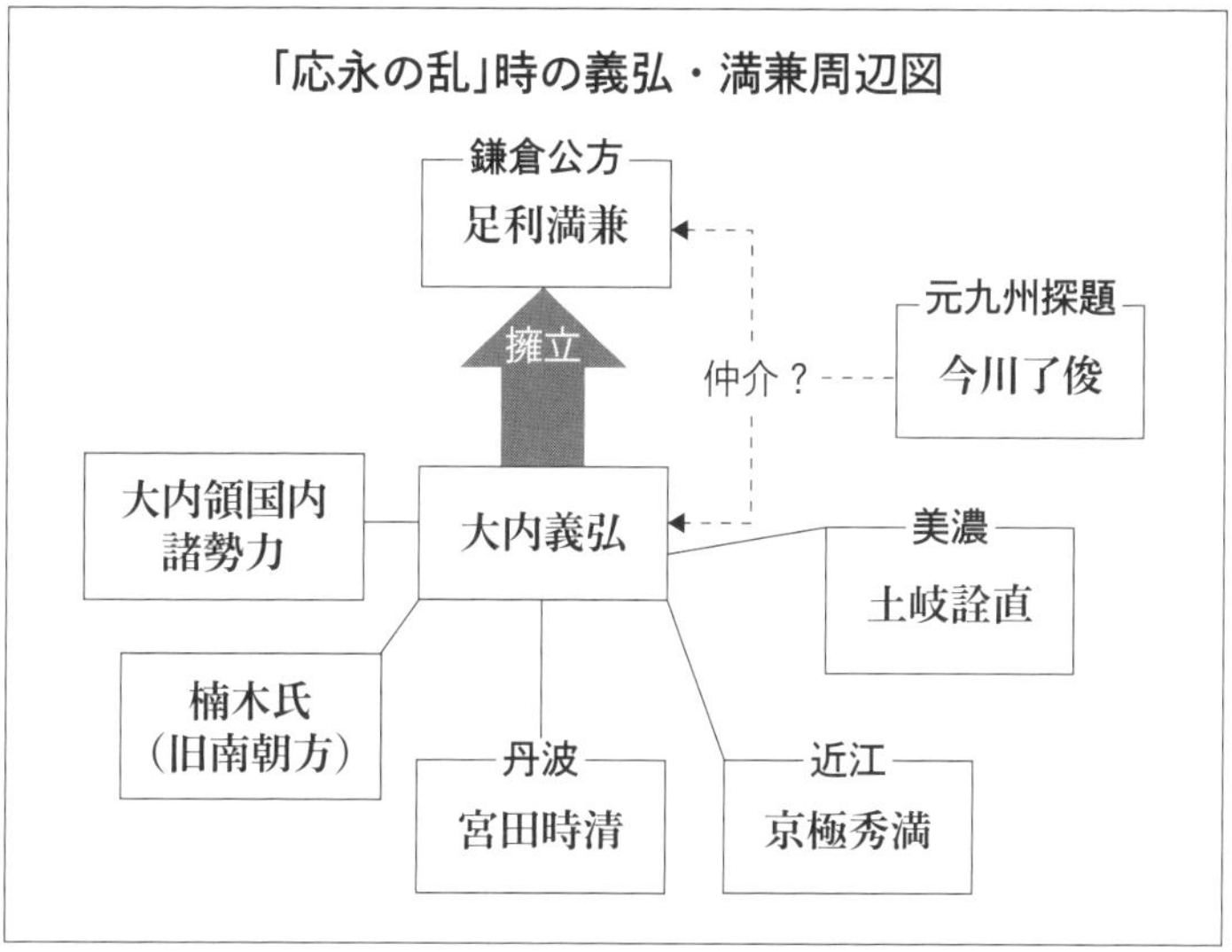

戦いの火種は各地に飛び火していく。彼らの動きには、有力守護の力を削ぎ落とそうとする義満の施策と、それに伴う戦争が影を落としていた。宮田時清は、「明徳の乱」で義満に滅ぼされた山名氏清《うじきよ》の子で、土岐詮直も義満による土岐氏討伐戦（「土岐康行の乱」）で没落した人物であった。いずれも義満との間に遺恨があり、再起のタイミングをうかがっていたのである。

　こうして山名・土岐・京極の三氏は、幕府派と反幕府派に分裂。有力大名家の分裂は、主力となるべき大名の軍勢を分散させることにつながった。義弘も関わった義満の対有力大名施策は、皮肉にも「応永の乱」で義満・幕府方の動きを阻害したのである。加えて、大内氏の影響力の強い安芸国内でも、義弘・満兼に呼応する者がいた（「熊谷家文書」、岸田：一九八三）。義弘・満兼両者の仕掛けた情報戦は、ある程度奏功したといえよう。

義弘・満兼方には、旧南朝方の楠木氏《くすのき》も味方した。ここでは、先述の南北朝合一の際に、義弘が培った南朝諸将とのつながりが活《い》きたのだろう。義弘らの蜂起は、彼自身も参与した義満将軍時代の事績と、その問題点を浮き彫りにしたのである。

しかし、大内領国の石見などでは、義弘・満兼に呼応せず、幕府方に味方することを表明する勢力もあった（「萩博物館保管周布文書」）。大内領国にあっても、義弘・満兼方、幕府方に動向が分裂し、義弘にとって万全の状況は訪れなかったのである。加えて、義満による義弘討伐軍は、義弘の想定を超える規模で義弘・満兼方陣営に迫っていたのだった。

◎大内義弘の覚悟

十一月八日、義満は諸大名の軍勢を率いて東寺《とうじ》へと進軍した。幕府軍の規模は、先陣が八千余騎、本陣が三万余騎という大軍だった。同十四日、軍勢は八幡（京都府八幡市）へと進み、義弘のいる和泉方面への警戒を強化した。

対する和泉国内の拠点である堺にあった義弘方は、幕府軍相手に打って出るか、もしくは和泉国内の守りを固めるか、はたまた頃合いを見て幕府方に降伏するか、意見が割れていた。義弘は積極策を避け、堺（堺城）やその周辺に城郭を構築し、防禦《ぼうぎょ》施設の設営を急ピッチで進めることにした（『応永記』）。堺は瀬戸内と畿内を結ぶ軍事・交通面の要衝《ようしょう》ではあったが、地形は平坦であったため戦いには向かない。義弘は堺周辺の守りを固め、長期戦にも耐えられるよう備えたのである（平瀬：二〇一七）。同時に、大内軍は河内の要塞《ようさい》森口城（大阪府守口市）で押し寄せる幕府勢に対抗した（『応永記』）。

一方、義満・幕府方の動きを受けてか、義弘は決戦前にはすでに死を覚悟していたという（松岡：一九六六）。義弘は堺の防備が整うと、喜びながらも今生《こんじょう》の別れを覚悟し、歌会を開いたり、西国に残る弟の盛見に連絡をするなど、従容《しょうよう》として戦いの時を待った（『応永記』）。

その後、義弘は和泉や隣国河内の各所に派遣していた諸将を呼び寄せ、堺城を堅守する作戦へと移行する。十一月二十九日、ついに幕府軍による堺城攻撃が始まった。大内軍は幕府軍に矢の雨を降らせ、大内家臣の杉豊後入道《すぎぶんごにゅうどう》、次いで義弘自身も出撃して大きな被害を与えた（『応永記』）。

大内軍が堺で幕府軍相手に戦っていた頃、和泉国外でも戦いが起こった。大内方と結びついていた美濃の土岐詮直、丹波の宮田時清、近江の京極秀満が蜂起したのである。土岐詮直は、幕府方の従兄《いとこ》・満貞《みつさだ》が管轄する尾張へと進攻。この動きを受け、大内軍との戦いに加わっていた美濃守護の土岐頼益《よります》は急ぎ本国へと戻っていった。京極秀満は京都への進出を狙っていた。これに対しても、やはり大内軍に対峙《たいじ》していた京極勢の一部が近江に引き返して対処することになった。宮田時清は、丹波国内で戦ったのち京都へ侵入。大内軍を後援すべく幕府軍本陣の八幡を目指して攻勢をかけていく。こうした諸将の蜂起により、義弘ら反幕府方は幕府軍を挟み撃ちにできる格好となった。
しかし、これらの動きはいずれも幕府方によって鎮圧されてしまい、目論見《もくろみ》は潰《つい》えた。

◎義弘の死とその計画の挫折

十二月に入ると、幕府軍はその膨大な兵力で大内方を追い詰めていった。大内軍の防備に対し、陸地では多方面に軍勢を送り込み、防御施設を焼き払っていく。陸地よりも大内軍の備えの薄い海路では、幕府方の細川氏の管轄地域である淡路《あわじ》（兵庫県）からは、「海賊」船団が大阪湾を経て堺へと近づく（『応永記』）。義弘が盟主と仰いで頼みにしていた関東の足利満兼は、いまだ京都に入る気配が見えない。義弘に死の危機が迫っていた。

十二月二十一日、幕府軍は義弘本陣へと猛攻をかけた。義弘は自ら刀を振るって果敢に戦ったが、内通者が出たこともあり義弘の味方は次第に少なくなっていく。

『応永記』によれば、義弘は堺で幕府軍への備えを進める最中、「今回の決起は不慮の事態である。一時の恨みでもって義満様のご恩を忘れたのだから、天命は逃れがたい。運命が尽きたならば必ずわが命は消えることだろう」と自らの命運を悟《さと》っていたのだという。義弘の義満、そして幕府への思いはいかなるものだったのか。義弘が最期《さいご》を迎えるにあたって自身の思いを語った形跡は残念ながら残されておらず、真相は闇《やみ》の中である。

義弘は奮戦ののち幕府方の畠山勢の前に玉砕《ぎょくさい》。義弘とともに幕府軍に抗した弟の弘茂は降伏し、ここに大内軍の堺での戦いは終わった。

一方、幕府方はもう一人の乱の首班である満兼にも注意を払っていた。鎌倉公方を支える関東上杉《うえすぎ》氏のひとり、山内《やまのうち》上杉憲定《のりさだ》との連携によって、大内勢と満兼の分断を図ろうとしたのである。幕府は憲定を介して満兼が京都に進むのをストップさせる（「上杉文書」）。「応永の乱」の折に武蔵府中にあった満兼は、結果的に義弘との合流が叶《かな》わず関東で足止めを食らうことになった。ここに大内氏・鎌倉公方の畿内での活動の芽は摘まれ、義弘・満兼の「世直し」計画は幻《まぼろし》と化したのである。

ちなみに、大内氏の介入した安芸国内では乱後も反幕府の姿勢を貫く勢力があり、義弘決起の余波は続いていた（「熊谷家文書」、岸田：一九七八）。義弘は死してなお幕府に揺さぶりをかけていたといえるだろう。

◎乱後の関係者の足どりと余波

「応永の乱」が義満・幕府方の勝利に終わったことにより、義満・幕府は「明徳の乱」での山名氏に続き、大内氏にも圧力をかけることに成功する。義弘の亡き後、大内氏の領国は周防・長門の二ヵ国に縮小され、他の旧領の管轄権は大内氏以外の諸大名に分配された。義弘には三人の男子がいたが、いずれも幼少だったため、義満から許しを受けた義弘の弟・弘茂が大内氏の跡を継ぎ、周防・長門方面に赴くことになる。

一方、乱後に生き残り、西国にとどまっていたもう一人の弟・盛見は立場を失い、弘茂の旗下に入ることを余儀なくされた。盛見は大内氏の管轄圏内だった石見の支配に参与しており、その座に加えて、周防・長門守護職獲得の可能性をも失うとなると、到底納得できなかっただろう。

盛見は義満への叛意と弘茂への抵抗姿勢をあらわにし、応永七年（一四〇〇）以降、「応永の乱」の延長戦ともとれる大内兄弟の争いが繰り広げられた。弘茂軍と盛見軍の攻防の末、翌年盛見は弘茂を敗死させて領内を掌握。義満は盛見旧領の石見や近隣諸勢力などに盛見の討伐を求め（「毛利家文書」）、他の大内一族を後援しようとしたが状況は好転しなかった（藤井：二〇一三）。最終的には盛見の力量を重く見た義満側が折れ、盛見は周防・長門の管轄権を追認されて名実ともに大内氏後継者の座を勝ち取った。義満・幕府側は、「応永の乱」で大内氏に打撃を与えたものの、乱後のダメ押しには失敗してしまったのである（藤井：二〇一三）。

一方、乱後に義弘・満兼との関係を疑われた今川了俊は、幕府による処分の対象となってしまう。了俊は助命こそ成ったものの、遠江・駿河の管轄権を失い、政治の表舞台からは離れることになった。その後は「応永の乱」をはじめ、自身の生きた時代の政局を回顧し、「応永の乱」における自身の立場の説明も盛り込んだ『難太平記』などの編述に腐心。同時代の動乱や今川氏の歩みを描き切り、九十前後の長寿を保って晩年を迎えた。

義弘とともに「世直し」を志向した鎌倉公方・足利満兼は、応永七年三月五日に鎌倉へ戻った（「喜連川判鑑」）。その後も幕府への対抗心は消えることはなかったが、六月に入って幕府との和睦を決心した（「三島神社文書」）。満兼は戦乱の当事者ながら、罪を問われることはなかった。しかし、「応永の乱」で爆発した鎌倉公方と幕府との関係のこじれは完全に解消されることはなく、満兼の跡を継いだ持氏《もちうじ》の時代に「上杉禅秀《うえすぎぜんしゅう》の乱」が勃発すると、両者の関係は関東管領《かんれい》の上杉氏をも巻き込むさらに複雑なものとなり、以降も室町将軍・幕府の動きを左右することとなっていくのである。

第４章

「上杉禅秀の乱」

いくつもの争乱の〝火種〟となった
鎌倉公方と関東管領の争い

千葉篤志

◎「上杉禅秀の乱」の時代背景

「観応《かんのう》の擾乱《じょうらん》」（第1章）の終結後、室町幕府は鎌倉府による関東の支配体制を整え、「応永《おうえい》の乱」（第3章）で有力守護《しゅご》大名・大内義弘《おおうちよしひろ》の勢力を削《そ》ぐことで幕政の基盤を確固たるものとした。そうした中、鎌倉《かまくら》公方《くぼう》・足利持氏《あしかがもちうじ》に前関東管領《かんとうかんれい》・上杉禅秀《うえすぎぜんしゅう》が反旗を翻《ひるがえ》す事件が勃発《ぼっぱつ》する。「上杉禅秀の乱」である。本章では、のちに「永享《えいきょう》の乱」（第5章）、「結城《ゆうき》合戦《かっせん》」（第6章）、「享徳《きょうとく》の乱」（第9章）など関東におけるいくつもの争乱の火種となった乱の背景から結果までを概観していくこととしよう。

　応永六年（一三九九）十二月二十一日、堺《さかい》城（大阪府堺市）の陥落と大内義弘の戦死により、「応永の乱」は終結した。これをもって、足利義満《よしみつ》（室町幕府第三代将軍）の有力守護大名に対する勢力削減政策がひとまず終息した。この後の義満は、明《みん》の永楽《えいらく》帝から「日本国王」に冊封《さくほう》をされる、朝廷に「太上天皇《だいじょうてんのう》」の尊号宣下《せんげ》を要求するなど、その権勢はとどまるところを知らなかった。

　しかし、応永十五年（一四〇八）五月六日、義満は五十一歳で病死し、その後を二十三歳の嫡男《ちゃくなん》・義持《よしもち》が継承した。義持は応永元年（一三九四）十二月十七日に九歳で征夷大将軍《せいいたいしょうぐん》に就任し、すでに義満の後継者としての地位にあったが、幕政の実権は北山第《きたやまだい》に移った義満（「北山殿」と称される）が掌握した状態であった。その義満の死去によって、義持が将軍として本格的に幕政を運営する体制となったのだ。

親政を開始した義持は、義満の葬儀を滞《とどこお》りなく執り行い、また、朝廷による義満の「太上天皇」の尊号宣下を辞退した。さらに、義満の後継者問題で物議を醸《かも》した弟の義嗣《よしつぐ》を、その生母である春日局《かすがのつぼね》の里邸に移し、自身は応永十五年六月二十六日に室町第から北山第に移って義満と同様に「北山殿」と称されるなど、義満の正統な後継者としての存在感を示すようになった。

一方、地方では義持の親政が開始された直後の応永十五年七月、大和《やまと》（奈良県）で、春日大社に属する国人《こくじん》（有力領主）・箸尾為妙《はしおいみょう》と興福寺《こうふくじ》の官符衆徒・筒井順覚《つついじゅんかく》との間で合戦が勃発した。応永十八年（一四一一）七月二十八日には、所領問題を契機として幕命に背《そむ》いた飛騨《ひだ》（岐阜県）の姉小路尹綱《あねがこうじただつな》に対して、京極高光《きょうごくたかみつ》（飛騨・出雲《いずも》・隠岐《おき》守護）の軍勢を派遣した（「応永飛騨の乱」）。応永二十二年には、先の姉小路尹綱と同様に所領問題を契機として伊勢《いせ》（三重県）で挙兵した北畠満雅《きたばたけみつまさ》に対して、一色義範《いっしきよしのり》・畠山満慶《はたけやまみつよし》らの軍勢を派遣した。

このように義持は、地方の争乱の鎮圧に努め、将軍の武威を示した。また、応永十二～二十年（一四〇五～一三）までの間に京都で洪水や旱魃《かんばつ》が相次ぐなど、天候不順や災害、所領紛争などの不安定な社会情勢の最中、義持は諸大名や宗教勢力の統制、明との外交関係の方針変更、朝廷との関係の再設定など、自身の求心力を強化した。これにより、義持は義満の時代に築いた成果をより確実化し、「社会を本来のあるべき姿に戻す」という意味の「徳政《とくせい》」を実現することに邁進《まいしん》していった（吉田：二〇一七）。

◎鎌倉公方と関東管領の代替り

京都で足利義持政権が本格的に始動した頃、関東では足利満兼《みつかね》（第三代鎌倉公方）が三十二歳で死去した。義満病死から一年二ヵ月後、応永十六年（一四〇九）七月二十二日のことである。

満兼は前章にある通り「応永の乱」の際に、大内義弘に呼応して関東で挙兵するため、応永六年十一月に武蔵《むさし》国府中《ふちゅう》（東京都府中市）に移動したが、義弘の敗北と関東管領の上杉憲定《うえすぎのりさだ》（山内《やまのうち》上杉氏当主）の諫言《かんげん》によって挙兵を断念し、翌年三月に鎌倉へ帰還するという経歴を持っていた。

その満兼の跡を継いだのが、十二歳の嫡男・幸王丸《こうおうまる》であった。幸王丸が鎌倉公方を継承すると、足利義持は公方就任を祝う使者として土岐《とき》右馬允《うまのじょう》を鎌倉へ送り、応永十七年（一四一〇）十二月三日に幸王丸が元服《げんぷく》すると、実名の一字である「持」の字を与え、左馬頭《さまのかみ》に任官させたという（「喜連川判鑑《きつれがわはんかがみ》」）。こうして幸王丸は、第四代鎌倉公方である足利持氏となった。なお、この時に持氏の異母兄弟である乙若丸も元服し、持仲《もちなか》と名乗ったという（『鎌倉大草紙』）。

持氏が鎌倉公方を継承した頃、その補佐を務める関東管領は上杉憲定であったが、応永十七

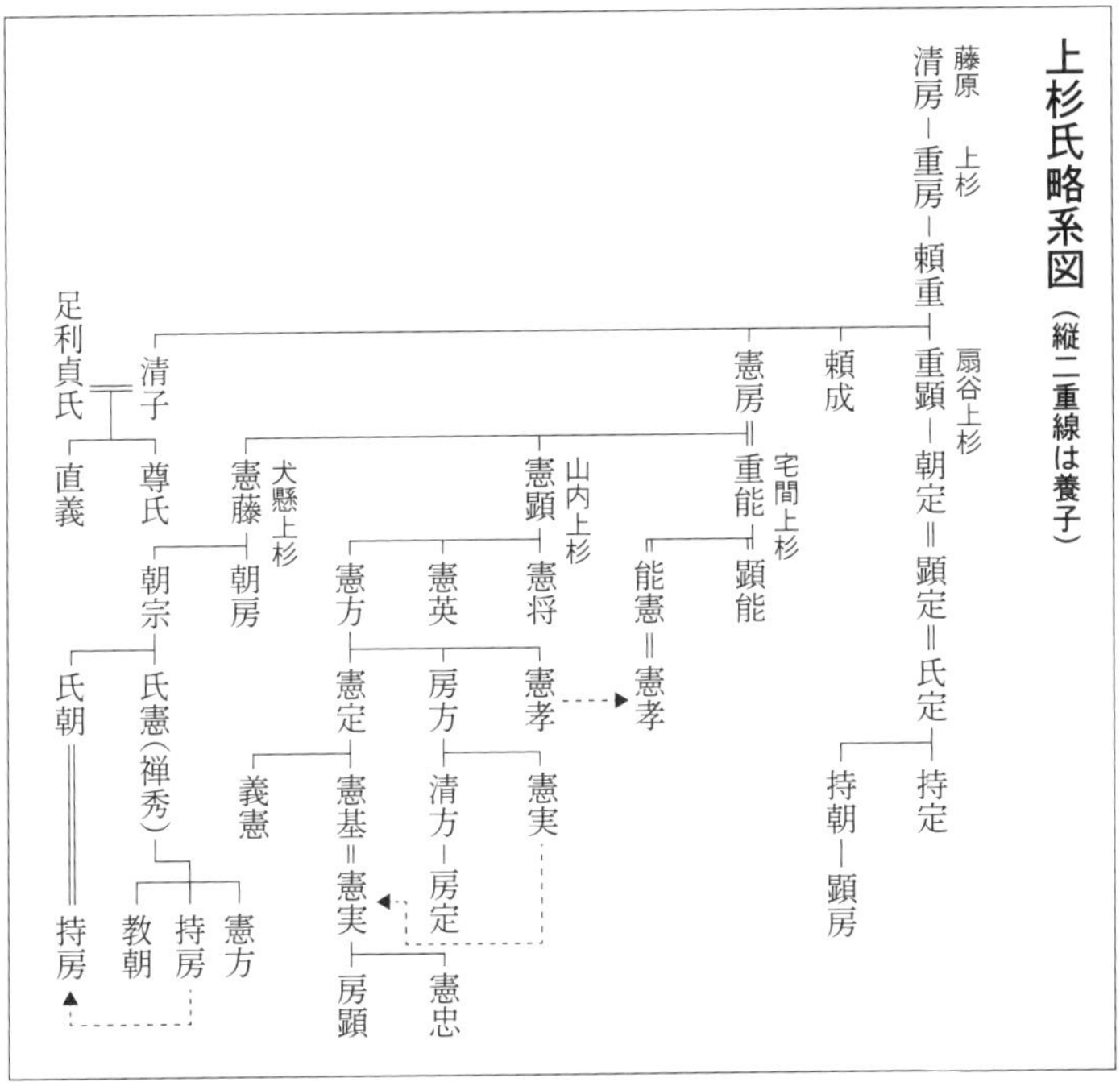

上杉氏略系図（縦二重線は養子）

年から翌十八年の間に上杉氏憲《うじのり》（禅秀。犬懸《いぬがけ》上杉氏当主。以降、禅秀と表記）と交替した。犬懸上杉氏は、足利尊氏《たかうじ》の母方の従兄弟《いとこ》にあたる上杉憲顕《のりあき》の弟・憲藤《のりふじ》から始まる上杉氏の一族である。暦応《りゃくおう》元年（一三三八）に憲藤が信濃《しなの》（長野県）で戦死すると、その子息である朝房《ともふさ》・朝宗《ともむね》兄弟は、関東管領を務め、『鎌倉大草紙』によると朝宗の代から犬懸を称したという。

朝宗は禅秀の実父で、足利満兼に諫言した憲定の前に関東管領を約十年間務め、応永十二年九月に関東管領職を辞任した後も、上杉氏一族の長老として鎌倉府の政務を主導していた。しかし、満兼が死去した応永十六年に家督を禅秀に譲り、上総《かずさ》の長柄山胎蔵寺《ながらさんたいぞうじ》（千葉県長柄町。現在の寺名は眼蔵寺《がんぞうじ》）に隠棲《いんせい》した後、応永二十一年（一四一四）八月二十五日に七十八歳で死去した。

関東管領に就任する前の禅秀の活動は不明な部分が多いものの、応永九年（一四〇二）に鎌倉府に対抗する陸奥《むつ》（福島・宮城・岩手・青森県）の伊達政宗《だてまさむね》（大膳大夫《だいぜんのだいぶ》）討伐《とうばつ》軍の大将に任命され、応永十六年に行われた足利満兼の新御所移徙の儀式の際には惣奉行《そうぶぎょう》の役を務めていることが確認される。このことから、鎌倉府の政務を主導する朝宗の嫡男として、鎌倉府の中枢で一定の政治的地位を確立していたと考えられる。

関東管領就任後の禅秀は、関東管領として本格的に鎌倉府の政務を執り行うが、若年で鎌倉公方に就任した足利持氏のもとで、禅秀は持氏の叔父《おじ》である足利満隆《みつたか》（「新御堂《しんみどう》」）と連携した。このことから、禅秀の関東管領就任から持氏が評定《ひょうじょう》の場に出席する応永二十二年（一四一五）春まで、鎌倉府は両者が政務を主導する情勢であった。

◎山内上杉氏と犬懸上杉氏の対立

応永二十二年三月五日、足利持氏は鎌倉公方として評定の場に出席し、「御意見始」を行った（「喜連川判鑑」）。こうして持氏が本格的に政務へ参加しはじめた同年四月、鎌倉府の政所《まんどころ》（財政を担当する機関）の評定において、禅秀の家人である常陸《ひたち》（茨城県）の越幡六郎（小幡《おばた》六郎か。小幡氏は常陸小田氏の庶流）が、罪科により所領を没収される裁定が下された（『鎌倉大草紙』では四月二十五日)。

小幡六郎の罪科の詳細は不明であるが、この裁定に不満を持った禅秀は、応永二十二年五月二日に関東管領を辞任し、五月十八日に禅秀の後任として山内上杉氏の上杉憲基《のりもと》(安房守《あわのかみ》。憲定の嫡男)が関東管領に就任した(『鎌倉大草紙』、「喜連川判鑑」)。この一連の事件の背景には、犬懸上杉氏と山内上杉氏の対立があった。

すなわち、常陸には信太庄《しだのしょう》など山内上杉氏の所領があり、さらに常陸佐竹《さたけ》氏の養子となって家督を継承した義憲《よしのり》(佐竹義人《よしひと》)は、憲基の弟であった。一方、犬懸上杉氏も朝宗の代に常陸に進出していた。このことから、小幡六郎の所領没収は、両氏の対立が常陸を舞台に表面化した事件で、鎌倉公方の持氏を取り込んだ山内上杉氏の犬懸上杉氏に対する政治的な攻撃を意味していた(駒見:二〇一六)。

また、『鎌倉大草紙』などには、応永二十二年になんとなく鎌倉中が騒動となり、近隣諸国の兵が鎌倉に集まってきたが、七月二十日に帰国するように命令が下ったので、集まった兵たちが帰国したという記事が見られる。これは、禅秀の関東管領辞任と憲基の関東管領就任から乱勃発前までの間に、足利満隆と手を組む禅秀方と足利持氏を擁《よう》する憲基方の政治的な緊張状態が鎌倉で起きていたことを示している。

こうした両勢力の政治的な緊張状態の結果、応永二十三年(一四一六)十月二日、禅秀は足利満隆とともに持氏の館を襲撃した。『鎌倉大草紙』では、禅秀は鎌倉の西御門《にしみかど》の宝寿院で満隆と持仲に合流し、戌刻《いぬのこく》（午後七時から午後九時頃）に襲撃を開始したという。いずれにせよ、この襲撃をもって「上杉禅秀の乱」は始まった。

十月三日、禅秀方の襲撃を受けた持氏は、わずかな手勢とともに佐介《さすけ》（神奈川県鎌倉市）にある上杉憲基の館へ移動した。十月四日、禅秀方の軍勢は、持氏の館をはじめ鎌倉中を焼き払い、佐介周辺で持氏方の軍勢と対峙《たいじ》した。十月六日、由比《ゆい》ガ浜《はま》で両軍の合戦があり、持氏方が敗北した。さらに持氏方は六本松・化粧坂《けわいざか》方面でも敗北したため、鎌倉を脱出して小田原・箱根を通り、伊豆《いず》（静岡県）まで落ち延びた。しかし、禅秀方の追撃が伊豆にまで及ぶと、上杉憲基は持氏を駿河《するが》（静岡県）方面へ落ち延びさせ、自身は越後《えちご》（新潟県）へ落ち延びた（『鎌倉大草紙』など）。

◎錯綜する乱の情報と幕府の対応

伏見宮貞成親王《ふしみのみやさだふさ》の日記『看聞日記《かんもん》』（『看聞御記』）によると、禅秀の乱勃発の情報が京都に到着したのは、勃発から十一日後の十月十三日夕方であった。この時、因幡堂《いなばどう》（平等寺。京都府京都市下京区）に参籠《さんろう》中だった将軍・足利義持は事態を聞くと、諸大名を召集して評定を行なった。その結果、室町幕府の管轄国である隣国駿河の守護・今川範政《いまがわのりまさ》に落ち延びた持氏の受け入れを命じ、相国寺《しょうこくじ》の「南西堂」という僧侶をまず関東へ派遣することを決定した。

『看聞日記』では、禅秀が謀反《むほん》を起こした理由について、禅秀が持氏の母を「盗犯」（本来は窃盗の意味だが、広義の不法行為を指す場合もある）したという噂《うわさ》が流れ、持氏が禅秀討伐の命令を出すと、禅秀は自分の分国に下ってしまった。そして、「盗犯」については、のちに虚報であったため赦免《しゃめん》となったが、持氏から討伐命令を出されたことに対して、禅秀の鬱憤《うっぷん》が晴れなかったので、謀反を起こしたと記されている。

十月十五日夜、関東の情勢を伝える飛脚が京都に到着した。それによると、十月七日に禅秀方が持氏方へ攻撃を行い、持氏方は三島に出陣して合戦となったが、翌八日に持氏方が敗北し、持氏・憲基以下の二十五人が切腹したということであった。

これが、室町幕府の管領・細川満元《ほそかわみつもと》と斯波義教《しばよしのり》（義重《よししげ》）に伝わると、両者は「北野経所」に滞在している将軍・義持のもとへ参上し、報告した。報告を聞いた義持の驚きと慌てぶりは甚《はなは》だしく、その状態で三条坊門第に帰った。また、貞成親王は、「持氏は義持の烏帽子子《えぼしご》で、特別に援助していた人物なので、その怒りは果てしなく、関東と京都が敵対して、天下大乱の原因となることに驚愕《きょうがく》する」と『看聞日記』に記している。烏帽子子とは、武家の男子が元服する際に、烏帽子親から烏帽子をかぶせてもらった者のことで、そのことから烏帽子親と烏帽子子の間には、実際の血縁関係に準じる繫《つな》がりを持つとされていた。

十月二十日、持氏が切腹したという情報は虚偽で、切腹したのは関東管領の上杉憲基であるという情報が京都へ届き、また、持氏が斯波義教に対して幕府の救援を要請したという情報も京都へ届いた。この状況に対して貞成親王は「近日の世間の噂は尽きることがない（果てしない変わりようだ）」と『看聞日記』に記している。

十月二十八日夕方、関東の情勢を伝える飛脚が京都へ到着した。それによると、持氏が駿河に落ち延びて同国に滞在しており、京都の幕府に対して援軍を要請したというものであった。これを聞いた義持は、翌二十九日に諸大名を召集して評定を行ったが、諸大名は口を閉ざして意見を言わなかった。

これを見た足利満詮《みつあきら》（義持の叔父）は、「斯波義教は義持の烏帽子子である持氏を見捨てるつもりか。しかも、敵方がすでに鎌倉を制圧している以上、京都へ謀反を企てることは必然であり、それに対処するためにも持氏を支援するべきではないのか」と主張した。義持と諸大名は満詮の意見に賛同し、義持は駿河守護の今川範政と越後守護の上杉房方に持氏の支援を命じ、斯波義教が先に上杉房方に命令を伝えることを申し出た。

『看聞日記』の十月二十九日条には、十月四日の合戦で戦死したのは一色兵部大輔《いっしきひょうぶたいふ》などの若干名で、関東管領の上杉憲基は切腹しておらず落ち延びて行方不明になったこと、敵方の足利満隆が鎌倉全域を制圧したことが貞成親王に知らされている。このような情報の錯綜《さくそう》に対して、貞成親王はここでも「近日の風聞（の変わりよう）は果てしないもので、記録する価値があるのか」と『看聞日記』に記している。

このように、関東で勃発した乱に対して、京都の室町幕府や貴族は、正確な情報を把握することに懸命になっているものの、刻々と変化する情勢に追い付けず、それが難しくなっていいたことがわかる。

さらに、この事態に追い打ちをかけるように、京都では十月三十日に義持の弟である足利義嗣が洛中《らくちゅう》から出奔《しゅっぽん》して、高雄山《たかおやま》に隠居遁世《いんきょとんせい》するという事件が発生した。その原因として、関東で蜂起《ほうき》した禅秀方と連携したことが疑われている（『看聞日記』、『鎌倉大草紙』）。

のちに義嗣は、十一月五日に身柄を仁和寺《にんなじ》興徳庵に移され、同月九日には等持寺《とうじじ》の北に隣接する林光院に移されるが、応永二十五年（一四一八）正月二十四日、持氏の密命を受けた富樫《とがし》満成《みつなり》によって殺害された。二十五歳であった。

なお、十二月十四日、称光《しょうこう》天皇は義持の勧めで、実名を「躬仁《みひと》」から「実仁」に改めた。これは「躬」の字が「身に弓がある」という不吉な連想をさせることが理由で、乱やそれに関する不穏な情勢に対する意識の現れといえるであろう。

◎禅秀の賊軍認定で形勢逆転

持氏の支援を決定した義持は、応永二十三年（一四一六）十一月三日、下野《しもつけ》（栃木県）の宇《う》都宮持綱《つのみやもちつな》へ持氏支援を要請した（十二月十五日に支援に応じる持綱の返書が義持に披露されている）。

このような、幕府による持氏支援の動きに関係して、武州南一揆《いっき》（武蔵国内の中小国人領主の連合。鎌倉公方の直属軍的な性格を持つ）・江戸《えど》氏・豊嶋《としま》氏・別府《べっぷ》氏などが禅秀方から離反した。

鎌倉を制圧した禅秀方は、この離反を知って、十一月二十一日に足利持仲と上杉憲方（禅秀の子）が武蔵へ出陣したが、持仲らは敗退した。

十二月十一日、義持は持氏に牙旗《がき》（武家御旗）を与えた。これにより持氏は幕府に官軍と認められ、禅秀方は賊軍となってしまった（のちに持氏は、牙旗のお礼として太刀と下野国足利荘内の千貫文の領地を贈っている）。同月十七日、義持は細川満元に、宇都宮持綱と結城基光《ゆうきもとみつ》に管領奉書を送るように指示し、十九日には関東諸氏への奉書発給を満元と相談するように三宝院《さんぼういん》満済《まんさい》（醍醐寺《だいごじ》三宝院の門跡《もんぜき》。当時は義持の補佐をしていた）へ指示した。奉書の内容は持氏の支援要請と考えられる。

十二月下旬、持氏は今川範政とともに鎌倉に向けて出陣し、持氏方の諸将も相模《さがみ》国河村城（神奈川県山北町）へ集結してから、鎌倉へ向けて進軍した。十二月二十五日には、今川範政が東国に書状を回覧して、幕府への帰順を呼びかけた。十二月二十九日、持氏は禅秀方と相模川で戦った後、懐嶋《ふところじま》（神奈川県茅ヶ崎市）まで進軍した。

また、越後からも持氏を支援する軍勢が十二月十五日に出発し（大将は上杉憲基の弟・佐竹義憲）、十二月十九日には上野《こうずけ》（群馬県）に入り、禅秀方の軍勢を破りながら、鎌倉を目指した（小国：二〇一三）。十二月二十五日、持氏方の二階堂《にかいどう》氏らを迎撃するために、足利持仲と上杉憲方が再び出陣し、両陣営は入間川《いるまがわ》で戦ったが、今度も持仲らが敗退して鎌倉へ撤退した。

応永二十四年（一四一七）に入ると、越後へ落ち延びた上杉憲基が上野から進軍を開始し、正月二日に庁鼻和《こばなわ》（埼玉県深谷市）、四日に村岡（埼玉県熊谷市）、五日に高坂（埼玉県東松山市）、

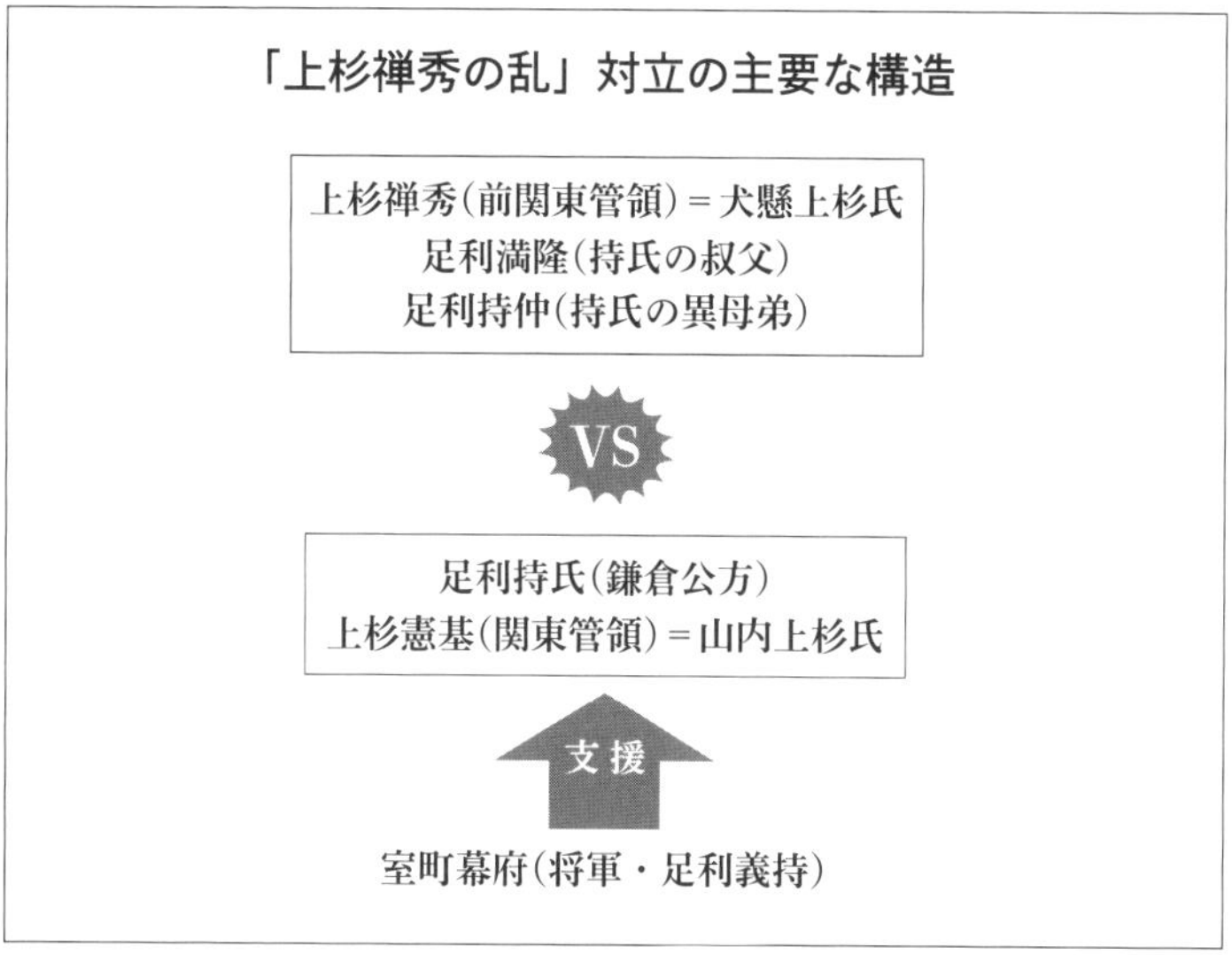

六日に入間川へ到着した。正月八日、憲基は久《く》米《め》川《がわ》（埼玉県所沢市）に到着して豊嶋範泰《のりやす》や北武蔵の軍勢と合流し、翌日には関戸（東京都多摩市）に到着した。憲基が進軍したのは、鎌倉街道上道《かみつみち》と呼ばれるルートであった。

一方、持氏が率いる軍勢も、応永二十四年正月になると藤沢（神奈川県藤沢市）・飯田《いいだ》原《はら》（神奈川県横浜市）・瀬谷《せや》原《はら》（神奈川県横浜市）で禅秀方と戦っていた。正月五日の「飯田原・瀬谷原の戦い」では足利満隆と禅秀が持氏方を破ったが、正月九日の「瀬谷原の戦い」では満隆・禅秀の軍勢に離反者が相次いだ結果、持氏方の勝利となり、満隆・禅秀は鎌倉へ帰還した。

このように持氏方の優勢が確実となったためか、正月十日、足利満隆・持仲、上杉禅秀とその一族は鎌倉雪ノ下で自害した。禅秀方の敗北と主謀者の自害は、『看聞日記』正月二十一日条によると、関東からの飛脚が正月十九日に京都へ到着したことによって知らされ、禅秀たちが自害した日付は正月十一日となっている。三宝院満済の日記『満済准后《じゅごう》日記』では、正月十六日の夕方に義持のもとへ知らされたと記されている。禅秀方の敗北による乱の終結を知った在京の諸大名や廷臣は、正月二十日に義持のいる三条坊門第へ参上し、乱平定のお祝いを述べている。

◎禅秀の与党勢力

『鎌倉大草紙』によると、足利持氏と上杉憲基を討伐するため、足利満隆が御内書《ごないしょ》を、禅秀が副文を発給して、味方する勢力を募り、それに多くの諸氏が同心したという。『鎌倉大草紙』の記述を中心に、満隆・持仲と禅秀の家臣を除くと、この時の禅秀陣営の概要は次の通りと考えられる（山田：二〇一三）。

禅秀の娘婿《むこ》…千葉《ちば》兼胤《かねたね》・岩松満純《いわまつみつずみ》・那須《なす》資之《すけゆき》
禅秀の舅《しゅうと》…武田《たけだ》信満《のぶみつ》
常陸…名越一党、佐竹与義《さたけともよし》（上総介。山入氏）、小田持家《おだもちいえ》、大掾満幹《だいじょうみつもと》、行方《なめかた》氏、小栗満重《おぐりみつしげ》
下野…宇都宮左衛門佐《さえもんのすけ》
上野…渋河《しぶかわ》氏、舞木氏、大類《おおるい》氏、倉賀野《くらがの》氏など

武蔵…上野氏、荏原《えはら》氏、蓮沼《はすぬま》氏、別府氏、玉井氏、瀬山氏、甕尻《みかじり》氏など
相模…中村氏、曽我《そが》氏、土肥《どい》氏、土屋氏など
陸奥…足利満直《みつなお》（篠川《ささがわ》公方）、蘆名盛久《あしなもりひさ》、白河結城氏、石川氏、南部氏、葛西《かさい》氏、海道四郡の諸氏
信濃…小笠原《おがさわら》氏の一族
伊豆…狩野《かのう》氏の一族
鎌倉在国衆…木戸内匠助《たくみのすけ》の伯父《おじ》と甥《おい》、二階堂氏、佐々木氏の一族

軍記物の記述なので、実際には禅秀方につかなかった人間や乱当時の動向が不明な人物もいるが、名前が挙がった人物は、禅秀が鎌倉府の政務を担当する中で交流のあった人々と考えられる。そして、持氏の幼少期に鎌倉府の政務を担当していた足利満隆・上杉禅秀が、東国の諸氏に一定の影響力を及ぼし、禅秀が挙兵する前提となっていたともいえるのではないだろうか。そのようなこともあり、「上杉禅秀の乱」の終結後、足利持氏は禅秀方に参加した大名や国人の討伐を徹底して行った。

◎乱終結後の幕府と鎌倉府の対立

応永二十四年（一四一七）二月六日、持氏は禅秀の舅であった武田信満を攻撃し、信満は甲《か》

斐国木賊山《いとくさやま》（山梨県山梨市）で自害した。信満の弟・信元《のぶもと》と信満の嫡男・信重《のぶしげ》は、高野山《こうやさん》へ隠遁《いんとん》した。こうして、甲斐は守護《しゅご》が不在の状態となったため、幕府は信元を甲斐守護に任命し、応永二十八年（一四二一）頃に信元が死去すると、信重を守護に任命した。しかし、逸見《へんみ》氏など甲斐国内の国人が抵抗したため、信重は甲斐に入国できず、在京する状態が続いた。

応永二十四年三月から翌年四月末にかけて、禅秀方に与《くみ》した岩松氏の残党に対して、持氏から討伐命令が出されており、下野の長沼氏や陸奥の小峰氏などに軍勢催促が行われた。これは、彼らが陸奥南部から関東の各地を転々としていたためである。中心人物で禅秀の娘婿であった岩松満純は、応永二十四年五月二十九日に入間川付近に出陣した際に舞木宮内丞《くないじょう》に捕縛され、閏《うるう》五月十三日に鎌倉の龍ノ口で処刑された。

犬懸上杉氏が守護を務めていた上総（千葉県）では、禅秀の家臣らが結集し、二度にわたり鎌倉府に対して蜂起した。応永二十五年（一四一八）四月下旬頃に「上総国狼藉《ろうぜき》張本人」の討伐軍が組織され、五月二十八日に御旗《みはた》を与えられた一色左近大夫将監《しょうげん》を大将とする討伐軍が鎌倉を出発した。討伐軍には常陸の鹿島氏や烟田《かまた》氏も参加し、六月に入る前に上総の平三《へいぞう》城を攻略して、一回目の蜂起を鎮圧した。

その後、応永二十六年（一四一九）一月以前に二回目の蜂起があり、一月十九日に木戸《きど》範懐《のりかね》を大将として、「上総本一揆」を討伐する軍勢が鎌倉を出発した。これに関連して一月三十日には、上杉持定《もちさだ》（扇谷《おうぎがやつ》上杉氏当主）は軍勢催促、「府中」における着到《ちゃくとう》の記録、国境《くにざかい》の警備を命じた。二月二十一日、前回同様に鹿島氏と烟田氏も参加し、数日間にわたり矢戦が行われ、三月三日には討伐軍が上総の坂本城を攻撃した。五月六日、二度にわたる蜂起の中心人物である榛谷重氏《はんがやしげうじ》は降参し、のちに鎌倉の由比ガ浜で処刑された。

　下野では、応永二十四年五月二十七日に西御庄で禅秀の家臣である秋山氏・曽我氏・池田氏・池森氏・土橋氏らが下野守護の結城基光に捕縛され、応永二十七年には、持氏が下野守護の小山持政《おやまもちまさ》に禅秀の遺児をはじめとする残党の討伐を命じている。武蔵では、応永二十六年七月二十四日に恩田《おんだ》氏に不穏な動きがあるため、持氏は武州南一揆に国内の警固を命じている。

　常陸では、応永二十四年から応永二十九年の間までに、禅秀方であった稲木義信《いなぎよしのぶ》、長倉義景《ながくらよしかげ》、山県三河入道《やまがたみかわにゅうどう》、乱後に持氏へ対抗する姿勢を示した佐竹与義、小栗満重、真壁秀幹《まかべひでもと》などに対して、持氏が討伐命令を出した。これに従って、上杉氏一族（上杉憲直《のりなお》、上杉定頼《さだより》）、下野の小山氏、陸奥の岩城《いわき》氏、または持氏に味方する常陸国内の諸領主が軍勢を率いて、反持氏勢力を攻撃した（禅秀の乱後の常陸国内の情勢については、次章「永享の乱」を参照）。

　以上のように、乱終結後に持氏は与党勢力の討伐を行うが、与党勢力への対処をめぐって、持氏は次第に幕府と意見を違《たが》えるようになった。そして、幕府に対して自立的な行動を取るようになった持氏は永享十年（一四三八）八月、ついに「永享の乱」を起こすにいたる。なお、禅秀の遺児である上杉持房《もちふさ》・教朝《のりとも》兄弟は、「永享の乱」において、幕府から持氏討伐の軍勢として派遣されている。

◎反乱者か？　新たな統治者か？

最後に「上杉禅秀の乱」についての研究動向を概略的に述べておこう。

戦前には渡辺世祐《わたなべよすけ》氏の『関東中心足利時代之研究』において、当該期の鎌倉府の政治状況の実証的な記述の中で、禅秀の乱が取り上げられている。

戦後になると、永原慶二《ながはらけいじ》氏が十四世紀から十五世紀にかけての内乱の前提（東国における惣領性の解体、農民層の成長という社会構造の変化）を論じる中で、乱について「東国の社会的矛盾の第一次的爆発」と位置付け、乱の背景を当該期の社会的構造の変化としている。

一九七〇年代に入ると、鎌倉府の内部構造についての実証的な研究が進められ、乱についても、その根本的な理由として、鎌倉府体制の強化を図る鎌倉公方・山内上杉氏側、東国領主との協調を重視する犬懸上杉氏側の政策路線の対立であったとされるようになった。これ以降、鎌倉府の政治動向の研究や自治体史の刊行によって、乱と地域史との関係に注目した成果が発表され、その中から満隆や犬懸上杉氏の政治的位置を重視し、満隆・禅秀政権による北関東や奥州の支配の画策が明らかにされている。

近年、茨城県高萩市の朝香神社で再発見された応永二十三年十二月十三日付の棟札《むなふだ》に、「鎌倉源新御堂殿」という名前があることが判明した。そして、これが足利満隆を指していることから、満隆・禅秀政権は単なる反乱勢力ではなく、東国の諸領主から新たな政権として受容されていたのではないかと指摘されている。

このことから、乱勃発時の幕府内の動揺や乱後の持氏による禅秀与党の徹底した討伐は、満隆と禅秀を単なる反乱分子ではなく、幕府や鎌倉府をも脅《おびや》かす勢力として認識していたことが原因となっていたといえるのではないだろうか。

第5章

「永享の乱」

関東をさらなる混沌に陥れた
室町将軍と鎌倉公方の全面戦争

中根正人

◎「永享《えいきょう》の乱」の時代背景

「永享の乱」とは、「上杉禅秀《うえすぎぜんしゅう》の乱」（第4章）を制圧後、勢力を強めつつあった鎌倉公方《かまくらくぼう》・足《あし》利持氏《かがもちうじ》が関東管領《かんとうかんれい》・上杉憲実《のりざね》の征討《せいとう》に乗り出したのを機に、その勢いを削《そ》ごうと画策した室町幕府将軍・足利義教《よしのり》との間で勃発《ぼっぱつ》した、幕府対鎌倉府の争いである。

まずは、「上杉禅秀の乱」後の関東の情勢から見ていくこととしよう。

「上杉禅秀の乱」を、幕府の支援を得て克服した鎌倉公方・足利持氏は、禅秀方の残党に対し、武力討伐《とうばつ》を行うという強硬な姿勢を打ち出した。これにより、上野《こうずけ》（群馬県）の有力国人《こくじん》・岩《いわ》松天用《まつてんよう》（満純《みつずみ》）、甲斐《かい》（山梨県）守護《しゅご》・武田信満《たけだのぶみつ》、上総《かずさ》（千葉県）の上総本一揆《ほんいっき》など、禅秀方の諸勢力が数年の内に滅ぼされることとなった（石橋：二〇一六）。

幕府は「上杉禅秀の乱」では持氏を支持したものの、この持氏の行き過ぎともいえる姿勢に危機感を抱き、方針を転換、以前から関係を築いていた者や禅秀方の勢力を取り込み、持氏に対抗した。彼ら「京都扶持衆《ふちしゅう》」（渡：一九八五、杉山：二〇〇五、二〇一四）と持氏との争いは、応永《おうえい》二十八～三十年（一四二一～二三）の「小栗城《おぐりじょう》合戦」でピークを迎えるが、これに対し持氏は、自ら小栗城（茨城県筑西市）へ出陣して城を攻め落とし、「京都扶持衆」に大打撃を与えた。

この後、応永三十一年（一四二四）に幕府と一旦は和《わ》睦《ぼく》を結んだ持氏だが（「応永の都《と》鄙《ひ》和睦」）、この京都扶持衆との合戦以降、幕府と鎌倉府は、持氏の父・満兼《みつかね》や祖父・氏満《うじみつ》の時と同じく、対立と融和を繰り返すこととなる。特に応永三十五年（一四二八）、前将軍・足利義持《よしもち》が没し、籤《くじ》引きで決められた義教が将軍に就任したことは大きかった。かつて、拒否されたものの義持の猶子《ゆうし》（名目上の親子縁組をした子）となろうと使者まで送ったり（『看聞《かんもん》日記』）、花《か》押《おう》を将軍家の特徴を持つ形に改判したりしたこともあるなど、自らの将軍就任の望みを持っていたともいわれる持氏の、幕府への対抗意識を深めることとなったのである。

鎌倉公方・持氏と将軍・義教の関係
（算用数字は室町将軍、漢数字は鎌倉公方の代数）

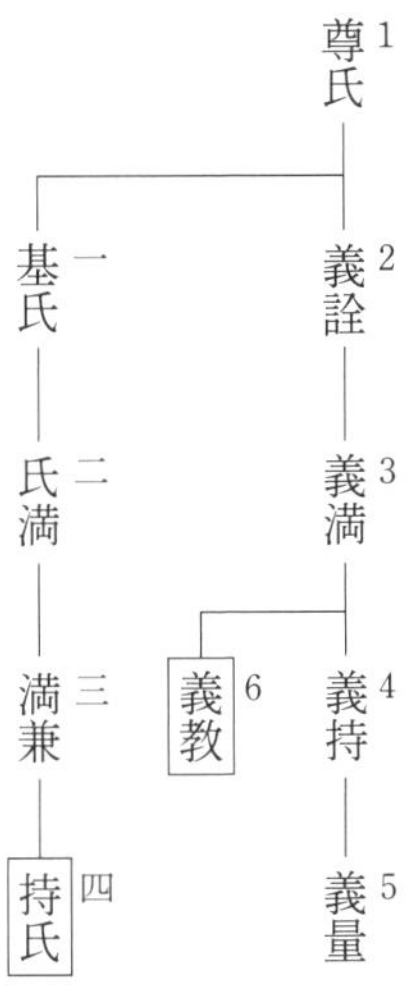

そしてそれは、正長《しょうちょう》元年（一四二八）の伊《い》勢《せ》（三重県）における北畠満雅《きたばたけみつまさ》の挙兵に際し、持氏と連携したという風聞（『満済准后《まんさいじゅごう》日記』正長元年七月十二日条）や、その翌年、正長から永享に改元された際、持氏がそれを受け入れず正長年号を使い続けたこと（これについては、改元の通知が持氏に伝達されるのが遅れたためと

する見方もある。遠藤：二〇一九）、さらに「応永の都鄙和睦」以来やめていた、京都扶持衆勢力への攻撃の再開などという形で現れたのであった（杉山：二〇一六）。

幕府―鎌倉府の対立関係は、永享三年（一四三一）に再度和睦を結び（「永享の都鄙和睦」）、緊張は緩和された。しかし、その後も、南奥や常陸《ひたち》（茨城県）における争乱や駿河《するが》（静岡県）今川《いまがわ》氏の家督問題といった地域での争い、あるいは永享四年（一四三二）に行われた将軍・義教の「富士御覧」（富士山見物のための駿河下向）、さらには永享五～六年（一四三三～三四）の幕府と比叡山延暦寺《ひえいざんえんりゃくじ》の対立（「永享の山門騒乱」）への鎌倉府関与の風聞など、両者の関係に影響を及ぼすような事案が続いていた。

このような状況の中で、永享六年三月、持氏は鶴岡八幡宮《つるがおかはちまんぐう》に願文《がんもん》を納めた（「鶴岡八幡宮文《もん》書《じょ》」）。武運長久と子孫繁栄、そして「呪詛《じゅそ》の怨敵」を未兆に攘《はら》うことを願ったこの願文は、血を朱墨に混ぜて記されたという伝承を持つ。実際に血を混ぜたかどうかは明確ではないが（谷口：二〇二〇）、いずれにせよ、朱書の願文を納めてまで持氏が願った「呪詛の怨敵」の中核には、将軍・義教があったと考えられるだろう。このように、一つ事が起これば、一気に爆発の恐れがある綱渡りの状況が、当該期の幕府―鎌倉府の関係であった。

そしてもう一つの問題として、当該期の鎌倉府における持氏の政治指向と、関東管領・山内《やまのうち》上杉憲実との関係が挙げられる（植田：二〇一六）。もともと、鎌倉公方は関東管領の補佐を受け、守護や国人に命令を下し、東国の政務を行ってきた。ところが、公方となった直後に、

「上杉禅秀の乱」という大きな危機に直面した持氏は、対抗策として自らの基盤の強化を図ろうとした。それまで上杉氏の支配下にあった武蔵《むさし》（東京都・埼玉県）、相模《さがみ》（神奈川県）、安房《あわ》（千葉県）、上総を「御料国《ごりょうごく》」とし、自らを中心とした分国《ぶんこく》支配体制を構築しようとしたのがその一歩目であり、それにあわせて、持氏は近臣の登用を積極的に行った。

これにより、足利一門である一色直兼《いっしきなおかね》や持家《もちいえ》、上杉氏の庶流である榎下《えのした》上杉憲直《のりなお》らが台頭したのであった。持氏の母「大御所」は一色氏の出身とされ、一色直兼・持家や、一色氏の女を室《しつ》（妻）としたとされる上杉憲直の台頭は、持氏と一色氏の縁によって行われた可能性が高い（風間：一九九七）。この他、在地の国人を奉公衆に取り立てるなどの形を取りながら、持氏は自身の基盤を固めていったのであった。

しかしその動きの一方で、本来公方を支える存在である関東管領は、当時その立場にあった山内上杉憲実が、持氏よりも若年という事情はあった（近臣取り立ての背景には、憲実が本来行うべき政務の補完という側面もある）ものの、持氏の支配体制の中心からは徐々に外れていくとともに、持氏のもとで台頭してきた近臣との対立が深まっていくこととなった。

また、持氏と憲実は、幕府に対する考え方の面でも大きな相違があった。憲実は関東管領という立場もあり、幕府と鎌倉府の融和を考えていた。実際、「永享の都鄙和睦」の成立には、憲実の尽力が背景にあったことも事実である。しかし、幕府に対する対抗意識を燃やしていた持氏にとって、憲実の行動はむしろマイナスに作用したと考えられ、その結果が、憲実を遠ざけ、自己の基盤強化と近臣の取り立てを進めることにつながったと思われる。

持氏自身の基盤強化と対幕府の姿勢、対する上杉憲実の関東管領としての姿勢、そのズレが、その後の持氏近臣と憲実の対立、ひいては「永享の乱」につながることとなったのである。

◎史料『鎌倉持氏記』について

さて、本章に関連する史料の内、『鎌倉持氏記』という史料について、先に説明をしておきたい。同書は、まさにこの「永享の乱」を扱った実録的な軍記物であり、奥書によれば、宝徳《ほうとく》三年（一四五一）に浅羽《あさば》民部少輔《みんぶのしょう》によって書かれたという。同様の軍記物として『永享記』（『結城《ゆうき》戦場記』）があり、かつてはこちらに基づいて当該期の研究が進められてきたが、国文学者の梶原正昭《かじはらまさあき》氏の研究により、『鎌倉持氏記』が『永享記』に先行して作成されたことが明らかにされた（梶原：一九八四）。

その後、歴史学の分野でも、小国浩寿《おぐにひろひさ》氏が、梶原氏や佐藤陸《さとうあつし》氏の研究を踏まえ、『鎌倉持氏記』と『永享記』の比較検討を行い、『永享記』が『鎌倉持氏記』をベースに、上杉憲実の賛美や鎌倉府体制のあるべき姿（公方を管領が支える）の賛美という方向性でリライトする形で作成されたことを指摘している（小国：二〇〇三）。

『鎌倉持氏記』の内容のすべてを、同時代史料で確認できるわけではないが、本章では、可能な限り文書や記録類に拠《よ》りながら、適宜本書を用いていくこととしたい。

◎くすぶる鎌倉公方と関東管領の対立

さて、「永享の乱」と一般に呼ばれる戦いは、永享十年（一四三八）の出来事だが、近年、呉座勇一《ござゆういち》氏により、その前年にも、公方・持氏と関東管領・上杉憲実の間で「大乱」が起こったことが指摘された（呉座：二〇一五）。呉座氏は、『鎌倉持氏記』と、「臼田文書《うすだ》」や「小林文書」といった一次史料の記述を照合した結果、従来は軍記物の記述にのみ見え、信憑性《しんぴょう》の薄い逸話とされてきた永享九年（一四三七）の上杉憲実討伐未遂事件が、一次史料からも裏付けられるものであったこと、すでにこの時点で持氏および持氏近臣と上杉憲実の対立は一触即発の状況であったことを述べている。

事件の発端は、永享八年（一四三六）冬の信濃《しなの》（長野県）出兵問題であった。これは、信濃における、守護・小笠原政康《おがさわらまさやす》と国人・村上中務大輔《むらかみなかつかさのたいふ》の対立に際し、持氏は村上氏を支援してこれに介入を図り、桃井憲義《もものいのりよし》率いる軍勢の派遣準備を進めた。これに対し憲実は、信濃は幕府管轄であり、鎌倉府が介入するのは望ましくないと諫言《かんげん》し、結果として信濃出兵は中止された（『鎌倉持氏記』）。

ところが、そのわずか半年後の永享九年四月、持氏は再び村上氏の支援を図り、榎下上杉憲直を大将とする軍勢を整えた。しかし、その軍勢について、実は憲実討伐の軍勢であるという風聞が流れ、それを受けた憲実の被官《ひかん》（家臣）が鎌倉に結集して応戦の準備をし、また憲実自身も関東管領を辞し、幼い嫡男《ちゃくなん》を上野へ送るなど、一触即発の事態に発展した。これが呉座氏の述べる「大乱」となり、持氏の母が和解に乗り出すほどの大騒ぎとなった。この状況に対し持氏は、近臣の榎下上杉憲直・憲重《のりしげ》父子や一色直兼らを蟄居《ちっきょ》させるとともに、憲実との和解交渉では、憲実の重臣・大石憲重《おおいしのりしげ》、長尾景仲《ながおかげなか》の下国を求め、喧嘩両成敗《けんかりょうせいばい》の形での和解を求めた。

しかし憲実はこれを拒絶し、持氏近臣の蟄居先であった相模国藤沢（神奈川県藤沢市）に軍を派遣するなど、強い意思表示を行った（「臼田文書」）。なお、『永享記』は、藤沢へ退去したのを「憲実父子」とするが、「臼田文書」には、憲実被官の某憲景が「藤沢御陣」で奉公したとあり、憲実方による藤沢攻撃の陣所にいたことが確認できる。同時に、『永享記』の当該部分は、『鎌倉持氏記』を改変した記事と考えられる（呉座：二〇一五）。

憲実の強い姿勢を受け、最終的に持氏は、被官の引退という条件を撤回する形で譲歩し、八月に和解が成立、憲実も関東管領に復帰した。これによって両者の対立はひとまず鎮静化したが、この公方と関東管領の対立による「大乱」は、すでに五月頭の時点で、京都にまで風聞が届き（『看聞日記』永享九年五月六日条）、それを聞いた者がその内容に驚くほどの大事件であった。またその経過を見る限り、永享九年八月の和解の段階では、持氏と憲実の争いは、憲実が優位に立っていたといえよう（植田：二〇一六）。

◎鎌倉府を朝敵とし、上杉氏支援を決めた幕府

持氏と憲実の和解は、結果として長くは続かなかった。次に問題となり、「永享の乱」に直結する要因となったのは、永享十年(一四三八)六月、持氏が嫡男・賢王丸《けんおうまる》の元服《げんぷく》に際し、歴代公方とは異なり、将軍からの偏諱《へんき》(名前の一字を与えること)を受けず、さらに将軍家の通字《とおりじ》「義」を使い「義久《よしひさ》」と名乗らせた事件であった。この時、憲実は先例に基づき、将軍・義教の偏諱を受けるよう進言したが、持氏の近臣で、鶴岡八幡宮別当《べっとう》の尊仲《そんちゅう》(一色氏出身とされる)の反対により、持氏は偏諱を受けずに賢王丸を元服させたという。この持氏の行動は、「幕府への敵対の意思は明らかで、また関東管領は面目を失った」と報じられた(『看聞日記』永享十年八月二十二日条)。

そして迎えた鶴岡八幡宮での元服式に際し、持氏は慶賀の恩赦《おんしゃ》として、先に蟄居させていた近臣たちを復帰させ、さらに席上で憲実を討《う》つつもりだという風聞が立ったことから、憲実は弟の重方を式典に代理出席させ、自らは欠席したという(『鎌倉持氏記』)。自らの進言を無視し、さらに対立する近臣を復権させるという行動に出た持氏に対し、憲実はついに鎌倉を離れ、八月初めに領国である上野へ下ったとみられる(植田:二〇一六)。

憲実の下国に対し、持氏は一色直兼・持家を大将とする軍勢を派遣するとともに、自らも武蔵国府中《ふちゅう》(東京都府中市)の高安寺に動座《どうざ》(貴人が居所を移すこと)した。また、上杉方の相模国河村城(神奈川県山北町)を持氏方の大森氏らが攻略するなど、この八月に持氏方と上杉方

の戦端が開かれたのであった。

この持氏・憲実双方の動きを受け、幕府はすぐさま憲実の救援に動いた。八月の段階で、信濃の小笠原氏へ上野方面への出陣命令が出され（「勝山小笠原文書」）、またかつて持氏に敗れた犬懸上杉禅秀の遺児持房《もちふさ》・教朝《のりとも》の東海道・北陸道への派遣がなされた（黒田：二〇一六）。このような幕府の素早い動きは、憲実らとの情報交換が密に行われていたことを示そう。

さらに幕府は、後花園《ごはなぞの》天皇から「治罰《ちばつ》の綸旨《りんじ》」（天皇による征討命令）と錦御旗《にしきのみはた》を獲得し、持氏を朝敵《ちょうてき》と認定させ（『公名公記《きんなこうき》』永享十年九月十九日条）、さらには将軍・義教自らの出陣をも計画していた（最終的には出陣せず）。この働きかけによって獲得した綸旨と御旗は、上杉憲実に、また御旗の一本は、奥州にいた親幕府方の篠川《ささがわ》公方・足利満直《みつなお》（持氏の叔父《おじ》）に下され、綸旨の写しは東国武士に回覧されていたようである。公武を巻き込み、義教は宿敵持氏討伐に並々ならぬ意欲を見せていたのであった。

対する持氏方も、東海道を進軍する幕府勢に対し、榎下上杉憲直、宍戸《ししど》持朝《もちとも》、海老名《えびな》季長《すえなが》らの軍勢を派遣し、相模西部で迎撃の姿勢を取った。しかし、持氏自身は武蔵国府中に陣を敷いたままであり、あくまでも彼の主たる相手は幕府ではなく憲実であった。

◎持氏方と幕府・上杉方、両軍の構成

ここで、乱における持氏方と幕府・上杉方の構成を、植田真平《うえだしんぺい》氏の研究に基づいて見ていく

「永享の乱」対立の構造

鎌倉公方・足利持氏方

公方近臣・奉公衆

一色直兼・持家、榎下上杉憲直・憲重、海老名季長、木戸持季、簗田河内守、簗田出羽守、二階堂氏

東関東・南奥

千葉胤直、下総結城氏朝、佐竹義人、那須資持(下那須氏)、*真壁朝幹*、長沼淡路守、宍戸氏、*茂木氏*、佐野氏、筑波氏

公方連枝

足利義久、足利満貞(稲村公方)

西関東

三浦時高、大森憲頼、岩松西谷下野守、箱根別当

鎌倉寺社

鶴岡別当尊仲

斜体はのちに公方方から離反した者

VS

関東管領・上杉憲実方

上杉氏被官

扇谷上杉持朝、越後上杉重方、長尾景仲、大石憲重、臼田氏、土岐氏

東関東・南奥

小山持政、白河結城氏朝、小栗助重、長沼次郎、小田氏、小野寺氏、鳥名木氏、上那須氏

公方連枝・鎌倉寺社

足利満直(篠川公方)、鶴岡別当弘尊

西関東

江戸氏、小林氏、那波氏、高山氏

支援

室町幕府(将軍・足利義教)

幕府派遣軍

斯波持種、甲斐将久、一色義貫、土岐持益、小笠原政康、赤松中務少輔、今川範忠・貞秋

上杉氏(禅秀遺児)

四条上杉持房、犬懸上杉教朝

こととする（植田：二〇一六）。

植田氏によれば、まず常陸や下野《しもつけ》（栃木県）、南奥地域においては、「上杉禅秀の乱」以来続いていた一族や地域での対立から、諸氏が持氏方と上杉方に分裂するなど、対立の構図が引き継がれたのに対し、それ以外の地域では、禅秀の乱以降の持氏の軍事行動により、親幕府方勢力の多くが姿を消し、鎌倉府の影響下にあり、乱の勃発当初は、多くの勢力が持氏方に従っていたという。そしてこのような二つの構図の存在した背景について、「幕府対鎌倉府と持氏対憲実という二つの対立軸が、地域差をもって存在した」ことを指摘している。この点、前者の地域では、持氏、憲実のもとへ馳《は》せ参じた者もあったが、それぞれの地域で抗争を続けていたことも史料から確認できる（「鳥名木《となぎ》文書」「角田石川文書」「那須《なす》文書」など、内山：二〇〇四）。

幕府軍については、三河《みかわ》（愛知県）守護・一色義貫《いっしきよしつら》や美濃《みの》（岐阜県）守護・土岐持益《ときもちます》、遠江《とおとうみ》（静岡県）守護の名代・斯波持種《しばもちたね》と守護代・甲斐氏、信濃守護・小笠原政康など、関東に近い地域の守護の他、将軍の近習《きんじゅう》や、幕府の庇護《ひご》下にあった禅秀の子・四条上杉持房や犬懸上杉教朝の参陣が確認できる（『公名公記』、『看聞日記』など）。また西国からも、後発の部隊としてではあるが、伊予《いよ》（愛媛県）の西園寺《さいおんじ》一族や河野氏が派遣されたことが確認できる（「勝山小笠原文書」）。

◎持氏勢の敗走

持氏方と幕府軍は、九月二十七日、相模西部で激突した。この日、小田原・風祭《かざまつり》・早河尻《はやかわじり》

（いずれも神奈川県小田原市）での合戦の結果、持氏方は大敗を喫し、誤報であったものの、大将の榎下上杉憲直の討死という情報が流れたほどであった（『看聞日記』永享十年十月七日条）。

敗戦を受け、持氏は武蔵国府中を離れ、近臣・海老名氏の本貫地《ほんがんち》である海老名（神奈川県海老名市）へ移ったが、この間に、下総《しもうさ》（千葉県）守護の千葉《ちば》胤直《たねなお》が離反した。胤直は憲実との和睦を進言したが、鶴岡別当・尊仲らに阻止されたという（『鎌倉持氏記』）。十月に入り、持氏は木戸《きど》持季《もちすえ》を大将とする軍勢を八幡林（神奈川県平塚市）に置き、海老名―八幡林と相模川沿いに防衛ラインを引いた。対する幕府軍は高麗寺（神奈川県大磯町）まで進軍し、両軍が対峙《たいじ》することとなった。

ここまでは東海道戦線の動きであるが、一方、八月初めに持氏が上野へ派遣した一色直兼らの軍勢はどうなったかというと、一時は上野神流川《かんながわ》付近まで軍を進めていたものの、幕府が憲実を支持したことにより、離反者が続出し、上野から撤退、十月初めに持氏のいた海老名に合流するという事態に陥った。これにより、当初上野と相模西部で戦うつもりだった持氏の戦線は、わずか二ヵ月で相模中部にまで縮小したのである。対する憲実は、遂に十月上旬に上野を出陣、鎌倉街道上道を通り、下旬までに武蔵国分倍河原《ぶばいがわら》（東京都府中市）に陣を敷いた。その陣所には、持氏方から離反した諸氏が参集したという（『鎌倉持氏記』）。

ここまで見てきたように、当初持氏に味方した者も、幕府の憲実支持と持氏の朝敵化、緒戦での持氏軍の敗北などにより、多くの者が離反することとなった。大きな要因としては、やはり幕府が憲実を支持したことが挙げられる。たとえば、常陸の真壁朝幹《まかべともとも》は、後年に一族の氏幹《うじもと》との訴訟の中で出した申状において、この時の行動について述べている。それによれば、朝幹は当初持氏方として海老名の陣所にあったが、それは、「持氏と憲実の間の問題であれば、持氏に従うのは当然のことである」からだと述べている（「真壁文書」）。

その後、持氏の嫡男・義久の警固を命じられ、義久とともに鎌倉へ移ろうとしていた、そのタイミングで、幕府の憲実支持の情報を受けると、朝幹は即座に持氏方から離反し、海老名から鎌倉山内にいた長尾氏のもとへ合流したという（「真壁文書」）。訴訟文書である点は割り引く必要があるが、ここから、先にも述べた通り、東国武士の間に、「公方＞関東管領」と「幕府＞鎌倉府」という二つの論理が存在したことがわかる（植田：二〇一六）。この二つの論理があったこととあわせ、持氏の朝敵認定、緒戦における持氏軍の敗戦などが重なったことで、持氏方についていた勢力の多くが、幕府・上杉方に転じることにつながったといえるだろう。

◎鎌倉攻防戦――三浦氏の離反と鎌倉攻め

幕府・上杉方への離反が増えていく中、十月には持氏方として鎌倉の留守を預かっていた三《み》浦時高《うらときたか》が、突如その役割を放棄し、本拠地の三浦（神奈川県三浦市）へ帰ってしまった。三浦氏は当初から留守を預かることに消極的であったとされるが、これにより空白となった鎌倉の防衛のため、持氏は鎌倉を離れて海老名に来ていた嫡男・義久を再び鎌倉へ戻した。先に述べた真壁朝幹への義久警固の命令は、この時下されたものと思われる。離反した時高は、用意を整えると、十月中旬、三浦から鎌倉へ攻撃を仕掛け、大蔵・犬懸などを焼き、二階堂《にかいどう》氏らを降伏させた。三浦氏の離反により、鎌倉府の本拠たる鎌倉は、あっという間に窮地に追い込まれることとなった（『鎌倉持氏記』）。

そして十一月一日、三浦氏や扇谷上杉氏被官、そして二階堂一族らは、大蔵御所を攻撃した。この戦いにおいて、持氏の側近で、義久の警固を務めた簗田《やなだ》氏らが戦死し、義久と大御所は鎌倉扇谷《おうぎがやつ》へ移された（『鎌倉持氏記』）。扇谷上杉氏の被官が戦いに参加したことから、義久らはこの戦いで身柄を確保され、彼らの屋敷がある扇谷へ移されたのであろう。

本拠地鎌倉の陥落と、嫡男・義久の身柄確保は、海老名にあった持氏に衝撃を与えるとともに、持氏方の諸氏のさらなる動揺にもつながることとなった。

◎持氏の降伏と近臣の最期

大蔵御所の陥落の翌日、持氏は海老名の陣所を引き払い、鎌倉へ向かった。一方、上野を出陣していた上杉憲実は、この頃は分倍河原に陣を敷き、重臣の長尾芳伝《ほうでん》を相模方面に派遣していた。憲実はその後、府中まで南下したものの、自ら持氏との合戦に及ぶことはなく、持氏との直接的な対決を避けていたのであった。海老名から鎌倉へ向かう持氏の軍勢に対し、分倍河原から南下した長尾芳伝の軍勢は、持氏の進路を遮るように移動し、両軍は葛原《くずはら》（神奈川県藤沢市）で遭遇する事態となった。

しかし、ここにおいて持氏は合戦をせず、芳伝と交渉をした上で、彼とともに鎌倉へ入った（『鎌倉持氏記』）。その後持氏は、浄智寺《じょうちじ》、永安寺《ようあんじ》での滞在を経て、称名寺において出家したとされ、この一連の動きは、持氏の事実上の降伏であったといえるだろう（植田：二〇一六）。

持氏の出家と前後して、上杉方は一色直兼、榎下上杉憲直ら持氏近臣のいた金沢（神奈川県横浜市）を攻撃した（『鎌倉持氏記』）。持氏は芳伝との交渉の中で、直兼らの処分を認めたというが、事実であるかは不明である。いずれにせよ、この攻撃により、一色直兼や榎下上杉憲直・憲重父子、海老名尾張入道《おわりにゅうどう》・季長兄弟らが戦死、または自害したとされる。彼らの首は京都へ運ばれ、六条河原で晒《さら》された（『看聞日記』永享十年十二月八日、九日条）。またこの頃、鶴岡八幡宮別当・尊仲も捕らえられ、京都へ護送の後、処刑された（『師郷記《もろさとき》』永享十一年正月二十三日条）。持氏に取り立てられ、その支配に尽くしてきた彼らであったが、持氏の敗北により、その命運も暗転することとなったのである。

◎憲実による助命嘆願と持氏の処遇

持氏は出家の後、永安寺に入った。憲実の代官である大石憲重、扇谷上杉持朝《もちとも》、千葉胤直がそれを警固したとされる。これに対し、武蔵国府中にいた憲実が鎌倉へ入った時期は明確ではないが、おおむね十一月末頃と見られる（植田：二〇一六）。

持氏の処分について、憲実は幕府に対しその助命を求めていた。憲実としては、持氏ではなく近臣であった一色直兼、榎下上杉憲直らに責任を負わせ、彼らを誅殺《ちゅうさつ》したことで、これまでの関係を清算しようとしていたと見られ、持氏と憲実の対立の実態は、持氏を擁する近臣と憲実という構図であったと考えられる（植田：二〇一六）。憲実が、幕府に繰り返し持氏父子の助命を嘆願していたことは、京都の公家の日記にも見え、十二月に入り幕府の使僧、あるいは自ら派遣した使僧を通じて、「二人の命ばかりは助けてほしい」（『看聞日記』永享十年十二月八日条）と幕府へ訴えた。しかし、将軍・義教は、憲実の遣わした使僧と対面さえせず、憲実の訴えは黙殺された。

年が改まって永享十一年（一四三九）閏《うる》正月、持氏の処罰が進まない状況に対し、義教は柏《はく》心周操《しんしゅうそう》（相国寺《しょうこくじ》前住持）を派遣し、持氏の処罰の実施を憲実に命じた。周操の派遣について義教は、「持氏の誅伐《ちゅうばつ》を憲実に命じていたが、その動きがないので、理由を問い質《ただ》すために周操を派遣した」と述べている（「勝山小笠原文書」「赤松文書」）。

その上で義教は、「憲実がなおも難渋するようならば、降参した者の処分だけでなく、憲実の立場にもかかわることなので、憲実を糾弾《きゅうだん》するとともに、幕府軍のみで持氏の誅伐を行え」と、京都から鎌倉へ出陣していた赤松中務少輔に命じたという（「赤松文書」）。また小笠原政康には、「京都から河野氏らを派遣するので、彼らを待って相談の上、永安寺・保国寺（報国寺）を攻撃せよ」と指示を出している（「勝山小笠原文書」）。

持氏・義久父子の助命を嘆願してきた憲実であったが、柏心周操から義教の厳命を伝えられ、ついにその命《めい》を受け入れ、持氏のいた永安寺へ軍を派遣した。二月十日のことであった（『師郷記』永享十一年二月十日条）。扇谷上杉氏、千葉氏、そして憲実の手勢が永安寺を攻撃し、持氏と叔父の満貞《みつさだ》（稲村《いなむら》公方）、最後まで持氏に従った近習は応戦したものの衆寡《しゅうか》敵せず、持氏は子女を殺害した後に自害した（『本土寺過去帳』）。応永五年（一三九八）生まれの持氏は四十二歳であったという。

また、報国寺にいた義久についても、二月二十八日頃、報国寺に兵が派遣され、義久も自害した（『本土寺過去帳』）。元服したばかりであった若き義久の、自害にあたっての堂々たる態度は、「アツハレ武門ノ棟梁トモナラセ玉フヘキ御キリヤウ、惜《オシ》マヌ人コソナカリケレ」（『結城戦場記』）と、当時の人が称《たた》えたと伝えられる。

近臣の処分、そして持氏・義久父子の死によって、持氏―近臣と憲実―上杉氏被官の対立に始まった「永享の乱」は、幕府・上杉方の勝利で終結し、持氏方は壊滅的な打撃を受けることとなったのである。

◎「永享の乱」とその後の関東

「永享の乱」、それは、足利持氏を中心として、彼と幕府との対立、彼およびその近臣と関東管領・上杉憲実およびその被官との対立という二つの構図の中で勃発した戦乱であったといえる。

この点、持氏にとっては、憲実を討つことで終わるはずの戦いが、幕府の強い介入により、その色合いが幕府対鎌倉府という形に変化したことは想定外であったようで、出家した直後に桐生《きりゅう》佐野氏に宛てた感状の中で、「憲実の謀反《むほん》が、思いがけず幕府と鎌倉府の合戦となり、味方だった者とも敵対することとなり、無念である」と記している（「常陸遺文 二」）。

また憲実も、先に述べた通り、持氏というよりもその近臣との対立という意識を持っており、持氏を諫《いさ》めこそすれ、命を取るという考えは持っていなかった。

しかし、結果としては幕府の介入により、幕府・上杉方が勝利し、持氏とその与党の多くが滅ぼされることとなった。このようになった背景について、植田真平氏は、乱の根底には幕府と鎌倉府の対立があり、そして鎌倉府の中に親幕府派の上杉憲実がいたことで、幕府は憲実のために軍を派遣したという認識を持っており（『建内記』永享十一年二月二日条）、この問題を鎌倉府内部の問題ではなく、幕府と鎌倉府の都鄙間対立と捉えていたと述べている。その上で植田氏は、この時の幕府の目標は鎌倉公方の滅亡と関東管領の統制の達成による、持氏体制の鎌倉府を解体することであり、そのために憲実に持氏の確実な処罰を迫った一方、持氏方の東国武士については赦免《しゃめん》する方針をとったことを指摘している（植田：二〇一六）。

さて、持氏、そしてその近臣が討たれることとなったが、親持氏派のすべてが滅ぼされたわけではなかった。また、特に常陸・下野や南奥の諸氏の中には、一族・地域の対立から持氏方、幕府・上杉方にそれぞれ与《くみ》したという者が多かったが、幕府・上杉方の示した赦免という方針は、彼らの間の問題を解決することはなかった。その結果、彼らの多くは不満を抱えることとなり、これ以降反幕府・上杉方の活動を展開していくこととなる。

そして彼らと結びついたのが、乱に際して逃亡し行方不明となっていた、持氏の遺児・安王《あんおう》丸《まる》、春王丸《しゅんおうまる》の兄弟とその支援者たちであった。逃亡した兄弟は、おおむね常陸国内に潜伏していたと見られる（佐藤：一九八八、呉座：二〇一九）。この頃の常陸には、奉公衆《ほうこうしゅう》として活躍した宍戸《ししど》氏や筑波《つくば》氏、持氏の常陸南部の統治を支えた鹿島《かしま》・行方《なめかた》の諸勢力があり（清水亮：二〇〇一）、また「永享の乱」に際しての動きは不明な点が多いが、山内上杉氏出身でありながら、家中の対立から持氏寄りの立場にあった常陸守護・佐竹義憲《よしのり》（この頃義人《よしひと》に改名）があった。

さらに隣国下総には、奉公衆らの拠点が多数あり、親持氏派の有力者である結城氏朝《ゆうきうじとも》があった。安王丸、春王丸兄弟と反幕府・上杉方勢力、そして親持氏派が結びつくことで、兄弟は彼らの庇護のもと、機会をうかがいながら潜伏していたのであった。

一方、勝者となった幕府、そして上杉憲実であったが、自らの意に反して、持氏・義久父子を自害に追い込むこととなった憲実は、自らも自殺未遂をするほどに思い悩んだ末に、永享十一年十月末までに出家すると、翌月には越後《えちご》（新潟県）にいた弟の清方に関東管領職を譲り、自らは伊豆《いず》（静岡県）へ隠遁《いんとん》した（黒田：二〇一六）。この憲実の煩悶《はんもん》による出家・隠遁という行動は、鎌倉府によるこの間の関東の政務にも影響を及ぼした可能性が考えられる。

また憲実を支援し、宿敵持氏を討った幕府では、鎌倉公方の後任をめぐって混乱があった。当初、将軍・義教は、自らの子の一人を次の公方とする方針を、持氏の死から五ヵ月後の七月の時点で固めていた。この人物について、清水克行《しみずかつゆき》氏は、『御産所日記《ごさんじょにっき》』や系図類から、足利義永《ぎえい》であったと指摘する（清水克：二〇一六）。

義教のこの方針の背景には、自分の子を幕府・鎌倉府それぞれの首長とすることで、幕府権力の安定を図ろうという意図があったと考えられる。言い換えれば、義教には鎌倉府という組織そのものを解体する考えはなく、鎌倉公方家という「家」に、自らの子を入れ、幕府の東国政策に引き続き用いることを考えていたといえよう（杉山：二〇二〇）。しかし、新たな公方の下向はすぐにはなされなかった。前述した上杉憲実の出家・隠遁といった、関東側の非協力的な姿勢も一因であったと思われ、将軍の思惑と、関東の動きにはズレがあったと見られる。

このような状況の中で、潜伏していた足利安王丸・春王丸兄弟、そして彼らを支える諸氏が、満を持して挙兵したことで勃発するのが、次章で述べられる「結城合戦」であり、これにより、関東は再び戦乱に巻き込まれることとなるのである。

第6章

「結城合戦」

「永享の乱」で敗れた
鎌倉公方の遺児たちによる〝復讐戦〟

前川辰徳

◎「結城合戦」の時代背景

「結城合戦《ゆうきかっせん》」とは、「永享《えいきょう》の乱」で敗れた鎌倉公方《かまくらくぼう》・足利持氏《あしかがもちうじ》の遺児・足利安王丸《あんおうまる》、春王丸《しゅんおうまる》が、永享十二年（一四四〇）三月に常陸《ひたち》国中郡荘《ちゅうぐんのしょう》（茨城県桜川市）で挙兵、結城氏朝《うじとも》の拠《よ》る下総《しもうさ》国結城城（茨城県結城市）に入って、翌年四月までの約一年間にわたり、室町幕府の軍勢に抵抗した戦いである。

「永享の乱」とは前章にある通り、鎌倉公方・足利持氏の反幕府的行動を牽制《けんせい》する室町幕府第六代将軍・足利義教《よしのり》とそれに応じた東国の諸豪族、さらには関東管領《かんとうかんれい》・上杉憲実《うえすぎのりざね》との対立を背景に勃発《ぼっぱつ》した騒動のことである。

乱は永享十年（一四三八）八月の持氏と憲実との衝突を発端として、義教による持氏の攻撃、それに伴う持氏の敗北と出家、翌年二月の持氏の自害という経過をたどるが、この「永享の乱」で、辛《から》くも逃れることができた持氏の遺児たちが、約一年の逃避行の後、再起を図って挙兵したのが、「結城合戦」だったのである（次ページの図を参照）。

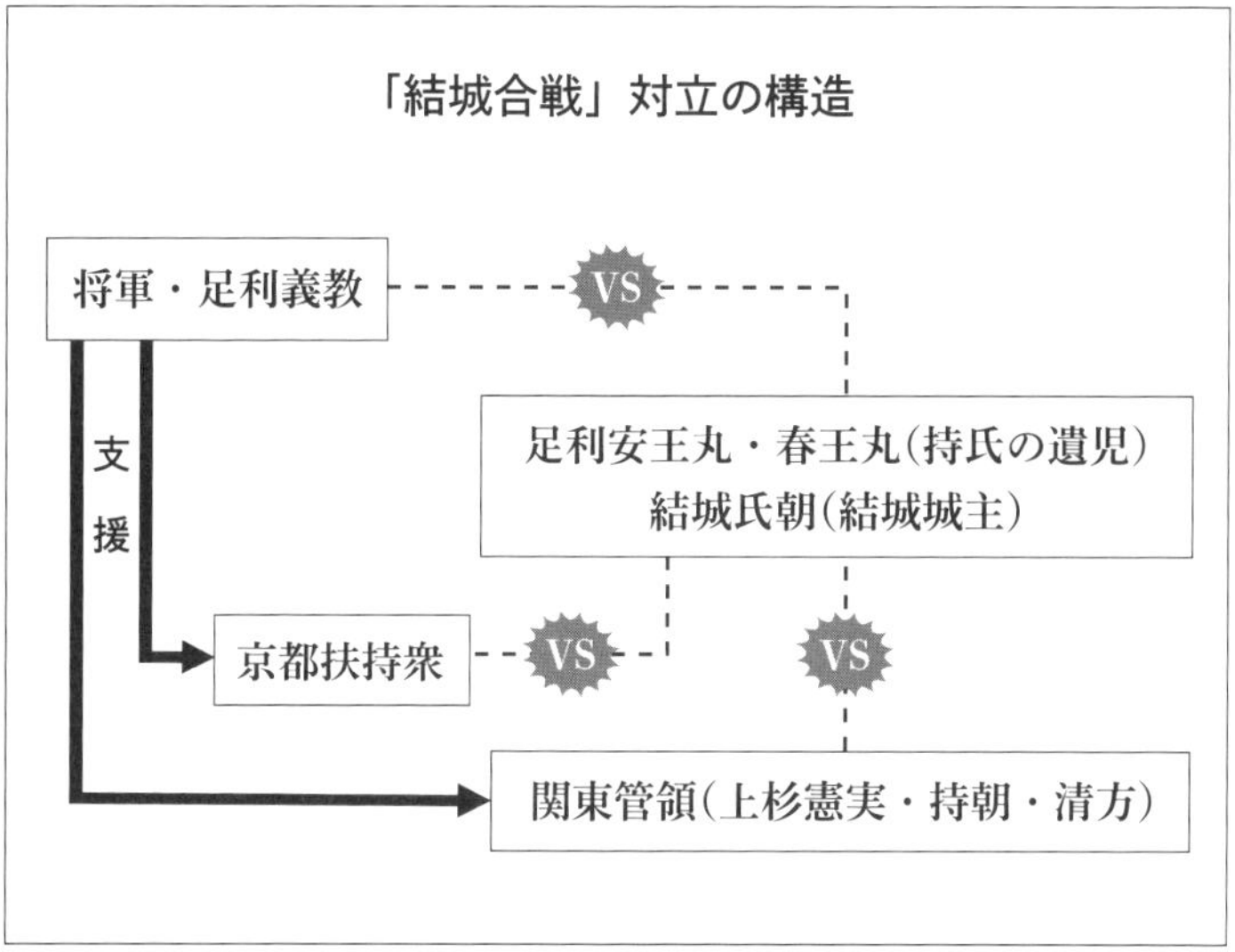

◎安王丸・春王丸の潜伏

「永享の乱」において持氏が自害に追い込まれたのち、安王丸・春王丸・万寿王丸《まんじゅおうまる》などの持氏の遺児たちは鎌倉を脱出し、その後、約一年にわたって逃亡、潜伏する。のちに触れるが、佐藤博信《さとうひろのぶ》氏によれば、安王丸・春王丸は常陸国鹿島・行方《なめがた》両郡周辺（茨城県鉾田《ほこた》市・鹿嶋《かしま》市・神栖《かみす》市・行方市・潮来《いたこ》市）に潜伏したと見られる（佐藤：一九八八）。その論拠として、永享十二年二月十九日に岩松持国《いわまつもちくに》が、鹿島護国院（茨城県鹿嶋市）の長老に対して寺領常陸国行方郡若舎人郷内根地木《ねじき》村（茨城県行方市）を安堵《あんど》したのは、同寺が安王丸らを匿《かくま》い、庇護《ひご》したことに対する恩賞であった可能性を指摘する（「鹿島護国院文書」）。首肯《しゅこう》すべきであろう。

また、これも後述する通り、呉座勇一《ござゆういち》氏は、安王丸、春王丸の下野《しもつけ》国日光山（栃木県日光市）

への潜伏を伝承であると指摘する（呉座：二〇一九）。日光山との関係でいえば、木下聡《きのしたさとし》氏が明らかにしたように、永享十二年三月二十九日以前に、幕府から討伐命令が出されていた「日名田《ひなた》」という武士の首を結城氏朝が進上していた（「政所《まんどころ》方引付所収文書」）が、「日名田」は日光山にほど近い、下野国鹿沼郡内（栃木県鹿沼市）の土地であり、彼は安王丸・春王丸に与《くみ》したことにより氏朝に討《う》たれたものと類推される（木下：二〇〇九）。木下氏が指摘するように、日光山に安王丸らを支持する勢力が存在していたことは認めてよいのではないかと思われる。

なお、安王丸・春王丸らが挙兵する直前、永享十二年二月十七日付で管領《かんれい》・細川持之《ほそかわもちゆき》が武蔵《むさし》（東京都・埼玉県）国人《こくじん》の安保宗繁《あぼむねしげ》に「関東の事、雑説有りと云々《うんぬん》、現形せしめば、時日を廻《めぐ》らさず馳《は》せ向ひ、忠節を抽《ぬ》きんぜらるべし」と命じていたことから、幕府側ではすでに遺児たちが挙兵することを察知していたのではないかと見られる（「安保文書」）。

◎戦勝願文に見る挙兵の流れ

享徳四年（一四五五）二月日付の筑波《つくば》別当《べっとう》（長官）・筑波潤朝《じゅんちょう》軍忠状写によると、永享十三（原文ママ）年三月四日、安王丸・春王丸は「常州中郡庄木所城」において挙兵したと見られる（「古証文二」）が、同年三月二十八日付の足利安王丸書下《かきくだし》によれば、三月三日に進発したとある（「角田石川文書」）。史料の作成された年代から考えれば、足利安王丸書下の三月三日を採用すべきであると思われるが、三月上旬には安王丸らが挙兵したと見てよいものと思われる。

左の写真は鴨大神《かもおおかみ》御子《みこ》神主玉《かみぬしたま》神社（茨城県桜川市）の神官の子孫である加茂部《かもべ》家に伝来する書状である（以下「景助《かげすけ》奉書」と略す）。永享十二年三月四日、安王丸は中郡荘での挙兵に際して、賀茂社に「武運長久」などを祈り、「如意満足」の時は「当郡内一所」を寄付することを約した。挙兵の目的がうかがえる興味深い書状であるが、これまで本状の検討は充分になされてきたとは言い難い状況である。したがって煩《はん》を厭《いと》わず内容を検討しておこう。

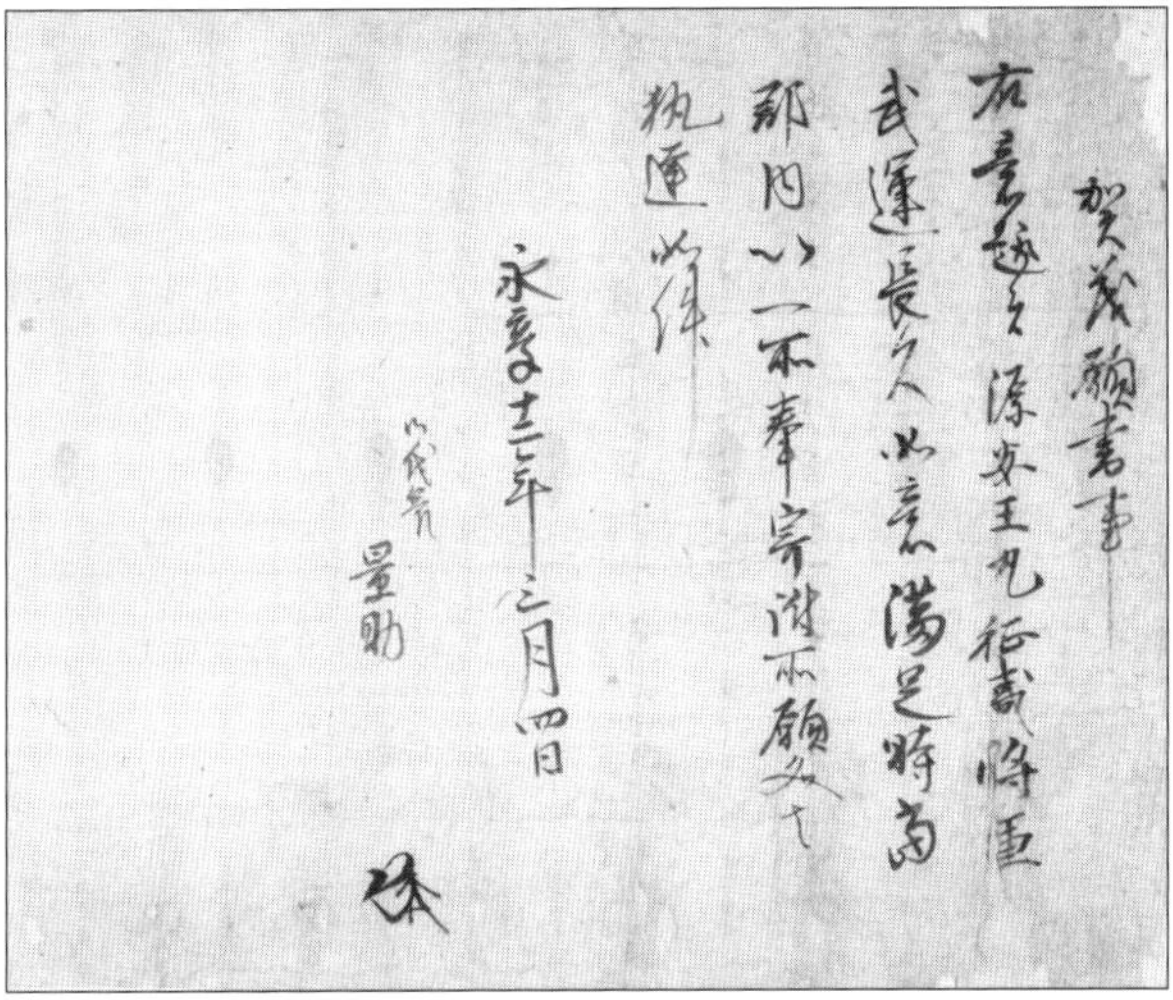

足利安王丸代官景助奉書

（「加茂部文書」・個人蔵　撮影・桜川市教育委員会）

《史料1》足利安王丸代官景助奉書

賀茂願書の事

右意趣は、源安王丸征夷将軍、武運長久、如意満足の時、当郡内一所を以て寄附し奉る所の願文は、執達件の如し、

永享十二年三月四日

「（異筆）御代管（官）
　　景助（簗田）」（花押）

まず、景助奉書について検討すると、その奥下に「御代管　景助」という奉者（上位者の仰せを承《うけたまわ》って書状を認《したた》める者）が署判（署名と花押《かおう》）を加える、特異な様式である。景助は持氏の側近を務めていた簗田《やなだ》氏の一族かと類推される。『茨城県史料・中世編Ⅲ』では、景助奉書を案文《あんもん》（当時、正文の下書き、控えとして作成された文書）としており、本状を正文《しょうもん》（写しや控えに対して、基になる原書）として扱うには慎重な検討を要する。

平成二十三年（二〇一一）冬に筆者が行った原本調査では、「加茂部文書」は一本の巻子装であり、巻頭に景助奉書を収め、以下、官宣旨《かんせんじ》案《あん》、安達義景《あだちよしかげ》下文など七点の書状を貼り継いでいる。これらの文書は『茨城県史料・中世編Ⅲ』に翻刻《ほんこく》されている。景助奉書は巻子に貼り継がれた文書の中でもっとも新しい年代のものである。

本紙は縦二十七・八センチ、横三十四・五センチで、料紙は楮紙《ちょし》と見られる。本文の「征夷《せいい》将軍」という文言に違和感を覚えるが、文書の紙質（風合い）、本文及び花押の墨色、筆勢などに大きな問題はない。

花押の部分は異筆であり、本文とは墨色が異なる。中世文書として遜色《そんしょく》はないこと、安王丸が元服《げんぷく》前で自ら花押を据《す》えなかったことなどを踏まえれば、側近の簗田景助が「御代管（官）」として署判を加えたものとみなすことができる。

安王丸が幼少により花押を据えなかったことは、たとえば、永享十二年三月二十八日付の足利安王丸書下の副状である桃井憲義《もものいのりよし》書状（「角田石川文書」）に「追って申す、御元服以前の間、御判形に及ばず候《そうろう》」とあり、明白である。

筆者は景助奉書を正文として採用したいと考えるが、仮に案文であったとしても、文書の内容は筑波潤朝軍忠状写（「古証文二」）の記述と矛盾せず、その内容は採用できるものと指摘しておきたい。

◎反乱者たちの進軍ルート

先述の通り、安王丸・春王丸は「常州中郡庄木所城」で挙兵したとされている。

中郡荘は鎌倉府の支配地域の中で幕府直轄領として存在し続けたと考えられる。安王丸らは、持氏方の勢力が及ぶ幕府直轄地で挙兵することで機先を制し、筑波別当や宍戸《ししど》氏らの支援を受けて、下総の結城氏や武蔵の一色《いっしき》氏、信濃《しなの》（長野県）の大井氏などの勢力と合流しようとしていたのではないか。

中郡荘から南に約十五キロメートルの地点には、筑波山《つくばさん》（茨城県つくば市）があり、筑波社（筑波山知足院中禅寺）を押さえる筑波別当の筑波氏が蟠居《ばんきょ》し、いち早く安王丸の挙兵に従っている（『尊卑分脈《そんぴぶんみゃく》』「古証文二」）。また、筑波山塊の吾国山《わがくにさん》と難台山《なんだいさん》の東麓に位置する茨城郡岩間郷（茨城県笠間市）は、持氏の奉公衆《ほうこうしゅう》を務めた宍戸《ししど》氏の本拠地であり、「結城合戦」後に宍戸氏が籠城《ろうじょう》した泉城が築かれていた。

筑波別当や宍戸氏は常陸守護を務める小田《おだ》（八田《はった》）氏の一族であった。惣領家《そうりょうけ》の小田讃岐《さぬきの》守持家《かみもちいえ》は室町幕府に従ったのに対して、庶家《しょけ》の筑波別当・潤朝や宍戸備前守持朝《びぜんのかみもちとも》は鎌倉府方として持氏の遺児・安王丸らに与した。

一族が分裂して争う状況は、小田氏の場合に限ったことではなく、下野の那須《なす》氏や宇都宮《うつのみや》氏などにおいても見られることであり、それぞれの氏族の一族間における惣領・庶子《しょし》の競合関係を反映するかのような、複雑な対立状況が現れたのである。

小田（八田）氏略系図

八田四郎 知家
- 八田太郎 知重 ―（数代略）― 小田讃岐守 持家
- 中禅寺別当 明玄 ―（数代略）― 筑波別当 玄朝 ― 筑波別当 潤朝
- 宍戸四郎 家政 ―（数代略）― 宍戸備前守 持朝

筆者は遺児たちの挙兵の目的を検討し、彼らは当初から結城城での「籠城ありき」ではなく、「北関東の東西ルート」を押さえるために、中郡荘→小栗《おぐり》（茨城県筑西市）→伊佐（同）→結城へと軍勢を進めた、と指摘したが（前川：二〇一二）、彼らの最終的な目的は、後述の石橋一展《いしばしかずひろ》氏が指摘するように、安王丸・春王丸らが鎌倉に「還著《げんじゃく》」（もとに帰着）することを意図した挙兵であったと思われる（石橋：二〇一八）。石橋氏によると、安王丸らが「宿《しゅく》城」（栃木県小山市）を攻撃したのは、「宿城」に面する境大道を扼《やく》して、ここから野田・松戸方面（千葉県野田市・松戸市）に南下し、鎌倉を目指そうとしたからではないかと推定している（石橋：二〇一八）。

進軍のルートについては、以下の理由から、安王丸らは結城から小山を経て、さらに西方を目指して進軍しようとしていたのではないだろうか。

後代の軍記による記述ではあるが、結城氏朝が挙兵すると、新田《にった》、田中、高階《たかしな》をはじめとする上野《こうずけ》（群馬県）・下野の武士たちが結城氏に与して、下野国足利郡高橋郷（栃木県佐野市）にある野田の要害に結集したが、間もなく上杉憲実の家宰《かさい》（主家の政務の取締役）で上野守護代であった大石憲重《おおいしのりしげ》の率いる軍勢によって討《う》たれたことが見える（『鎌倉九代後記』）。

永享十二年七月四日に行われた「村岡合戦」では、成田館（埼玉県行田市）に拠った一色伊《い》予守《よのかみ》らの軍勢と、憲実の命《めい》で出陣した上杉憲信《のりのぶ》と長尾《ながお》景仲《かげなか》ら上野国人との間に合戦があったものと類推される（『永享記』）。

また、同年と推定される九月二十一日付の上杉憲実書状によると、上野国小林（群馬県藤岡市）の武士・小林尾張守《おわりのかみ》が、鎌倉での「雑説」に際して八月一日に馳《は》せ上り、「無為」になったので、入間河（埼玉県川越市）から帰国したと見える（「小林家文書」）。

いずれも下野・武蔵方面での合戦であるが、安王丸らがこうした勢力と連携しようとしていたことは想定できるのではないか。石橋氏は、境大道を南下して鎌倉を目指した可能性を指摘するが、それであれば、結城方面から鎌倉の方向とは異なる小山氏の領域に進軍する必要はなく、結城から山川（茨城県結城市）を経て境（茨城県猿島《さしま》郡境町）に南下し、野田・松戸方面を通るほうが最短ルートとなるのではないだろうか（上掲地図を参照）。

　したがって安王丸らが結城から南下せず、あえて小山に進軍したのは、新田、田中、高階をはじめとする上野・下野の武士たちをはじめ、武蔵の一色氏、信濃の大井氏らの軍勢と合流するためであり、鎌倉街道上道下野線（一部は「小山街道」を通る）（齋藤：二〇〇三）を進むことで、武蔵に集結していた上杉方を討ち、最終的には鎌倉を奪還することを目指したのではないかと推測される。

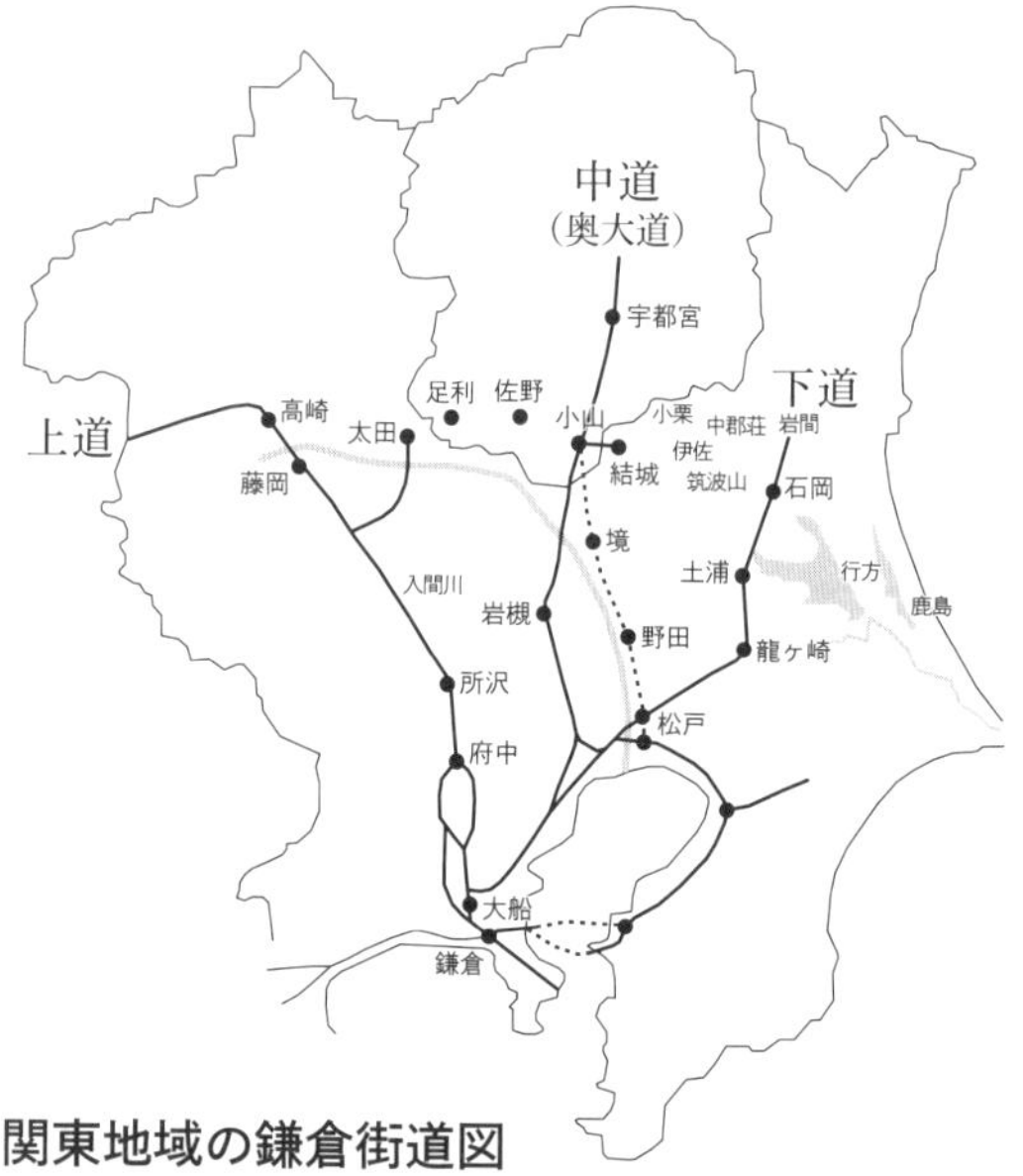

関東地域の鎌倉街道図
秋山(2009)の図に加筆

　現実には、新田、田中、高階らは挙兵後、大石憲重に討たれてしまい、武蔵の一色氏は上杉方の軍勢に囲繞《いにょう》されて身動きができず、安王丸らも宿城を落とすことはできず、結城城に「籠城」せざるを得なかったのではないかと思われる。

◎「宿城」の戦い

次の史料は、永享十二年五月三日に足利義教から小山持政《おやまもちまさ》に宛てて発給されたと見られる感状である（「松平基則氏所蔵文書」）。

《史料2》足利義教感状

去月十七日岩松左馬助（持国）・桃井（憲義）・結城（氏朝）以下の凶徒寄せ来るの処、当所宿城に於いて合戦を致し、敵数疵を被らしめ彼等を追ひ払ひ、勝利を得るの由註進到来す、尤《もっと》も神妙なり、次いで被官人河尻助三郎軍功の事、思し食しを感ぜらるるなり、

五月三日　（足利義教）（花押）

小山小四郎（持政）殿

これを見ると、去る四月十七日に「小山小四郎」は「岩松左馬助・桃井・結城以下の凶徒」が「寄せ来」たので、「当所宿城」で「合戦」に及び、「彼等」を「追い払」ったとわかる。拙稿では「当所宿城」を祇園《ぎおん》城の「宿城」（武士や民衆が集住する根小屋に相当する地域）と考えて、

「祇園城」と記述していたが（前川：二〇一二）、石橋氏が指摘するように「宿城」は「祇園城」ではなく、小山氏の支城の一つであった宿城（神鳥谷曲輪《しととのやくるわ》）を指すものと見られる（石橋：二〇一八）。四月十八日に安王丸は中岫《なかくき》（栃木県小山市）まで動座《どうざ》（貴人が居所を移すこと）しているが、「宿城」攻めの加勢という意味もあったのではないか（「古証文二」）。

◎結城城の攻防

結城城の内外では、断続的に合戦が続いていたと見られる。永享十二年と推定される八月十七日付の足利義教御内書《ごないしょ》によると、上野国人の「彦部当殿・彦部中務丞殿」の両名が去月二十九日に「結城館」において合戦を致し、疵《きず》を被ったことを賞されている（「彦部文書」）。同年九月二十六日付の足利義教御内書を見ると、「越後《えちご》国人等」が「結城館福厳寺《ふくごんじ》口」において合戦を致し、「討死《うちじに》・手負数輩に及」んだことを賞されている（「上杉家文書」）。福厳寺は小山市中河原の周辺にあったものと推定されることから、「福厳寺口」は結城城の東側の城門の一つと特定できる（前川：二〇一二）。このように、結城城の外郭部では、激しい合戦が繰り広げられていたことがうかがえる。

幕府方による結城城への攻撃は続き、年が改まった正月一日にも合戦が行われた（「上杉家文書」「小山文書」）。この頃、結城城内では「矢たね」が尽き、京都方に寝返る者が後を絶たず、氏朝らは厳しい戦いを強《し》いられていたと見られる（『結城戦場物語』）。

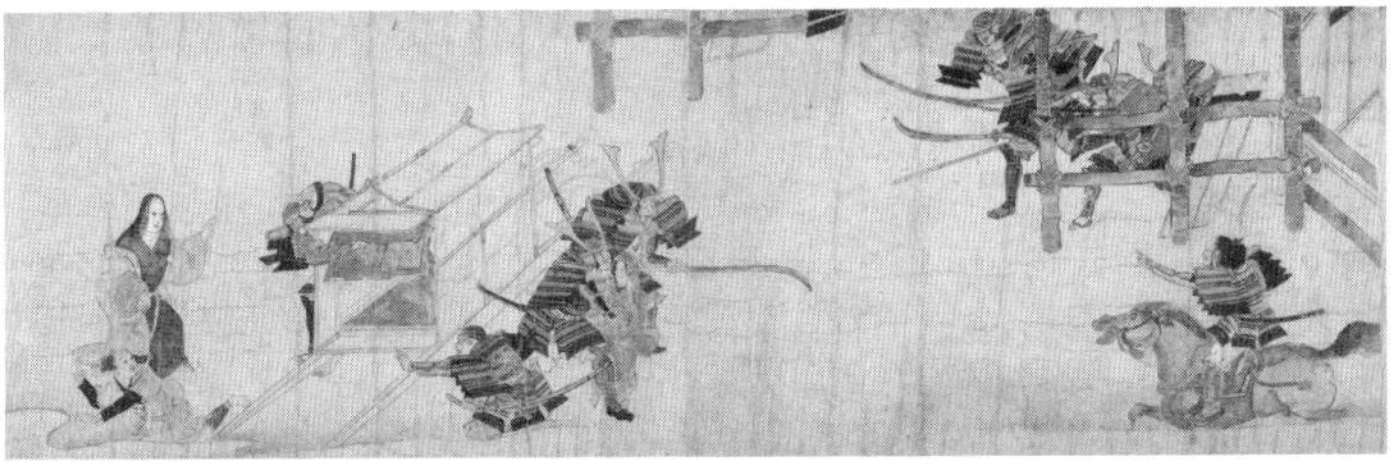

『結城合戦絵詞』第四紙（部分）・第五紙（国立歴史民俗博物館蔵）

永享十三年と推定される正月晦日《みそか》付の等持院《とうじいん》周操書状を見ると、京都方の「大将」であった上杉清方から諸国の武士たちに対して、結城落城に際して城内の「残党」が逃亡した場合には、捕らえるように命じられていたことがわかる（「角田石川文書」）。すでにこの頃、結城城が落ちた際のことについて、上杉清方から具体的な指示が出されていたものと推察される。結城城はいよいよ危機的な状況に陥っていたのであろう。

嘉吉《かきつ》元年（一四四一）四月十六日、結城城は落城する。この時、結城氏朝は二人の遺児たちを女装させ、城から落とそうとするが、上杉方に捕まってしまった（『結城合戦絵詞』。上掲画像）。これを聞いた氏朝は、上杉清方の陣がある桟敷塚《さじきづか》を目指して突撃したが、これを討ち果たせず、塚の上で一族らとともに自害したといわれている（『結城戦場物語』）。

持氏の遺児たちはその後、京都に護送される途中、美濃国垂井《たるい》（岐阜県不破《ふわ》郡垂井町）で斬られた。一方、同年六月には、「結城合戦」に勝利した将軍・義教も、赤松満祐《あかまつみつすけ》によって殺害されてしまった（次章

「嘉吉の乱」参照)。こうして「結城合戦」は、一応の終結を見たのである。

◎「結城合戦」の研究史

ここでは、特に重要な「結城合戦」に関わる研究について指摘しておきたい。

古くは渡辺世祐《わたなべよすけ》氏による「結城合戦」の検討がある(渡辺:一九二六)。渡辺氏の指摘の中でも興味深いのは、安王丸・春王丸の兄弟の長幼について、兄は安王丸、弟は春王丸であるとし、多くの史書が春王丸・安王丸の順とするのは「語呂《ごろ》好き為」とする。なお、『東寺《とうじ》執行日記』には、嘉吉元年当時、安王丸は十一歳、春王丸は十二歳であったと記述されている。

一九八〇年代以降、各地の自治体史編纂《へんさん》事業の成果を受けて、「結城合戦」の研究も著しい進展を見せるようになった。

まず、永原慶二《ながはらけいじ》氏は「憑《タノ》ム—憑マレル」の関係から結城氏朝が遺児たちを擁《よう》して、周辺の豪族を糾合《きゅうごう》して挙兵に及んだと述べる(永原:一九八〇)。また、結城氏が鎌倉方であった理由として、南北朝期に小山義政《よしまさ》が鎌倉公方に討たれたことから、その子・若犬丸《わかいぬまる》が応永三年(一三九六)に公方に反乱し、翌年敗死すると、結城基光《もとみつ》は小山の遺領を公方から受け、下野守護になった。こうした経緯から小山氏と結城氏は対立し、小山持政が幕府方に与したのに対し、結城氏朝が公方方についたのではないかと見る(永原:一九八八)。

一方、百瀬今朝雄《ももせけさお》氏は「結城合戦」に参陣した武士たちを分類し、結城方に参陣した武士は、持氏に従った奉公衆武士、北関東の武士、稲村《いなむら》公方・足利満貞《みつさだ》に従う武士、などが主な成員であるとして、常陸で上杉氏の影響力が強まってきたので、これに対抗するために反上杉の立場に立ったものとした（百瀬：一九八二）。また、「角田石川文書」の検討から、安王丸・春王丸の弟にして、のちの鎌倉公方・足利成氏《しげうじ》の幼名が、軍記類で知られる「永寿王丸《えいじゅおうまる》」ではなく、「万寿王丸」であると指摘する（百瀬：一九八二）。

次に、「角田石川文書」の検討から「結城合戦」の実像に迫った佐藤博信氏の研究がある。それによると、①安王丸・春王丸らが潜伏していたのは、常陸鹿島郡・行方郡周辺の可能性が高いこと、②結城氏朝・桃井憲義・岩松持国の「三大将制」によって合戦が遂行されたことなどを指摘している（佐藤：一九八八）。

特に、百瀬氏や佐藤氏らの研究により、古文書の検討に基づいて「結城合戦」の経緯やその背景についての研究が進められたのである。

◎「結城合戦」研究の新生面

二〇〇〇年以降、「結城合戦」に関わる新出史料が紹介され、新知見が提示されている。

まずは、内山俊身《うちやまとしみ》氏による「鳥名木《となぎ》文書」の検討である（内山：二〇〇四）。内山氏によると、「結城合戦」と並行して「信太庄《しだのしょう》争乱」（茨城県稲敷市）が起きていたこと、合戦終了後の嘉吉二年（一四四二）十一月以前に上野国白井（群馬県渋川市）で騒乱があり、これは万寿王丸の復権活動に伴うものであったが、幕府が万寿王丸の家督相続を認めたことにより解決したことを指摘する。これらの指摘は、「結城合戦」が決して結城城のみの局所戦ではなく、関東一円の軍事的な動向も含めて検討する必要性があることを物語っている。

特に注目すべきは、木下聡氏の研究である。木下氏は「政所方引付所収文書」の翻刻から、結城氏朝は当初幕府方として反乱軍の鎮圧にあたっていたが、安王丸・春王丸の挙兵に応じて、持氏方についたことなどを明らかにした（木下：二〇〇九）。結城氏が当初から持氏方ではなかったという指摘は、当該期の武士たちの去就が、きわめて不安定的で現実の利害関係に基づく政治的な思惑の中から決定されたといえるのではないか。

筆者も不十分ではあるが、「結城合戦」における安王丸・春王丸の行動を位置付け、彼らは当初から「籠城ありき」ではなく、挙兵から結城に至る経路は、「北関東の東西ルート」を押さえるためであった、と指摘した（前川：二〇一二）。

近年、石橋一展氏は、「結城合戦」に関わる史料を網羅的に集め、「永享の乱」から「結城合戦」の展開、その後の足利成氏の復権に至る政治過程を復元しようと試みている（石橋：二〇一八）。この指摘で重要な点は、①持氏の遺児たちは鎌倉への「還著」を目的として挙兵したこと、②「結城合戦」だけではなく、安王丸・春王丸らの蜂起《ほうき》に伴って起こった戦乱も視野に入れるべきこと、③合戦を主導した人物として、結城氏朝、桃井憲義、岩松持国の他に、佐竹《さたけ》義人《よしひと》がきわめて重要な働きをしていること、などである。

また、持氏の遺児たちの逃亡・潜伏先についても、従来、下野国日光山へ逃亡したとする説（江田：二〇〇一）や、常陸国鹿島・行方両郡の周辺に潜伏したとする説（佐藤：一九八八）が提起されているが、呉座勇一氏は、安王丸・春王丸の日光山逃避は一次史料からは確認できず、一方、二人の兄弟である成潤《せいじゅん》（出家して鎌倉の勝長寿院門主を務める）の日光山移座は史実として確定できることから、前者は後者を基にした伝承と指摘する（呉座：二〇一九）。なお、成潤については第9章「享徳《きょうとく》の乱」も参照されたい。

当該期の中では比較的多く史料が残るものの、合戦の実像については不明な点が少なくなかった「結城合戦」だが、以上に挙げた論考によって研究が飛躍的に進展し、新生面を開いたといえる。

◎「結城合戦」のその後

「結城合戦」での持氏の遺児たちの敗北の結果、鎌倉公方を中心とする「鎌倉府体制」が完全に崩壊し、鎌倉府の主導権は関東管領・上杉氏を中心とする室町幕府方によって掌握された。しかし、後継の公方が決定されず、上杉氏による関東の統治が容易に進まなかったことで、鎌倉府の権威は大きく失墜した。また、大井氏のもとに匿われていた万寿王丸（足利成氏）が、宝徳《ほうとく》元年（一四四九）九月に鎌倉に還御《かんぎょ》し、新たに鎌倉公方となった。憲実の子息・憲忠《のりただ》も関東管領として公方を支えることになった。結城氏も氏朝の末子が元服して成朝《しげとも》と名乗り、結城氏の再興を許された。

こうして鎌倉公方としての足利氏の権勢は、持氏の没落以前の状態に戻るかに見えたが、成氏の支配の実態は、持氏期と比べると凋落《ちょうらく》ぶりは著しく、鎌倉公方が持っていた土地宛行《あてがい》権や裁判権に室町幕府が関与し、課税も幕府が行ったので、関東の主要な政務は、ほとんど幕府の掌握するところとなった（田辺：二〇〇二）。そのために成氏と上杉氏との間に大きな懸隔《けんかく》が生じることとなり、ついに享徳《きょうとく》三年（一四五四）成氏は上杉憲忠を殺害してしまう。これが「享徳の乱」（第9章）であり、その後およそ三十年にわたって、再び関東は戦乱へと突入することになったのである。

第7章

「嘉吉の乱」

〝万人恐怖〟への反動、
幕府権威失墜の端緒となった将軍暗殺劇

渡邊大門

◎「嘉吉《かきつ》の乱」の時代背景

「嘉吉の乱」は、播磨守護《はりましゅご》・赤松満祐《あかまつみつすけ》が嘉吉元年（一四四一）に時の将軍・足利義教《あしかがよしのり》を自邸に招き、その場で暗殺した事件である。現役の将軍を暗殺するという事件の衝撃は大きく、その後の室町幕府の権威失墜の発端ともなった事件である。

最初に、事件を招来した背景から説き起こしてみよう。

応永《おうえい》三十四年（一四二七）九月、播磨（兵庫県）など三ヵ国守護の赤松義則《よしのり》が没した。四代将軍の足利義持《よしもち》は、三ヵ国守護などを義則の子の満祐に継がせず、お気に入りだった赤松氏一族の持貞《もちさだ》に継がせようとした。これに激怒した満祐は播磨に下国。幕府との対決姿勢をあらわにした。しかし、直後に持貞は義持の侍女との密通が露見し、切腹に追い込まれた。結局、満祐は義持に謝罪し、三ヵ国守護職を安堵《あんど》されたのである。

応永三十五年（一四二八）一月、足利義持が後継者を定めず没すると、その後継者になったのは、籤《くじ》で選ばれた弟の義教である。義教は、『看聞《かんもん》日記』（『看聞御記』）の記主である伏見宮《ふしみのみや》貞成《さだふさ》親王が「万人恐怖」と称したほど気性の激しい性格の持ち主であり、意に沿わない者は徹底して弾圧された。永享《えいきょう》十〜十一年（一四三八〜三九）にかけての「永享の乱」（第5章）では、幕府に敵対した鎌倉公方《かまくらくぼう》・足利持氏《もちうじ》が自害に追い込まれた。続く永享十二年（一四四〇）の「結城合戦《ゆうきかっせん》」（第6章）では、幕府に抵抗した結城氏朝《うじとも》が自害し、持氏の遺児・安王丸《あんおうまる》、春王丸《しゅんおうまる》が捕らえられて殺害された。そのほか窮地に追い込まれた武家は、枚挙に暇《いとま》がない。

義教が弾圧したのは武家だけではなく、公家なども同じだった。義教の政治は、まさしく恐怖政治だったのである。そして義教の弾圧は、例外なく赤松満祐の身にも降りかかってきたのである。いったい、満祐はどう対応したのだろうか。

◎赤松満祐を追い詰めた将軍

「嘉吉の乱」が勃発《ぼっぱつ》する前、赤松氏と幕府との関係はどうなっていたのだろうか。

永享五年（一四三三）閏《うるう》七月、比叡山《ひえいざん》（滋賀県大津市）の衆徒が嗷訴《ごうそ》（僧兵・神人《じにん》らが仏神の権威を誇示し、集団で朝廷・幕府に対して訴えや要求をすること）を行った。嗷訴した理由には、赤松満祐の従兄弟《いとこ》にあたる赤松満政《みつまさ》が賄賂《わいろ》を受け取り、ある山僧に便宜を与えたという件も含まれていた。比叡山衆徒は満政の遠流《おんる》を要求したが、結局、赤松氏の惣領家《そうりょうけ》預けとなった。満政の処罰が軽減されたのには、幕府の強い意向があったとされているので、義教は満政に対して、特別な感情を抱いていたと考えられる。

満政は、幕政における重要な地位にあった。当時、将軍と地方の守護・国人《こくじん》の間を仲介する

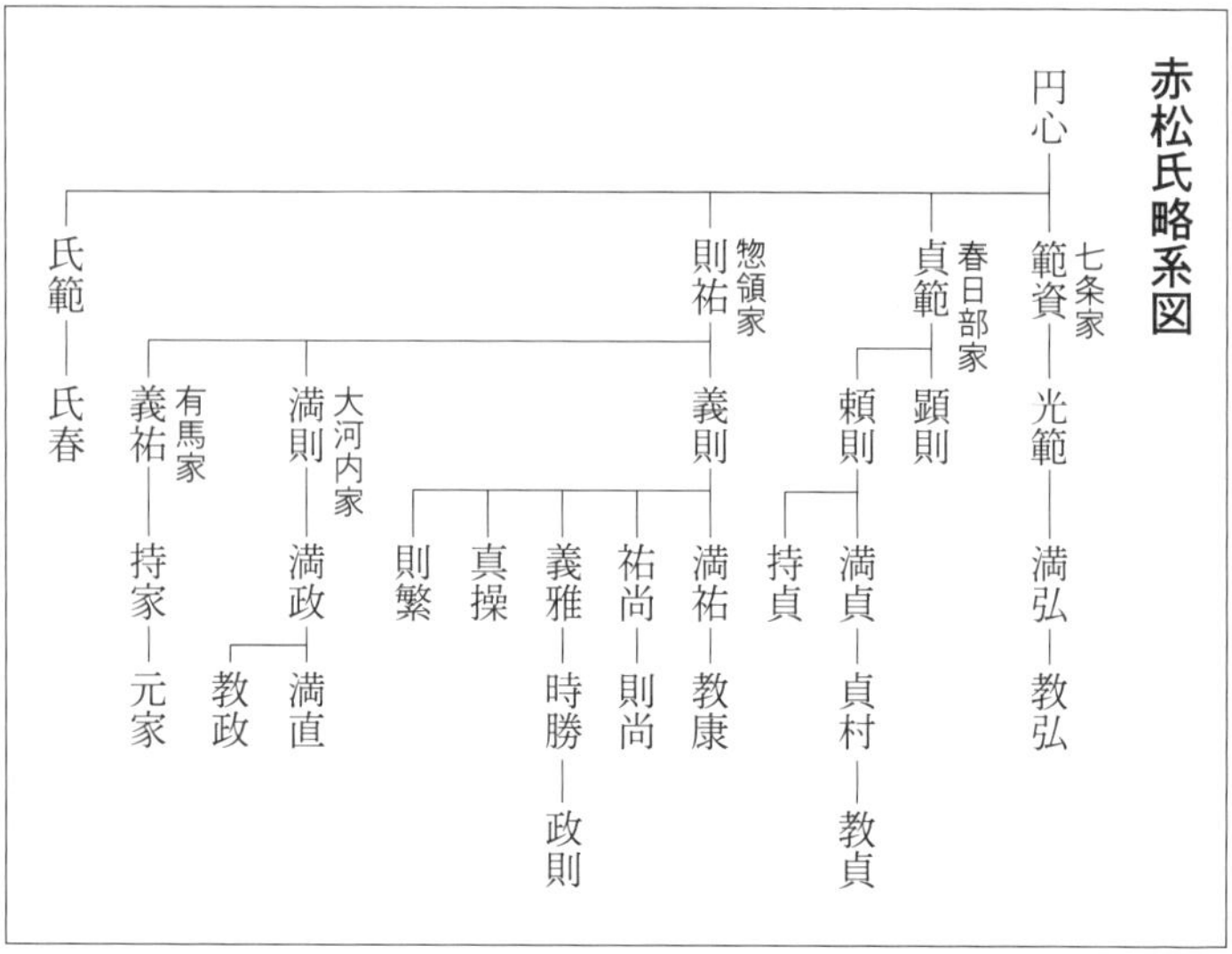

取次《とりつぎ》は、有力守護がこれを担当していたが、のちに守護ではない満政も取次を担当するようになった。

義教は満政を優遇する一方で、満祐には厳しい態度で臨んだ。

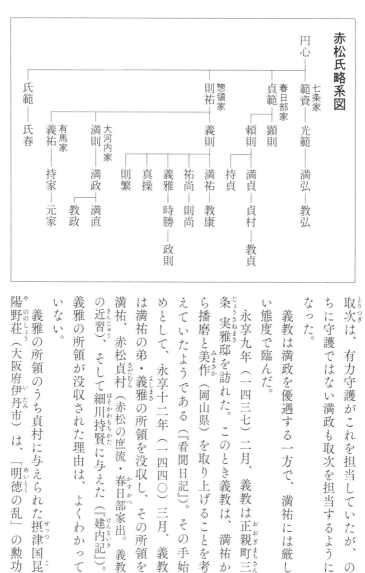

永享九年（一四三七）二月、義教は正親町三《おおぎまちさん》条《じょう》実雅《さねまさ》邸を訪れた。このとき義教は、満祐から播磨と美作《みまさか》（岡山県）を取り上げることを考えていたようである（『看聞日記』）。その手始めとして、永享十二年（一四四〇）三月、義教は満祐の弟・義雅《よしまさ》の所領を没収し、その所領を満祐、赤松貞村《さだむら》（赤松の庶流・春日部《かすかべ》家出。義教の近習《きんじゅう》）、そして細川持賢《ほそかわもちかた》に与えた（『建内記《けんないき》』）。義雅の所領が没収された理由は、よくわかっていない。

義雅の所領のうち貞村に与えられた摂津《せっつ》国昆《こ》陽《や》野荘《ののしょう》（大阪府伊丹《いたみ》市）は、「明徳《めいとく》の乱」の勲功として得た由緒があった。そのような事情から、満祐は昆陽野荘をせめて惣領家に留《とど》めるよう義教に懇願した。しかし、その願いはついに聞き届けられなかった（『建内記』）。こうした義教による赤松氏に対する揺さぶりは、満祐を精神的に追い込んだと考えられる。赤松氏と幕府の関係は、徐々に悪化していった。

◎幕府の混乱と遅い対応

永享十二年（一四四〇）十二月には、満祐の扱いがどうなるのかと世上で噂《うわさ》になっていた（『公名公記《きんなこうき》』）。満祐の危機が広く伝わるほど、両者の関係は険悪なものに変化していたのだ。こうした情勢下で勃発したのが「嘉吉の乱」である。以下、特に注記しない限り、『建内記』と『看聞日記』によって経過を述べることとしたい。

年号が嘉吉と改まった四月、「結城合戦」での戦勝が報ぜられ、諸家で招宴が催された。嘉吉元年（一四四一）六月二十四日、満祐の子・教康《のりやす》は西洞院《にしのとういん》（京都市中京区）の自邸において、義教を招き招宴を催した。招宴には、山名持豊《やまなもちとよ》（宗全《そうぜん》）、細川持之《もちゆき》、大内持世《おおうちもちよ》といった諸大名も招かれていた。満祐が主催しなかったのは、前年末から「狂乱」によって出仕していなかったからだった。この頃の満祐は、「次は自分が義教から討《う》たれるのではないか」と疑心暗鬼に陥っており、「狂乱」だったと噂されていたのである。

この招宴では酒宴とともに、赤松氏が贔屓《ひいき》にした観世《かんぜ》流の能楽師が猿楽《さるがく》を演じていた。その最中、突如として甲冑《かっちゅう》に身を包んだ武者十数人が乱入し、あっという間に義教を斬殺したのである。義教を殺害したのは、赤松氏の被官《ひかん》（家臣）・安積行秀《あさかゆきひで》だった。近習として隣室に控えていた山名熙貴《ひろたか》、細川持春《もちはる》らは、ただちに反撃した。しかし、彼らはご相伴《しょうばん》だったこともあり、武器を携帯していなかった。彼らは殺傷能力の乏しい儀礼用の金覆輪《きんぷくりん》の太刀を用いて応戦したが、持春と熙貴は討ち死にし、大内持世は深手を負った。

結局、管領《かんれい》以下、守護および将軍近習らは、義教の遺骸《いがい》を放置したまま逃げ帰った。義教の首は、敵つまり赤松氏の手に渡ったのだ。伏見宮貞成は、『看聞日記』に「管領細川持之らは逃走し、そのほかの人々も右往左往《うおうさおう》して逃散《ちょうさん》した。もとより潔《いさぎよ》く腹を切るものもなく、赤松氏を討伐《とうばつ》しようと追いかける者もいなかった」と辛辣《しんらつ》に記している。そして、貞成は義教の死を「自業自得《じごうじとく》」とした上で、「将軍のこのような犬死《いぬじに》は古来からその例がない」と感想を漏らした。

狂乱の噂のあった満祐は、奉行人《ぶぎょうにん》の富田《とみた》氏の宿所から輿《こし》に乗って落ち延びた。満祐の弟・義雅と則繁《のりしげ》は自らの宿所に放火し、そのほかの一族・被官人らも宿所に放火して逐電《ちくでん》した。ただし、一族の中でも義教に近かった赤松満政・貞村は、「野心」がなく惣領家に従わなかった。それは、満祐の叔父《おじ》にあたる有馬義祐《ありまよしすけ》も同じだった。

義教の遺体は、殺害された翌六月二十五日に焼け跡から見つかり、等持院《とうじいん》（京都市右京区）に安置された。義教の葬儀が執り行われたのは、翌月の七月六日である。葬儀ののち、義教には普広院《ふこういん》と追号がなされた。

肝心の義教の首は、満祐によって摂津国中島の崇禅寺《そうぜんじ》（大阪市東淀川区）に運ばれたと伝わっている。また、一説には、満祐は将軍の首を播磨に運び、葬儀を行ったともいう（『公名公記』）。現在、安国寺《あんこくじ》（兵庫県加東市）の裏手にある宝篋印塔《ほうきょういんとう》は、義教の首塚といわれている。葬儀ののち、満祐は義教の首を京都に返し、相国寺《しょうこくじ》（京都市上京区）長老の瑞渓周鳳《ずいけいしゅうほう》が播磨に下向して受け取ったともされる（『師郷記《もろさとき》』など）。

このような事態にもかかわらず、幕府の対応はきわめて遅かった。守護らは赤松追討《ついとう》を掲げることなく、家の門を堅く閉ざす有様であった。

そのような情勢下、諸大名はようやく評定《ひょうじょう》会議を開き、義教の子で八歳の千也茶丸《ちやちゃまる》（のちの足利七代将軍・義勝《よしかつ》）をその後継者とし、室町幕府に移した。そして、政務の代行者を管領の細川持之に定め、満祐討伐を守護らに命じたのである。大手《おおて》（正面の攻撃陣）の大将は阿波《あわ》（徳島県）守護・細川持常《もちつね》、搦手《からめて》（敵の裏を攻める軍勢）の大将は但馬《たじま》（兵庫県）守護・山名持豊にそれぞれ命じられた。「嘉吉の乱」直後の六月二十六日、持之は小山持政《おやまもちまさ》他の諸大名に宛てて、二十四日に義教が満祐によって討たれたこと、義勝が新将軍として義教の跡を継いだので安心すること、満祐を討伐するので協力してほしいこと、などを伝えた（「井口文書」）。

幕府の率いる軍勢には、細川氏一門のほか各地の守護、満祐に与《くみ》しなかった赤松貞村・満政、有馬義祐ら赤松氏庶流《しょりゅう》も加わった。

一方、赤松氏側にも一族および播磨国内の国人や被官人らが続々と集結した。とりわけ一族の赤松教康・義雅、則尚《のりなお》（満祐の甥《おい》）は、その中核として播磨、但馬の国境《くにざかい》を守備した。

◎足利義尊と小倉宮の擁立

満祐は義教を暗殺する際に、周到な準備をしていたと考えられる。それは以下に述べる、満祐が描いた将軍と天皇を戴《いただ》くという構想からうかがうことができる。

まず、将軍構想から確認しておこう。将軍の候補として擁立《ようりつ》されたのが、善福寺（岡山県井原市）の禅僧だった足利義尊《よしたか》である。では、義尊とは、いかなる人物なのだろうか。

義尊の祖父は、足利尊氏《たかうじ》の実子でありながら、かつて九州で反幕府的活動を見せた足利直冬《ただふゆ》である。つまり、義尊は将軍家直系の血筋を引いていた。そんな義尊が史料上に登場するのは、『建内記』嘉吉元年七月十七日条である。同条には、「直冬の子孫である禅僧が満祐に擁立され、すでに〝将軍〟と称しており、播磨国内に迎えられた」と書かれている。もちろん、正式に将軍宣下《せんげ》を受けたわけではない。自称と考えてよい。ちなみに義尊は、この年に二十九歳だったというので、応永二十年（一四一三）の生まれとなる。

『建内記』同年八月二十一日条には、その禅僧が「井原御所《いばら》」と称され、名を「義尊」と改めたと伝える。満祐は義尊を「井原御所」と称することによって、事実上の将軍とみなしたのである。そして、義尊の名前を使って、各地に軍勢催促を行ったという（『建内記』）。ところが、このことに気付いた幕府は、義尊の花押《かおう》を写し取り、その花押を据《す》えた文書を持つ者がいれば、

「嘉吉の乱」対立の構図

赤松氏一族（満祐・義雅・教康・則繁・則尚）	VS	幕府軍＋赤松氏一族（貞村・満政）

召し取るよう各地の関所に通達した。幕府は、義尊の軍勢催促が一定の効果を持つことを懸念していたと考えられる。

「嘉吉の乱」における、もう一人のキーパーソンが後南朝の後《こう》胤《いん》とされる小倉宮《おぐらのみや》である。

満祐は彼を天皇として擁立しようと考えていたようで、そのことは『建内記』嘉吉元年七月十七日条に「南方御子孫小倉宮の末子を赤松が盗み奉《たてまつ》った」との記録が見えることからもうかがえる。正確にいえば、小倉宮自身ではなく、その末子ということになる。「盗み奉った」という表現は穏やかではないが、幕府方から見れば、そのように映ったのであろう。ところが、『建内記』の同日付条によると、先の文章の脇に「後に聞く。この儀無しと云々《うんぬん》」とあることから、小倉宮の擁立は実現しなかったと考えられる。

◎討伐軍進発と綸旨発給

同年七月十一日、京都を出発した細川持常を中心とする討伐軍は、赤松氏討伐のために下向した。しかし、討伐軍はいまだ西宮（兵庫県西宮市）にも達しておらず、八月十六日に攻め込むのではないかと予測されている。一方で、八月二十八日に搦手の大将である山名持豊が京都から丹波《たんば》（京都府・兵庫県）を経て、但馬から播磨に攻め込む準備をしていた。

『公名公記』七月二十七日条によると、赤松氏が兵庫（神戸市兵庫区）に攻め込むのではないかとの風説が流れており、情報に混乱が見られたようである。この間、京都では軍費調達のため、山名持豊が「借物」と称し、強制的に金銭を借用するなど混乱が相次いだ。義教暗殺時に負った重傷で臥《ふ》せっていた大内持世が没したのも、ちょうどこの頃である。

幕府軍の歩調が乱れる中、赤松氏に関する風説が流れていた。赤松氏の一行が無事に帰国できるよう、佳瑞《かずい》（めでたいしるし）として石清水《いわしみず》八幡宮（京都府八幡市）で旗竿《はたざお》を切ったところ、路次では何事もなく播磨に帰国した。赤松氏の配下の者たちは、歓喜に沸《わ》いたという。石清水八幡宮のご託宣《たくせん》によると、今回の満祐による反乱は、大菩薩《だいぼさつ》の所行であるとのことであった。さらに幕府軍進発の際、赤松貞村が落馬し、細川持常の目が病に侵されたとも記されている。こうした出来事はすべて「信用に足りない」と記されているが、赤松氏の勢いを感じさせる噂である。

このような状況下において、幕府はいかなる対応をしたのだろうか。

一連の事態を重く見た幕府が、赤松氏討伐の綸旨《りんじ》を奏請《そうせい》したのは、七月二十六日になってからであった。この綸旨奏請には、武家の私闘であるがゆえ、当初は反対意見が多かった。ところが、細川持之が、「永享の乱」時に足利持氏征伐のために出された「治罰《ちばつ》の綸旨」（天皇による征討命令）を先例とするよう主張したため、ようやく八月になって下された。この時、後花《ごはな》園《ぞの》天皇は自ら綸旨の添削を行うなど、発給には随分と熱心であったという。治罰綸旨の申請の背景には、持之が自身の指導力に自信を持てなかったという理由がある。この結果、後花園天皇の幕府への影響力は大きくなった。

◎開戦の経過

満祐討伐の綸旨を得たのち、合戦はいかなる経過で進んだのだろうか。まず重要なのは、前後して幕府が各地の有力な領主層に出陣要請をしていることだ。その代表的な例を挙げると、次のようになる。

赤松満祐・教康以下の退治について一族らを率い、すぐに発向して忠節を尽くすように将軍様がおっしゃっていますので伝えます。

嘉吉元年七月四日　（花押影）

小早川太郎四郎殿

この史料は、「小《こ》早川《ばやかわ》家《け》文書《もんじょ》」に収められている室町幕府管領奉書案である。細川持之は幼い将軍・義勝の意を奉じて、小早川盛景《もりかげ》に軍勢催促を行った。ほぼ同文の管領奉書は、小早川熙平《ひろひら》、吉川経信《きっかわつねのぶ》、益田兼堯《ますだかねたか》に宛てられた（「吉川家文書」など）。中国方面の有力な武将に従軍を促すことによって、播磨西部からの攻撃を企図したものであろう。

戦いには、寺社の協力も不可欠だった。同年七月七日、東寺《とうじ》（京都市南区）では播州静謐《せいひつ》（赤松氏退治）を祈願して、五壇護摩《ごだんごま》が催された（「東寺二十一口方評定引付」）。五壇護摩（五壇の法とも）とは、天皇や国家の祈りに際し、息災《そくさい》・増益・調伏《ちょうぶく》のために五大明王《みょうおう》を東・南・西・北・中央の五壇に祭り行う密教の修法のことである。五壇護摩の実施に際しては、武家伝奏《ぶけてんそう》（武家との連絡係）の中山定親《なかやまさだちか》が赤松氏退治という本意が速やかに遂げられるよう、東寺に祈禱《きとう》の依頼をしていた（「東寺百合文書《ひゃくごう》」）。

東寺だけではなく、近江《おうみ》の園城寺《おんじょうじ》（滋賀県大津市）や奈良の七大寺（東大寺《とうだいじ》・興福寺《こうふくじ》・元興寺《がんごうじ》・大安寺《だいあんじ》・薬師寺《やくしじ》・西大寺《さいだいじ》・法隆寺《ほうりゅうじ》）に対しても、赤松退治の祈禱を行うよう下知《げち》が下された（『薩戒記《さっかいき》』）。鞍馬寺《くらまでら》（京都市左京区）でも代々逆徒を退治した佳例にならって、赤松退治の祈禱が催されたのである（『門葉記《もんようき》』）。

◎赤松軍、徐々に劣勢に

次に、幕府軍と赤松氏との合戦の経過をたどることにしよう。

戦いの火蓋《ひぶた》は、八月中旬にはすでに切られていた。『建内記』嘉吉元年八月十四日条によると、美作の埒和右京亮《はがうきょうのすけ》が赤松氏の勢力に播磨から攻め込まれ、城衆は火を放って逃げ出したという。『建内記』では幕府方の武将を官軍と記しているので、赤松氏は賊軍と認識されていた。

備前《びぜん》（岡山県）では幕府方の松田氏と勝田氏が一旦は赤松氏の軍勢を追い払ったものの、再び合戦に及ぶと赤松勢に敗退し、備中に引き退いた。細川氏が領国の備中国から支援しなかったので疑問視されているが、まだ態勢が十分に整っていなかったからであろう。

このように、赤松氏は幕府方の撃退に成功した。一方、幕府内部では、細川持之が一族の教《のり》春《はる》に出陣を促したが、なかなか従わなかったようである。そのため持之は教春に重ねて出陣を要請するとともに、他家に示しがつかないと書状に記した（「細川家文書」）。教春が重い腰を上げ、兵庫（神戸市兵庫区）に着陣したのは八月十七日のことだった。

八月十九日、淡路《あわじ》（兵庫県）守護である細川持親《もちちか》の率いる軍船が塩屋《しおや》関（神戸市垂水《たるみ》区）を焼き払った。このとき赤松貞村も合戦で奮闘し、幕府軍を勝利に導いた。山名教清《のりきよ》の軍勢は赤松氏の領国である美作へ侵攻し、赤松氏の軍勢を退けた。赤松氏の当初の勢いは、すっかり陰りを見せていたのだ。赤松氏が義尊の名のもとに軍勢を募ったが、幕府軍によって遮《さえぎ》られたのは、ちょうどこの頃である（以上『建内記』）。

同日、塩屋関で赤松氏を撃破した幕府軍は、そのまま進軍を続け、蟹坂《かにがさか》・人丸塚（兵庫県明石《あかし》市）で赤松氏と交戦状態になった。教康を中心とした赤松軍は有利に戦いを進め、一旦幕府軍を須磨《すま》（神戸市須磨区）へと追い返した。戦闘はしばらく膠着《こうちゃく》状態が続き、二十五日の戦いでも赤松氏は勝利を収めたが、二十六日には幕府軍の必死の反撃に遭い敗走した。

この間の戦いは大変な激戦で、幕府方の吉川経信は高戸氏、田坂氏、沢津氏などの被官人を失った（「吉川家文書」）。同じく幕府方の細川教春の被官人も一名が討ち死にし、手負いの者が数十人に及んだという（「細川家文書」）。大きな犠牲を払った二人に対しては、翌月に将軍の御《み》教書《ぎょうしょ》と太刀が忠節の証《あかし》として与えられた。

また、加古川《かこがわ》（兵庫県加古川市）で赤松則繁が天罰で溺死《できし》したという話も伝わったが、これは誤報であった（『建内記』）。

山名持豊や赤松満政の動きは、細川持之の書状で把握することができる（「足利将軍御内書并奉書留」）。但馬を進発した持豊は、七宝寺（兵庫県神河町）の要害を攻め落とし、そのまま一路、城山城《きのやま》（兵庫県たつの市）を目指した。一方、赤松満政は二十五日に山王鼻構《さんのうはなのかまえ》（同前）を攻め落とした。こうして、幕府軍は播磨北部と西部から赤松氏を攻略し、徐々に満祐らが籠《こ》もる城山城に迫ったのである。

◎城山城の落城

備前では八月二十三日に高尾城（岡山市東区）が山名教清の攻撃で落城し、協力した益田兼堯が細川持之から感状を与えられた（「益田家文書」）。八月二十八日、山名持豊率いる但馬の軍勢は、生野坂（兵庫県朝来市《あさご》）から大山口（同前）に侵攻し、赤松軍を敗走させた。翌二十九日以降、山名軍は粟賀《あわが》（兵庫県神河町）から市川（同前）を渡り、赤松氏の居城・坂本城（兵庫県姫路市）を攻撃した。『建内記』九月五日条は、持豊が坂本城を攻略し、赤松氏の国人らを降伏させた記事を載せる。

満祐父子は城山城へと逃れたが、この間には赤松氏に従った多くの国人は降参した。討ち取られた赤松氏被官人の首は、京都の六条河原で晒《さら》された。ほぼ同じ頃、備前を守備していた赤松氏配下の小寺氏は、松田氏らの謀反《むほん》に遭っていた。当初、勢いのあった赤松氏の勢力は、少しずつ劣勢に追い込まれていたのだ。

赤松氏が城山城に逃げ込むことによって、播磨は「無主の地」になった。寺社本所領《ほんじょ》は幕府軍から制札《せいさつ》を受け取り、現地での濫妨《らんぼう》（乱暴）行為を防ごうとした。制札の大きさは、長さ一尺五寸（約四十五センチ）、幅一尺（約三十センチ）であったという。また、播磨の東部八郡は合戦から解放され、年貢が京都に届くようになった（『建内記』）。もはや赤松氏の威勢は、播磨国内に及ばなくなっていたのである。

同年九月十日、山名軍は城山城に総攻撃を仕掛け、ついに攻め落とした。城山城の落城後、さまざまな情報が飛び交った。たとえば、赤松則繁は城中で自殺したと記されているが、実際には脱出に成功していた。赤松教康も自殺したと記されているが、則繁と同様に脱出していた。幕府方においても、赤松満政が陣中で自殺したとの誤報が流れていた（以上『建内記』など）。

◎満祐の最期

満祐は城山城中で自害したと考えられ、その首は燃え盛る城内にあったという。山名教之《のりゆき》は火中の城内に入り、満祐の首を持ち出すことに成功した。しかし、一方では赤松満政が満祐の首を取ったとの誤報が流れ、その後の播磨守護職をめぐって争いになるのではないかと記されている（『建内記』）。満祐の弟・義雅や被官人らは、幕府軍に生け捕られた。討ち取られた首は満祐を含め、二十六もの数に上った（『東寺執行日記』）。

九月十七日、満祐の首は京都に到着した。この日、細川持之が首実検を行い、満祐のものであると確認された。翌十八日、将軍・義勝と伊勢貞国《いせさだくに》が宿所で首を確認した。満祐と、義教を直接手にかけた安積行秀の首は都大路を渡り、獄門《ごくもん》となった。その後、二人の首は四条河原に晒された。

満祐の弟・義雅は同族の満政の陣に出向いて降参したが、縁座《えんざ》（犯罪人の家族・家人も罰せられること）は逃れられないと覚悟し、陣中で切腹して果てた。また、義雅の弟・龍門寺真操《りゅうもんじしんそう》は播磨に下国した際に還俗《げんぞく》したが、直後に自害した。二人の首は九月二十一日に京都に届き、二十一日から三日の間、六条河原に晒されたのである（『建内記』）。

このように、乱に加担した赤松氏の運命は過酷なものであったが、幕府軍に属した同族の赤松貞村も不慮の死を遂げた。貞村は城山城の落城後、陣中で突如亡くなったという。落馬したとも、誰《だれ》かに討たれたとも伝わっている。貞村は今回の一件が落着の折には、播磨守護職を望んでいたという。そのため、その死をめぐっては多くの噂が流れた。

他の赤松氏庶流は城山城を脱出していた。教康・則繁らがそうである。また、満政は義雅の子・千代丸《ちよまる》の命は奪わなかった。千代丸はのちに公家の三条実量《さんじょうさねかず》に預けられ、時勝《ときかつ》と名乗る。時勝の子が、「長禄の変《ちょうろくのへん》」（第10章）を契機に赤松氏再興を図ることとなる次郎法師丸《じろうほうしまる》（政則《まさのり》）である。ともあれ、こうして赤松氏一族は守護としての地位を失い、一旦歴史上から姿を消してしまうことになる。

「嘉吉の乱」が鎮圧されたあと、軍勢による濫妨狼藉《らんぼうろうぜき》を防ぐために、播磨国松原八幡神社（兵庫県姫路市）、備前国安養寺《あんようじ》（岡山県備前市）に禁制が交付された。禁制は寺社や村落からの要望によって、制札銭と引き換えに交付された。

◎「嘉吉の乱」の戦後処理

「嘉吉の乱」後の論功行賞について述べておこう。閏九月二十一日、「嘉吉の乱」に勲功のあった諸将に、論功行賞が行われた。その内容は、次の通りである（『斎藤元恒日記』）。

①山名持豊――播磨守護職（④の三郡除く）
②山名教之――備前守護職
③山名教清――美作守護職

④赤松満政――播磨三郡（明石郡・美嚢《みのう》郡・賀《か》〈加〉東《とう》郡）

赤松氏の旧領国はすべて山名氏に与えられ、細川氏や満政にはわずかな所領が与えられるにとどまった。山名氏が満祐の首を取ったので、当然の結果といえよう。以降、山名氏は播磨などに入部し、本格的な領国支配を展開する。一方の赤松満政については、播磨守護職を獲得できなかっただけに、不満が生じたというのが本音であろう。

ところで、満政に与えられた三郡は、明石郡・美嚢郡そして印南《いんなみ》郡（または賀東郡）と考えられていた。その史料的な根拠となる『建内記』には、明石郡・美嚢郡を明確に記しているが、肝心の三郡目が抜け落ちている。その後、「西本願寺文書」に明石郡・美嚢郡・賀東郡が満政に与えられたことが紹介され、最後の三郡目は賀東郡で確定した。

このような不満があったためか、後述するように満政はのちに叛旗を翻し、持豊と戦うことになる。

一方で、国衙《こくが》眼代《がんだい》の小河《おがわ》氏の一族と考えられる小河源左衛門尉《げんざえもんのじょう》は、その才覚を認められ、比地御祈保《ひじごきのほう》（兵庫巻宍粟市《しそう》）代官職を山名氏に与えられた。小河氏は赤松氏の配下にあって領国支配のノウハウを蓄積していたことから、その手腕を評価されたのであろう。このように赤松氏没落後、山名氏に仕えた赤松氏旧臣も存在したのである。

◎赤松一族のその後

井原御所と称された義尊は乱後、どのような運命をたどったのだろうか。敗戦後、義尊は再び僧形《そうぎょう》に戻ると、畠山持国《はたけやまもちくに》のもとに身を寄せた。しかし、持国は義尊へ家人を送ると、これを討ち取らせたという。

赤松教康は「嘉吉の乱」で切腹したと考えられていたが、ひそかに伊勢の北畠教顕《のりあき》のもとに逃れていた。教顕の女《むすめ》は教康のもとに嫁いでおり、縁戚関係にあったのである。しかし、嘉吉元年（一四四一）九月、教顕は教康を殺害する。十月一日、教康の首は京都に送られ、ほかの赤松氏一族と同様に六条河原に梟首《きょうしゅ》された。教康に従った十二名の従者も、同様の扱いを受けたという。

赤松則繁は城山城を脱出したものの、その後の行方が知れなかった。実のところ、則繁は筑《ちく》前《ぜん》（福岡県）守護・少弐《しょうに》氏を頼り、朝鮮半島で暴徒と化していた。則繁は少弐氏と行動をともにしたが、文安《ぶんあん》五年（一四四八）の大内氏との戦いに敗れて播磨へ落ち延びた。則繁は播磨から河内《かわち》（大阪府）へと逃れ、河内守護・畠山氏を頼ったが、幕府は細川持常をもってこれを討たせた。文安五年八月八日、則繁は当麻寺《たいまでら》（奈良県葛城市）に隠れていたところを囲まれ、ついに自害したのである（『東寺執行日記』）。

嘉吉四年（一四四四）正月、播磨守護の地位を得られなかった赤松満政は、不満ながらも与えられていた播磨三郡さえをも召し上げられ、その領地を山名持豊に奪われる形となってしまう。これは、次章で取り上げる「禁闕《きんけつ》の変」時に、不穏な動きを見せた山名・細川両氏に対する幕府の懐柔《かいじゅう》策のしわ寄せともいえるものだった。

文安元年（一四四四）十月、満政は京都を離れて播磨へ向かった（『東寺執行日記』など）。満政の下向を知った持豊は、本国の但馬へ帰国し、満政との合戦に備えた。

同年十二月、戦いの火蓋は、但馬と播磨の国境付近で切られた（『師郷記』）。持豊は七宝寺（兵庫県神河町）で満政の軍勢を打ち破った。敗れた満政は、一族の有馬持家《もちいえ》を頼り摂津国有馬（神戸市北区）へと逃れた。ところが、同年三月、持家は有馬郡で細川氏が率いる丹波の軍勢に敗れると、満政を裏切って討ち取った。

最後に残った満祐の甥・赤松則尚は潜伏生活を経て、やがて阿波守護の細川成之《しげゆき》に庇護《ひご》された。その後、則尚は幕府から赦免《しゃめん》され、一時は播磨での支配を展開した。しかし、則尚は播磨の守護職を保持していた山名氏との関係が悪化し、窮地に陥る。享徳《きょうとく》四年（一四五五）四月、山名教豊《のりとよ》ら但馬勢が大挙して播磨に押し寄せ、則尚は戦うことなく坂本城をあとにした。則尚は備前に逃れたが、鹿久居島《かくいじま》（岡山県備前市）で家人らとともに自害して果てたのである。

こうして赤松氏一族は滅亡したかに見えたが、決してそうではなかった。時勝の遺児・政則が、長禄二年（一四五八）の「長禄の変」により、復活を遂げるのである。その展開については、第10章で改めて詳述することにしたい。

第8章

「禁闕の変」

後花園天皇襲撃事件に見る、
皇統をめぐる複雑な争いの真相

秦野裕介

◎「禁闕の変」の時代背景

「禁闕《きんけつ》の変」とは、嘉吉《かきつ》三年（一四四三）九月、南朝の末裔《まつえい》を擁立《ようりつ》した後南朝勢力が後花園《ごはなぞの》天皇の内裏《だいり》を襲撃し、「三種の神器《じんぎ》」を持ち去ったという事件である。しばしば後南朝による皇位回復運動として理解され、後南朝の歴史の中でも大きく取り扱われる事件である。

そこでまずは後南朝から見た歴史的背景を概観しておきたい。

室町幕府発足時からくすぶっていた南北朝問題は観応《かんのう》二年（一三五一）の「正平《しょうへい》の一統《いっとう》」をもって一旦は両朝の統合を見たもののすぐに破綻《はたん》、以後再び両統が併存するという状態が続いたことは第1章「観応の擾乱《じょうらん》」に書いた通りである。

その後、南朝（大覚寺統《だいかくじとう》）の後亀山《ごかめやま》天皇が北朝（持明院統《じみょういんとう》）の後小松《ごこまつ》天皇へ三種の神器を渡す形で南朝と北朝が合体、いわゆる「南北朝合一」が、両統迭立《てつりつ》（交互に皇位につくこと）を条件として実現したのは明徳《めいとく》三年（一三九二）のことである。後醍醐《ごだいご》天皇の孫、後村上《ごむらかみ》天皇の子である後亀山天皇には室町幕府三代将軍・足利義満《あしかがよしみつ》の奔走もあって、かろうじて太上天皇尊《だいじょうてんのう》号が奉呈されたものの、北朝の言い分は「後醍醐天皇の孫の諸王に太上天皇尊号の例はないが、

大覚寺統系図（ は出家。数字は天皇代数）

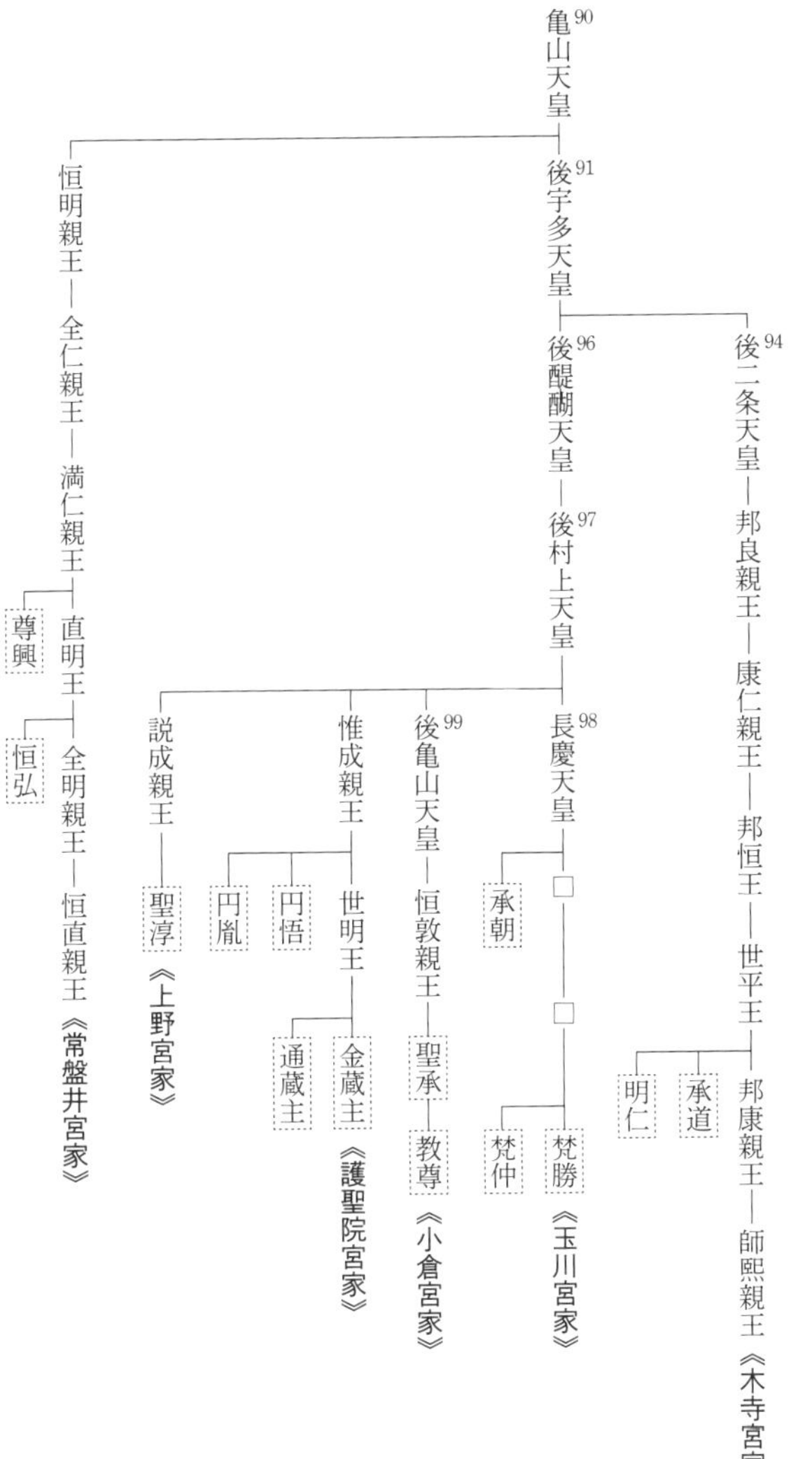

亀山天皇 90
後宇多天皇 91
恒明親王
全仁親王
満仁親王
直明王
尊興
全明親王
恒弘
恒直親王
《常盤井宮家》
後二条天皇 94
邦良親王
康仁親王
邦恒王
世平王
邦康親王
承道
明仁
師煕親王
《木寺宮家》
後醍醐天皇 96
後村上天皇 97
長慶天皇 98
承朝
梵勝
梵仲
《玉川宮家》
後亀山天皇 99
恒敦親王
聖承
教尊
《小倉宮家》
惟成親王
世明王
円悟
円胤
金蔵主
通蔵主
《護聖院宮家》
説成親王
聖淳
《上野宮家》

特別にはからう」ということで、後亀山の在位の事蹟をまったく認めないという扱いは後亀山にとっては不満足なものであった。

経済基盤として後亀山には八条院領と諸国の国衙《こくが》領が献じられたが実体はなく、経済的に困窮した後亀山は、応永十七年（一四一〇）十一月、隠棲《いんせい》先の嵯峨《さが》大覚寺（京都市右京区）を出奔《しゅっぽん》し、吉野（奈良県吉野町）に遷幸《せんこう》（天皇・上皇が他の地へ移ること）した。翌年十一月には両統迭立を反故《ほご》にする形で、後小松天皇皇子の躬仁王《みひとおう》への親王宣下《せんげ》が行われ、応永二十一年（一四一四）には践祚《せんそ》した。称光《しょうこう》天皇である。その後、後亀山は説成《かねなり》親王（後村上天皇皇子で後亀山の弟）や広橋兼宣《ひろはしかねのぶ》の仲介で応永二十三年（一四一六）には帰京し、応永三十一年（一四二四）四月、雷鳴の中、死去した。

一方、持明院統（北朝）の称光天皇が後継者を残さず死去すると、室町幕府は伏見宮貞成《ふしみのみやさだふさ》親王の子・彦仁王《ひこひとおう》を後小松上皇（北朝後光厳皇統）の猶子《ゆうし》（名目上の親子縁組をした子）として迎え、践祚させた。後花園天皇である。ここでも両統迭立は無視された。それに反発した後亀山の孫王の小倉宮《おぐらのみや》聖承《しょうじょう》は伊勢《いせ》（三重県）の多気《たき》に出奔し、北畠満雅《きたばたけみつまさ》（南朝方の重臣・北畠親房《ちかふさ》の曾孫《そうそん》で伊勢国司）に擁立された（「北畠満雅の乱」）。この乱はやがて鎮圧され、聖承も帰洛《きらく》した。その後、聖承の子は勧修寺《かじゅうじ》に入室し、六代将軍・足利義教《よしのり》の偏諱《へんき》（名前の一字を与えること）を受けて教尊《きょうそん》と名乗った。

永享《えいきょう》五年（一四三三）、後村上天皇皇子の惟成《これなり》親王の子孫である護聖院宮《ごしょういんのみや》家の世明王《よあきらおう》が死去し、幼い王子二人が残された。大名家・皇族を問わずその処遇に厳しい姿勢で臨んでいた足利義教は、二人の皇籍離脱を護聖院宮家に仕えていた阿野実治《あのさねはる》に打診するが、実治は護聖院宮家が小倉宮と異なり幕府に協力的であるとして、これを拒否している。しかし翌年には義教は「南朝の皇統は今となっては断絶させるべきである（南方御一流、今においては断絶せらるべし）」（『看聞日記《かんもん》』）と、護聖院宮家の王子二人を出家させ、護聖院宮家は取り潰《つぶ》された。

◎存在感を高める後花園天皇

嘉吉元年（一四四一）六月、赤松満祐《あかまつみつすけ》の「嘉吉の乱」（第7章）によって足利義教が横死《おうし》する。この乱は、後花園天皇の「治罰の綸旨《ちばつりんじ》」（天皇による征討命令《せいとう》）を奏請《そうせい》することによってようやく満祐を討伐《とうばつ》できたため、後花園天皇の存在感が上昇していた。一方、足利義教死後の混乱を回避するために管領《かんれい》・細川持之《ほそかわもちゆき》は義教時代に大名家などに科された処分を取り消すこととなった。その結果、義教によって追放されていた畠山持国《はたけやまもちくに》が、義教によって取り立てられた異母弟の畠山持永《もちなが》を排除して幕政に復帰し、嘉吉の徳政一揆《とくせいいっき》に関与することで発言力を伸ばしていった。

義教の嫡男《ちゃくなん》であった千也茶丸《ちやちゃまる》には八月に叙爵宣下《じょしゃく》があり、同時に後花園天皇の宸筆《しんぴつ》（天皇の直筆）で「義勝《よしかつ》」の名を賜《たまわ》った。このとき後花園天皇とその周辺は三宝院義賢《さんぼういんぎけん》（足利満詮《よしあきら》の子で醍醐寺三宝院門跡《だいごじもんぜき》）に諮《はか》らずに義勝の名前を決定し、義賢を苛立《いらだ》たせている。後花園天皇の朝廷における主導権が幕政にも影響を与えていた。この時期の後花園の立場については室町殿《むろまちどの》の代行と見る見解もある（桜井：二〇〇九）。事実義教が保持していた権限を後花園が引き継いでおり（水野：二〇一七）、この時期の後花園が事実上の室町殿代行となっていた、ということについては十分説得性があると考えられる。

義勝は翌年の嘉吉二年十一月には元服《げんぷく》し、あわせて征夷大将軍《せいいたいしょうぐん》に任ぜられ、さらにその翌年の嘉吉三年四月に、足利義教の弔問《ちょうもん》のために来日した朝鮮通信使に面会し、将軍（日本国王）としての仕事を開始した。しかしその一ヵ月後の七月、義勝は十歳で急死し、新たに後継者として義勝の同母弟の三春《みはる》が選ばれた。のちの足利義政《よしまさ》である。

三春は「室町殿」と呼ばれるようになったが、室町第に入ることは当面は見送られ、養育先の烏丸資任《からすまるすけとう》の烏丸殿にとどまった。義勝が赤松満祐や足利持氏《もちうじ》の怨霊《おんりょう》によって殺された、という風聞が流れていたからである。

◎後花園天皇襲撃

嘉吉三年九月二十三日、洛内《らくない》が物騒ということで管領の畠山持国は室町殿三春のいる烏丸殿の警備強化を命じた。そのため内裏の警備の人数が削減され、その隙をついて二百人から三百人（『康富記《やすとみき》』）の人数が押し入り、そのうち三十人から四十人ほどの人数が清涼殿《せいりょうでん》に侵入して当時常御所《つねのごしょ》に滞在していた後花園天皇を襲撃した。

後花園は「昼御座御剣《ひのおましのごけん》」を手に取り、三種の神器を女房のトップの大納言典侍《だいなごんのてんじ》（広橋兼宣の娘）に持たせて側近の甘露寺《かんろじ》親長《ちかなが》・四辻季春《よつつじすえはる》とともに脱出を試みる。神璽《しんじ》と宝剣は侵入者に奪われ、親長とははぐれてしまうが、季春と後花園はかろうじて庭に脱出することに成功した。後花園は冠を投げ捨てて女装して北の唐門から脱出し、隣の正親町持季《おおぎまちもちすえ》邸に逃げ込んだ。その後広橋兼郷《かねさと》邸に入り、輿《こし》を用意された後花園だが、襲撃を警戒して輿には乗らず、一旦花山院《かざんいん》持忠《もちただ》邸に徒歩で入り、そこから輿に乗って近衛《このえ》房嗣《ふさつぐ》邸に入ってはじめて自らの安否を明らかにした。

九月二十六日、後花園は父親の貞成親王の居所である伏見宮邸に移って、仮内裏とした。神璽と宝剣は持ち去られたが、神鏡は正親町三条《さんじょう》実雅《さねまさ》の青侍（公家に仕える六位の侍）と幕府奉公衆《ほうこうしゅう》の佐々木黒田入道の被官《ひかん》（家臣）が内裏に近い伏見宮邸に運び入れた後、幕府奉行人に引き渡され、近衛邸に運ばれていった。その後、宝剣は内裏への返却を依頼する内容の書付とともに清水寺《きよみずでら》に置かれているのが見つかった（『康富記』『看聞日記』）が、神璽は奪われたまま戻らず、「長禄《ちょうろく》の変」によって帰ってくるまで、後花園は三種の神器の一部を欠く状態となったのである。

この事件の首謀者として、後鳥羽《ごとば》院の子孫を自称する鳥羽《とば》尊秀《たかひで》（尊秀王、自天王とも）、金蔵《こんぞう》主《す》・通蔵主《つうぞうす》の兄弟、日野《ひの》有光《ありみつ》、他に「冷泉《れいぜい》・高倉《たかくら》」（詳細不明）らが関与していたという。鳥羽尊秀の出自は不明で、金蔵主・通蔵主はかつて足利義教に出家させられた護聖院宮家の二人の王子ともされる。

神璽と宝剣を奪った勢力は比叡山《ひえいざん》の根本中堂《こんぽんちゅうどう》に立て籠《こ》もったが、後花園の綸旨を受けた管領・畠山持国の下知《げち》による攻撃の前に壊滅、首謀者の日野有光と金蔵主は戦死、通蔵主らは捕縛され、さらに有光の子で参議左大弁の日野資親《すけちか》は持国の軍勢に捕縛され、処刑された。

以上が「禁闕の変」の経過である。

◎日野有光と皇族の関係

「禁闕の変」は、首謀者に「南方」の金蔵主・通蔵主の二人が名を連ねることから、しばしば後南朝による皇位回復運動と考えられてきた。しかし北朝の重臣・日野有光が参加していることは、この事件を単なる後南朝の皇位回復運動とみなせない一因となっている。貞成親王も「日野有光の謀反《むほん》に参加した理由は何か、息女は禁中に伺候《しこう》している。不思議である」としている。

これについて従来は、有光が四代将軍・足利義持《よしもち》によって出家に追い込まれたこと、また六代将軍・義教によって「日野中納言《ちゅうなごん》」の名跡が広橋兼郷に与えられたことなどから、室町幕府、ひいては北朝に恨みを持つようになり、南朝に身を投じたものと考えられてきた。

しかし有光の立場を慎重に見てみると、南朝方とはもっとも遠いところにいるといっても過言ではない。有光は日野宗家《そうけ》であり、有光の分家が将軍家御台所を多く輩出した裏松家《うらまつ》となる。そして有光の従兄弟《いとこ》は、日野西家《ひのにし》出身で典侍として後小松の後宮に入った光範門院《こうはんもんいん》日野西資子《すけこ》であり、彼女から称光天皇、小川宮《こかわのみや》、理永女王《りえい》が生まれている。さらに有光の息女・光子《みつこ》は、貞成親王が書いている通り、称光天皇の典侍《てんじ》であった。もし彼女と称光天皇の間に皇子が生まれていれば、有光は天皇家の外戚《がいせき》となるのである。そして称光天皇の典侍であった光子は、権大納言典侍としてそのまま後花園天皇に仕えていた。もう一つ、彼の姪《めい》（早世した弟・秀光《ひでみつ》の息女）の郷子《さとこ》は後花園天皇の皇女を産んでいる。

　このように、なぜ彼が南朝に味方したのか、貞成親王ならずとも不思議に思えるが、この問題についてきわめて明確な解答を出したのが田村航《たむらわたる》氏である。田村氏は有光が室町幕府から圧迫されていたという考えを明快に否定、有光が室町幕府に不満を持っていたという通説を覆した（田村：二〇一〇）。そして、後小松上皇（後光厳皇統）の猶子・彦仁王（崇光皇統）を後花園天皇として即位させることで崇光皇統を天皇家の嫡流《ちゃくりゅう》として位置付けようとする動きに有光が抵抗した、とする。つまり、崇光皇統の動きへの反発というわけである。

　さらに後花園の後宮でいち早く皇子の成仁王《ふさひとおう》（のちの後土御門天皇《ごつちみかど》）を産んだ嘉楽門院《からくもんいん》藤原信子《のぶこ》が和気氏《わけ》の養女として入内《じゅだい》したことに着目し、天皇家の外戚が日野家から和気家に移動することを阻止しようとした、とする。信子がのちに大炊御門信宗《おおいみかどのぶむね》の養女になっていることを考えれば、成仁の登極《とうきょく》（天皇即位）が確定した段階で和気家から養子先を変える可能性があり、その場合に日野宗家は有力な先であるから、筆者（秦野）としては外戚の点については保留したいが、その他の点については全面的に従いたい。なお、この点について久水俊和《ひさみずとしかず》氏は外戚の移動を否定している（久水：二〇二〇）。

日野有光がなぜ後南朝に味方をしたのか。この問題を考える際に重要なポイントはまず「後南朝」という先入観を外すことであろう。そのためには「後南朝」とみなされてきた金蔵主と通蔵主の境遇を見る必要がある。

◎いわゆる「後南朝」について

「後南朝」と今日いわれるのは当時「南方御一流」と呼ばれた後醍醐《ごだいご》天皇の子孫である。その中で室町時代に子孫を残した有力な宮家は、長慶《ちょうけい》天皇の子孫の玉川宮《たまがわのみや》家、後亀山天皇の子孫の小倉宮家、後村上天皇第三皇子の惟成親王の子孫である護聖院宮家、第六皇子の説成親王の子孫である上野宮《こうずけのみや》家であった。その中で反幕活動に従事したのは、実は小倉宮家だけであって、それ以外の宮家は今日の我々のイメージとは異なり、室町幕府体制の中に順応していたのである。

そのもっとも顕著《けんちょ》な存在として、長慶《ちょうけい》天皇の皇子で、夢窓疎石《むそうそせき》の高弟であった空谷妙応《くうこくみょうおう》・絶《ぜっ》海中津《かいちゅうしん》に師事し、相国寺《しょうこくじ》・南禅寺《なんぜんじ》の住持を歴任した海門承朝《かいもんじょうちょう》がいる。また玉川宮家の王女が足利義教の側室に入り、護聖院宮家の円胤《えんいん》と円悟《えんご》は天台宗《てんだいしゅう》の円満院門跡《えんまんいんもんぜき》（滋賀県大津市）に入室している。これを見る限り、室町幕府にしばしば反抗した後亀山とその子孫の小倉宮を除けば、

後光厳皇統の系図（□は出家。数字は天皇代数）

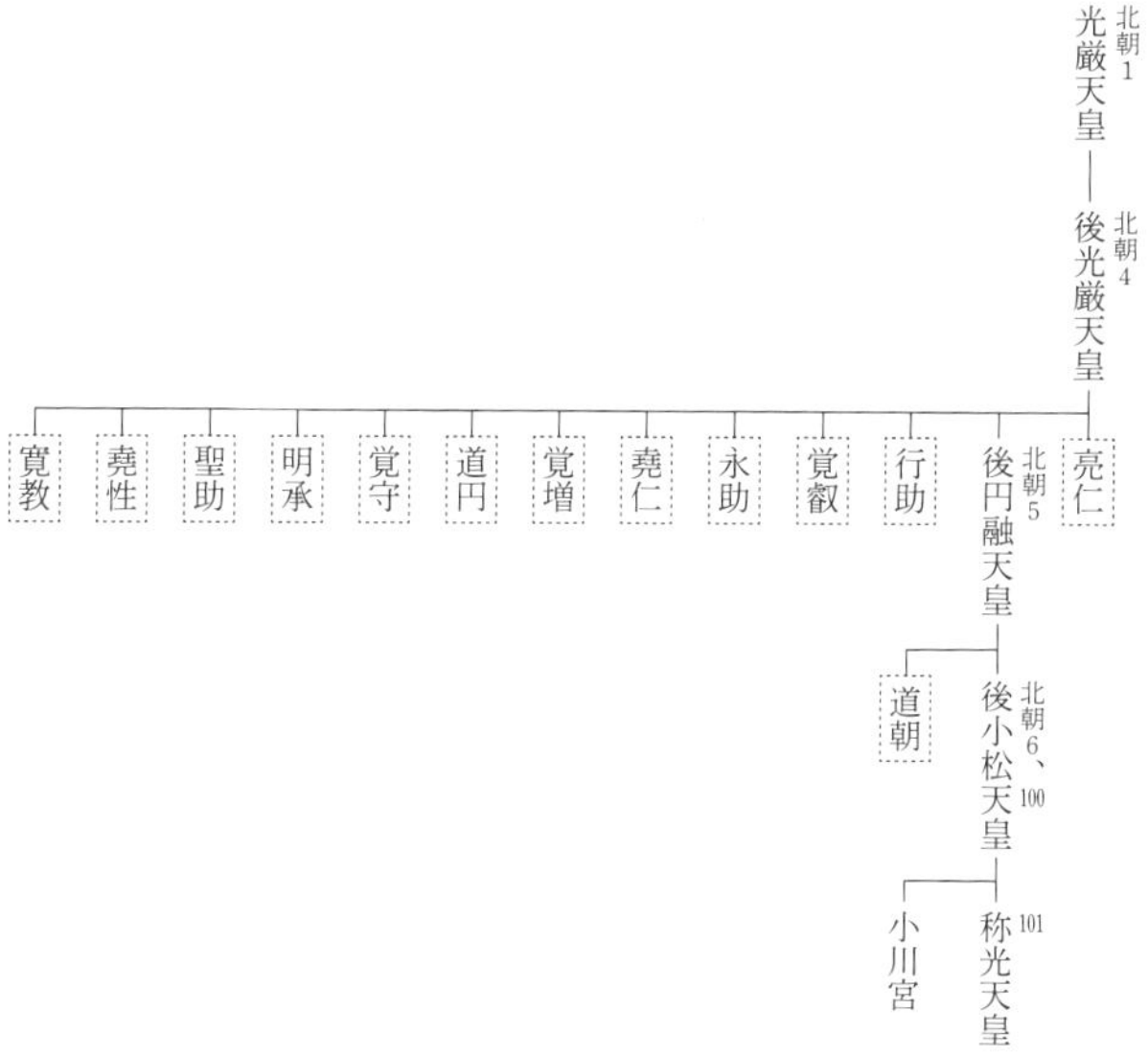

南朝の皇族は室町幕府と良好な関係にあったことがわかる。

特に護聖院宮家は延暦寺梶井《かじい》門跡の筆頭門徒であった護正院の庇護《ひご》下にあり、梶井門跡は足利義満の子の義承《ぎしょう》が入室していたので、室町幕府との関係も良好であった。

また当時、北朝の後光厳《ごこうごん》皇統においては門跡を出す人材が枯渇《こかつ》しているという事情もあった。後光厳天皇は多くの皇子をもうけ、彼らが門跡寺院に入室して後光厳皇統を宗教面から支えていたが、後円融《ごえんゆう》天皇はかろうじて上乗院に道朝法親王《どうちょうほっしんのう》を入室させたにとどまり、後小松天皇に至っては誰も入室させることはできなかったのみならず、後小松の皇子の代で後光厳皇統は断絶してしまったのである。

人材不足の事情は同じ北朝の崇光皇統で

も同じで、崇光皇子が二人入室したのを最後に、門跡を出すだけの人数を確保できなかった。

そのような中、門跡の供給源として機能したのが大覚寺統（南朝）の木寺宮《きでらのみや》家と常盤井宮《ときわいのみや》家、護聖院宮家であった。彼らは後小松院政期には後小松・足利義持の庇護を受け、世襲宮家としての地位も安泰だったと思われる。

しかし義持を嫌っていたと伝えられ、後小松との関係もこじれていた足利義教が室町幕府将軍となると、木寺宮家の明仁《みょうじん》法親王が逐電《ちくでん》したり、上野宮家の聖淳《しょうじゅん》が処刑されたりする事件が相次ぎ、そのような中で護聖院宮家と玉川宮家が取り潰される事件が起きた。護聖院宮家の取り潰しに関しては先に書いた通りである。

ここで理解しておかなければいけないのは、これらの取り潰しの直前に後小松が死去しているということである。それを契機に後醍醐天皇の血を引く宮家が相次いで取り潰されているのである。

これについては天皇家の家長であった後小松の死去に伴い、南朝の血筋が危険視された、という説明がなされる（久水・石原：二〇二〇）が、筆者は後小松の庇護下にあった宮家が後小松の死去を契機に庇護先を失い、取り潰された、と見ている（秦野：二〇二〇）。木寺宮の明仁法親王は後南朝とはいえないからである。明仁法親王と同時に逐電した勧修寺の教尊（小倉宮家）については義教の斡旋《あっせん》によって復帰している。義教は自分の息のかかった人物であれば小倉宮家の人物でも取り立てるのである。もっとも、教尊の父親である小倉宮聖承については幕府からの援助も途切れ、海門承朝を戒師として出家している。

常盤井宮家も後小松・義持体制では冷遇され、当時の当主である直明王《なおあきらおう》は親王宣下も受けられなかった。義教政権下となると子息が義教と正室・尹子《ただこ》（正親町三条実雅の妹）の猶子となり、その猶子の死後も便宜を図られるようになったが、裁判敗訴後の義教の配慮に不服を申し立てたため、直明に与えられた収入源（蝦夷《えぞ》地の昆布と干鮭《からさけ》の専売権）は伏見宮家に与えられてしまった。

このように見てくれば、護聖院宮家の皇子と日野有光が結び付く理由もわかるのではないだろうか。彼らは後小松の関係者、つまり後光厳皇統の関係者というつながりだったのである。「後南朝」という言葉に惑わされては本質を見誤るだろう。

◎大名たちのさまざまな動き

貞成親王は「細川山名《ほそかわやまな》」がこの変に参加していた、という。山名とは山名持豊《もちとよ》（宗全《そうぜん》）、細川はもちろん細川勝元《かつもと》である。貞成は持豊がこの変への参加を主導し、勝元が持豊の縁者として参加した、と記している。

この点については渡邊大門《わたなべだいもん》氏の詳細な言及がある（渡邊：二〇一九）。渡邊氏は、当時幕府を主導していた畠山持国への反発から細川・山名が後南朝と組んだ、と見ている。

この変の直前に山名氏と細川氏の軍勢が数百騎で鞍馬《くらま》の参詣《さんけい》途中に起きた喧嘩《けんか》の報復として

市原野《いちはらの》を焼き払っている。細川・山名陣営は多くの軍勢を引き連れていた。彼らが内裏や烏丸殿の警固についた記録はない。内裏を襲撃した数百の軍勢に中に彼らが混じっていたという可能性も否定できない。

一方畠山持国は初動で内裏の警固を薄くして烏丸殿の警固に回すというミスを犯しているが、最大のピンチを乗り切ると、山門使節の護正院《ごしょういん》を動かして変を鎮圧し、さらに日野資親を捕縛し、処刑するという手際の良さを見せている。

資親の処分については朝廷の中でも割れたようで、たとえば『康富記』の記主の権大外記《ごんのだいげき》・中原康富《なかはらのやすとみ》は「哀れむべし」と記していて、資親の無実を前提にしているが、貞成親王は資親を「逆臣」と断じ、処刑についても「天罰」と記すなど、資親の処刑に前向きであった。

金蔵主、日野有光・資親の首の処置をめぐっても朝廷の対応は割れる。廷臣の多くは、有光が光範門院の関係者であることを理由に、その首を獄門《ごくもん》に晒《さら》すことには反対であったが、関《かん》白《ぱく》・二条持基《にじょうもちもと》は獄門を強く主張し、貞成親王と連絡を取り合っていた。貞成も獄門には賛成だったのだろう。

そしてここでのポイントは有光と資親については光範門院の関係者、つまり後小松の関係者として扱われている点である。「禁闕の変」を主導した中心勢力は後南朝ではなく、後光厳皇統の後小松関係者が主力だったのである。後南朝の中の護聖院宮家も後小松の関係者として変に関わったのだろう。

そして、崇光皇統の貞成親王の意を受けて後小松関係者への過酷な処分を遂行する持国への不満が高まった頃、持国は辞意を表明するが、後花園天皇・貞成親王・日野重子《しげこ》（足利義勝・義政生母）の慰留を受け、辞意を撤回した。これとても実際に辞任を視野に入れたものではなく、辞任を表明し、当時の幕府をリードする後花園・日野重子らとの協力関係をアピールすることが目的だったのだろう。

◎背後に見える公家の策謀

貞成親王は山名持豊と細川勝元の変への参加を記した箇所で「公家人」の参加にも言及している。これについて森茂暁《もりしげあき》氏は『師郷記《もろさとき》』の記述をもとに「実名不明の冷泉・高倉というような公家たち」（森：一九九七）とするが、貞成は変後半月を経た頃に「公家人にも野心の噂がある」と記している。貞成によれば、三条実量《さんじょうさねかず》の使者がやってきて「三条実量が謀反に同心していると世間では盛んに噂されている。驚いている」ということを伝えたという。貞成は「噂は信用していない」と返答したものの「噂が出ているのは不思議だ」としていて、噂の存在自体は否定していないのである。

つまり貞成が書いていた「公家人」とは三条実量だったのである。当時実量は権大納言であり、最終的に左大臣にまで昇進する清華《せいが》家の当主である。

さらに実量は貞成邸に移ってきた後花園に対して直接「噂話は事実無根のことであり、デマ

日野家と天皇家・将軍家との関係

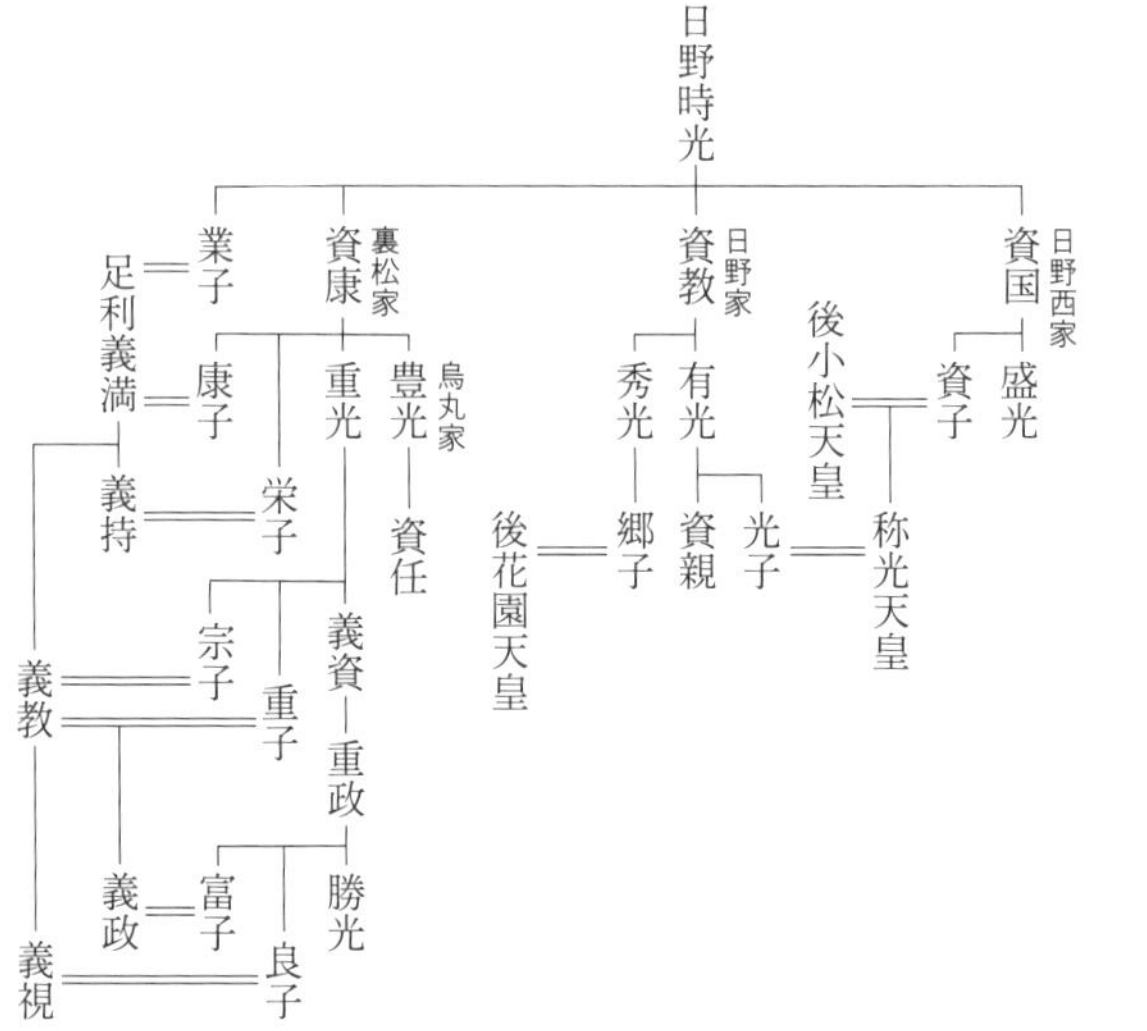

について発信者を糾明《きゅうめい》してほしい」と言ってきたが、貞成・後花園からは突き放された。結局この時は、管領の畠山持国が「デマをこのままにしてはよけいに決着がつかない」としてとりなし、落着している。

三条西公保《さんじょうにしきんやす》も噂を立てられ、後花園と貞成のもとに弁明に訪れているが、貞成は公保に対しては「彼は本当にデマを流されており、気の毒だ」と同情している。公保が明らかに無関係であったということは貞成と後花園には理解できたのであろう。逆にいえば実量については限りなくクロに近いと後花園も貞成も睨《にら》んでいたことがわかる。

この年の暮れ、後花園は伏見宮邸を内裏にすることとした。それに伴って、伏見宮家が三条実量邸に移住することとなったため、三条実量の身柄は石清水八幡宮坊官の善法寺家の邸に移されることとなった。これに実量は抵抗し、伏見宮貞成の移住は年が明けた未明となった。実量の抵抗と後花園の強硬姿勢を見るに、実量邸への貞成の移住と実量の移住は「禁闕の変」のペナルティだったのだろう。

三条実量は赤松満祐の実弟・赤松義雅《よしまさ》の遺児の千代丸《ちよまる》（時勝《ときかつ》）を養育していた。その関係で赤松遺臣とも関わりがあったであろう。実際に実量自身がどの程度関わっていたのか、というのははっきりしないが、赤松遺臣も「禁闕の変」に参加している、とされる情勢の中で赤松家と関係の深かった実量が疑われやすい状況にあったことは事実であろう。

その後、実量のもとに出入りしていた赤松遺臣によって「長禄の変」が起こされ、三種の神器は後花園のもとに帰ってきた。それについては第10章で述べられるが、ここでは実量の娘の冬子《ふゆこ》の入内が、「長禄の変」の褒賞《ほうしょう》の可能性があることを指摘しておきたい。実量が「長禄の変」で活躍したのは、「禁闕の変」における失地回復の目的があったのだろう。

◎朝廷内の皇統問題

このように、従来「後南朝」による皇位回復運動とされてきた「禁闕の変」を、その先入観を外して検討すると、単なる「後南朝」による皇位回復運動とは考えられないことが多く出てくるのである。

先述の通り、まず何よりも日野有光が参加していることの説明がつかなくなる。有光の嫡子の資親は後花園天皇の下で参議左大弁に任ぜられ、有光の娘・光子も権大納言典侍として後花園に仕えていた。有光の子女は二人とも後花園に親しく仕えていたのである。しかも有光が襲撃したのは室町幕府ではなく内裏である。

擁立された護聖院宮家は皇位に野望を持っていた宮家ではない。もともとは後小松の庇護下に門跡を出していた世襲宮家として存続していたのである。その彼らが皇位を狙うというのも突飛《とっぴ》に過ぎよう。

やはり日野有光と護聖院宮の共通点は〝両者が後小松の関係者である〟というところにあるだろう。

ではなぜ有光は護聖院宮を擁立して後花園に対し危害を加えようとしたのだろうか。もし彼が、いきなり南朝の復興という、自分とはまったく関係のない話に首を突っ込んだとすればあまりにも無謀である。結果論になるが、すでに後花園に仕えていた子女を危険にさらしてしまったのであるから。彼は何もしなければ子女の活躍によって平穏な老後が約束されていたはずである。しかし彼の愚行によって子息の日野資親は処刑され、娘の権大納言典侍は逐電してしまった。

彼らがなぜ嘉吉三年の九月に立ち上がったのか、ということについて、考える必要があるだろう。通説では足利義勝の死去と三春の家督継承ということがいわれるが、もともと幕政は畠山持国が担当している以上、義勝の死去で幕府が急に弱体化したわけではない。

これもやはり幕府の事情よりも朝廷の事情が大きいだろう。それを解く鍵が「禁闕の変」の五ヵ月前の四月にある。実は、貞成親王は自身の太上天皇尊号を後花園に申し入れ、後花園からは貞成の次男の貞常王《さだつねおう》の元服以後という返事をもらっているのである。しかし貞成への太上天皇号はほかならぬ後小松自身が遺詔《いしょう》で禁止していた。後小松は、崇光皇統の貞成に太上天皇号を与えることは後光厳皇統の断絶につながるから、と考えていた。つまり「禁闕の変」の直前に後光厳皇統断絶につながりかねない動きが表面化していたのである。

こう考えれば有光らの行動の背景が見えてくるであろう。有光は後小松の遺詔を覆しかねない貞成親王への太上天皇尊号に反発、それを阻止し、さらに後小松の死去を契機に取り潰された護聖院宮家の再興を求めようとしたのではないだろうか。先の田村航氏の説に見たように、北朝内の二つの皇統の争いが根にあったのだ。

ではなぜ「禁闕の変」は破滅的な結末を迎えたのであろうか。これは後花園・畠山持国サイドが彼らを「謀反」として処理し、有無をいわせず武力によって鎮圧する方針を貫いたからだろう。

◎「禁闕の変」のその後

内裏が数百人の武装勢力に襲撃され、天皇が身一つで命からがら逃げ出し、しばらく生死すら不明であったという前代未聞の事件である「禁闕の変」は、後花園サイドの強硬姿勢によって有光・金蔵主の戦死と資親の刑死という結末に終わった。

捕縛された通蔵主は流罪《るざい》になったが、京都を出たところで処刑された。また小倉宮の最後の一人であった勧修寺の教尊はおそらく無関係であっただろうが、隠岐《おき》（島根県）へ流罪となった。南朝の皇胤《こういん》とも後鳥羽天皇の子孫ともされる鳥羽尊秀の出自は不明で、また、変後どうなったのかも知られていない。

その後、紀伊《きい》（和歌山県）の山奥に潜伏した後南朝勢力は少しずつ圧迫され、「長禄の変」で神器も奪還されてしまう。また畠山持国に反発する奉公衆の玉置《たまき》氏も持国によって討たれ、勢力を削減されることとなった。

一方、「禁闕の変」で自らへの対抗姿勢を示した山名持豊・細川勝元を排除することのできなかった持国は、播磨《はりま》（兵庫県）のうち、赤松一門の赤松満政《みつまさ》が保有していた三郡を宗全に与えることで両者を抱き込むことを画策し、その犠牲となった満政は滅ぼされてしまった（第7章を参照）。この時後花園は持国の要請に応じて綸旨を持豊に与えている。その後も持国と持豊・勝元の対立は続き、やがて「応仁《おうにん》・文明《ぶんめい》の乱」の一因ともなる。そして後花園の綸旨はその後の政治過程に大きな役割を果たすことになる。

しかし後南朝の後花園との戦いはその後も続き、後花園の死後にようやく決着がついたのである。後花園はその生涯を後南朝との戦いに費やすこととなった。それは「禁闕の変」での強権的な鎮圧策の結末でもあった。

第9章

「享徳の乱」

開かれた戦国期への扉――
関東を分断した「三十年戦争」

谷口雄太

◎「享徳の乱」の時代背景

享徳《きょうとく》三年（一四五四）、鎌倉公方《かまくらくぼう》・足利成氏《あしかがしげうじ》は関東管領《かんとうかんれい》・上杉憲忠《うえすぎのりただ》を処刑した。これに端を発する「享徳の乱」（一四五四～八二）は、その後三十年近くも関東全体を戦乱の渦に巻き込み、戦国への扉を開いた。

この章では、「応仁《おうにん》・文明《ぶんめい》の乱」（第11章）に先立って戦国期への突入を告げた争乱として重要な意味を持つとされる「享徳の乱」について見ていくこととする。

本書でこれまで見てきた通り、「嘉吉《かきつ》の乱」（第7章）、「禁闕《きんけつ》の変」（第8章）など、室町期の西国社会は不安定な状況が続いた。他方、東国社会も「永享《えいきょう》の乱」（第5章）、「結城合戦《ゆうきかっせん》」（第6章）によって鎌倉府体制が崩壊し、鎌倉公方（関東足利氏）を関東管領（関東上杉氏）が補佐するシステムは不在となっていた。だが、そうした政治的空白は誰《だれ》にとっても望ましい状態ではなかったようで、鎌倉府の早期再建が希求・模索されていた。

文安《ぶんあん》四年（一四四七）、人選は難航したが、紆余曲折《うよきょくせつ》の末に、鎌倉公方に足利成氏（足利持氏《もちうじ》の子）、関東管領に上杉憲忠（上杉憲実《のりざね》の子）がそれぞれ就任し、鎌倉府は再開された。なお、成氏は、「永享の乱」で敗れて自死に追い込まれた、足利持氏の遺児で「結城合戦」の主謀者である安王丸《あんおうまる》と春王丸《しゅんおうまる》の弟にあたる。

こうして再興された鎌倉府であったが、宝徳《ほうとく》二年（一四五〇）、足利方と上杉方の抗争が勃《ぼっ》発《ぱつ》してしまう（「江ノ島《えのしま》合戦」）。足利方には小山《おやま》氏・千葉《ちば》氏・小田《おだ》氏・宇都宮《うつのみや》氏など東国大名が味方し、上杉方は関東管領＝山内《やまのうち》上杉氏家宰《かさい》（主家の政務の取締役。主家の動向を実質的に左右した存在）・長尾《ながお》氏、上杉一族で実力者の扇《おうぎがやつ》谷上杉氏、その家宰・太田《おおた》氏らが主力となって戦った。足利氏はこの戦いを、上杉方の専横《せんおう》により発生したもので、京都（室町幕府）に対する反抗などではないと弁明している。同氏としては、上杉方の背後に「永享の乱」「結城合戦」と同様、時の室町幕府将軍・足利義政《よしまさ》の存在を意識しないわけにはいかなかったのだろう。結局、室町幕府管領（畠山《はたけやま》氏）の対応もあって、抗争はひとまず終結した。

しかし、その後も政局が安定することはなく、足利方と上杉方の紛争は各地で頻発《ひんぱつ》した。足利成氏は、危機に際してその統制能力が期待された上杉憲実の関東管領復帰を求め、そして、上杉憲忠も関東管領辞任を望んだ。だが、上杉憲実は復職を固辞し、室町幕府も上杉憲忠の辞職を受け入れなかった。さらに、室町幕府内部で管領が対関東宥和《ゆうわ》派の畠山氏から対関東強硬派の細川《ほそかわ》氏へ交替すると、同氏は足利成氏に対して、今後京都への連絡はすべて上杉憲忠を通すべきであり、そのルート以外は受け付けないと通告した。結果、足利成氏―上杉憲忠の関係は固定化され、両者は厳しい状況へと追い込まれていく。

享徳三年（一四五四）の冬、東日本で大震災（大地震・大津波）が発生する。その直後の年末、足利成氏は上杉憲忠の粛清《しゅくせい》を断行してしまう。ここに、「享徳の乱」の幕が上がる。

◎乱時の関東の情勢

「享徳の乱」は「東国の三十年戦争」ともいわれるように、長期（約三十年）にわたって、関東の全域を巻き込んだ戦乱であったため、ここでそのすべてを詳述することは難しい。戦闘の具体的・詳細な経過については優れた先行研究をあたっていただくこととし、本稿では乱の大まかな見取り図を示しつつ、乱がその後の歴史に与えた影響なども考えることで責めを塞《ふた》ぐこととする。

結論からいえば、「享徳の乱」は、東国が室町期から戦国期へ移行する転換点となる一大事件であった。しかし同時に、戦国期になっても室町期に創られた構造・枠組ともいえるものは根強く維持・継続されることも少なくなかった。このように、変化と連続の両側面を押さえることが、歴史を捉える上では重要になってくるのである。この辺りの諸点にも留意しながら、以下、まずは「享徳の乱」の全体像を眺めてみよう。

享徳三年、鎌倉公方・足利成氏は関東管領・上杉憲忠を処刑した。ここに、「享徳の乱」は始まり、関東は足利方・上杉方に分裂して抗争を開始するわけだが、それでは、東国はどのように分かれたのか、まずは次ページの地図をご覧いただきたい。

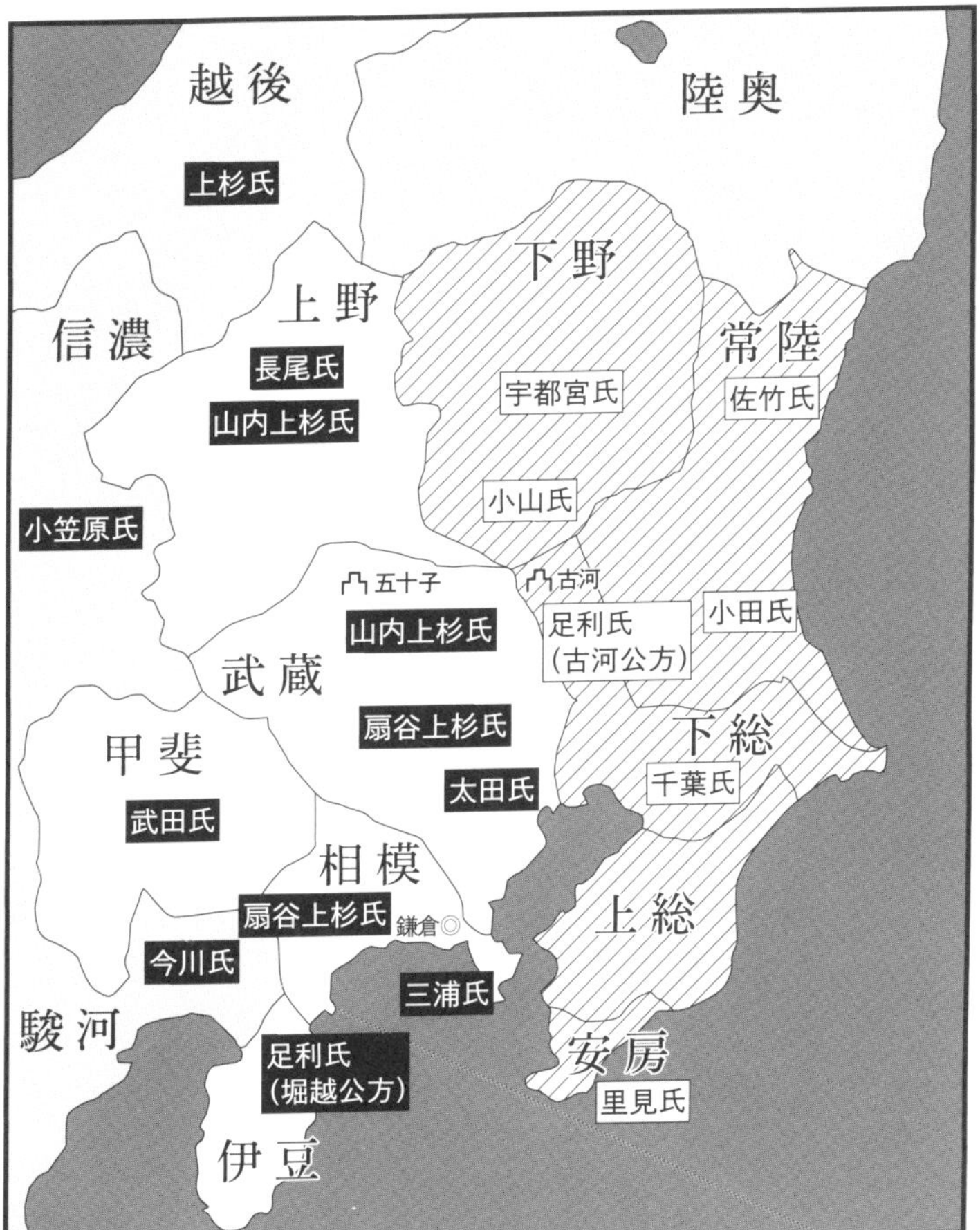

「享徳の乱」時の関東の勢力地図

は古河公方方、は幕府・上杉方の勢力圏

この地図を見ると、関東が二分されていることがわかると思う。

だが、いくつか見慣れない点もあるのではないだろうか。

第一に、関東が南北ではなく東西に分割されていることである。現代のわれわれは関東を分けるというと南北（北関東・南関東）で線引きするのが一般的だろうが、「享徳の乱」では東西（東関東・西関東）で割れたのである。ちなみに、その分水嶺《ぶんすいれい》となったのは、河川＝旧利根川《とねがわ》であった。利根川が現在の流路となる＝東遷するのは、江戸幕府の事業による、近世以降の話である。

そして、東西分裂のうち、主に東が足利方、西が上杉方となった。その背景としては、東関東には小山氏・千葉氏・小田氏・宇都宮氏など東国大名（親足利勢力）が多く、西関東の上野《こうずけ》（群馬県）・武蔵《むさし》（東京都・埼玉県）・相模《さがみ》（神奈川県）・伊豆《いず》（静岡県）は上杉氏の守護《しゅご》国だったことが大きい。ただし、一族で割れる場合も少なくなく、時間的経過によって立場を変える人々も当然いた。

第二に、たった今触れたが、関東に伊豆、そして甲斐《かい》（山梨県）の二ヵ国が含まれていることである。われわれは関東地方というと伊豆・甲斐両国を含めない八ヵ国をイメージするが、鎌倉府の管轄する関東とは十ヵ国であった。

なお、鎌倉府は、室町期、陸奥《むつ》・出羽《でわ》両国（東北六県）も編入しており、東国十二ヵ国を支配していた。鎌倉公方（関東足利氏）は当時「鎌倉殿《かまくらどの》」と呼ばれたので、これを鎌倉殿御分国と呼ぶ。他方、室町将軍（京都足利氏）の管轄地域（室町殿御分国）は東国・九州を除く四十五ヵ国である。

第三に、古河《こが》公方という存在である。これは、今まで述べてきた鎌倉公方とどう違うのか。答えは単純で、足利氏が相模の鎌倉から下総《しもうさ》の古河（茨城県古河市）へ移ったことで、鎌倉公方は古河公方と呼ばれるようになったのである。いずれも足利氏（具体的には足利成氏）で同一人物である（なお、連続面を意識して「関東公方」と呼ぶ研究者もいる）。

◎古河公方と関東管領のパワーバランス

では、なぜ足利成氏は鎌倉から古河へ動座《どうざ》（貴人が居所を移すこと）したのか。ここでは、鎌倉から出たこと、そして、古河に入ったこと、この二つの説明が必要だろう。

まず、鎌倉から移った理由は、足利氏による関東各地での転戦、そして、上杉方による鎌倉の占拠が挙げられる。

上杉方、とりわけ、室町幕府から派遣された駿河《するが》（静岡県）守護・今川《いまがわ》氏の軍勢が、享徳四年（一四五五）、東海道を進軍し、鎌倉を制圧したのである。これにより、足利氏の鎌倉帰還（帰座）は不可能となった（鎌倉のある相模も上杉氏の勢力圏だった）。

ここで駿河守護・今川氏が出てくる理由だが、それは、同国および同氏が対関東の押さえとして、室町幕府の東国政策の一環をなしていたためである。どういうことか。先にも触れたように、鎌倉府の管轄圏の西域は東北―上野―武蔵―甲斐―相模―伊豆であり、室町幕府の管轄圏の東域は越後《えちご》（新潟県）―信濃《しなの》（長野県）―駿河であった。

そのため、この三ヵ国（越後・信濃・駿河）は東西両府の境界線上に位置することとなり、東国（鎌倉府）で一旦緩急があった場合には、西国（室町幕府）の軍として迅速に対応・出動することが求められたのである。事実、「享徳の乱」では越後守護・上杉氏、信濃守護・小笠《おがさ》原《わら》氏にも出陣命令が下されている（実はこの構えはこれ以前、すなわち、「永享の乱」や「結城合戦」でも同じであり、基本路線であった）。要するに室町幕府は、古河公方・足利氏ではなく関東管領・上杉氏を支援したのである。

次に、古河へ移った理由だが、これについては積極的・消極的の二つの説明が存在する。積極的な説明は、古河の地政学的な位置によるものである。古河を含む下総《しもうさ》国下河辺庄《しもこうべのしょう》は足利氏の直轄地（御料所）であり、その周辺（武蔵国太田庄など）も似たような状況であった。そしてそこには足利氏の直臣たち（奉公衆《ほうこうしゅう》）がおり、さらにその背後には足利方の東国大名たちも控えていた。加えて古河は水運の要地であり、天然の要害でもあった。

これに対して、消極的な説明は、時局の変化によって結果的に古河を選択せざるをえなかったというものである。具体的には、常陸《ひたち》国小栗《おぐり》城（茨城県筑西市）攻防戦の長期化や、出家して成潤《せいじゅん》と名乗っていた足利成氏の兄（御連枝《ごれんし》。貴人の兄弟はそのように呼ばれる）との敵対、下《しも》野《つけ》国日光山（栃木県日光市）布陣、上杉方の拠点・武蔵国五十子《いかっこ》における在陣など、相次ぐ誤算によって北関東（古河）滞留を余儀なくされたのではないかというものである。
いずれにせよ、以後、古河は足利氏の拠点として、「東都」とも呼ばれる「東国の首都」となっていく（なお、乱の推移・劣勢によって、一時的に拠点を房総へ移したこともある）。

足利氏の拠点が下総の古河であったのに対して、上杉氏の拠点は武蔵の五十子であった。これは、現在の埼玉県本庄市にあたる。当時は「五十子陣」と呼ばれ、古河に対抗すべく同地が選択されたようである。そして、文化人や諸商人なども往来する一大地点となったが、乱終盤に解体され、都市・古河とは異なる運命をたどった。なお、上杉方の総大将であるが、上杉憲忠の死後は、上杉房顕《ふさあき》（上杉憲忠の弟。寛正《かんしょう》七年に五十子で死去）、上杉顕定《あきさだ》（上杉房顕の養子。越後守護・上杉氏の実子）と続く。

その五十子で病死したのが、足利成氏の兄（御連枝）・成潤であった。このことは、上杉氏が成潤を支えていたことを意味するが、その理由は、成潤（兄）が足利成氏（弟）に対抗しうる上杉方の貴種（武家の王）として存在していたからにほかならない。

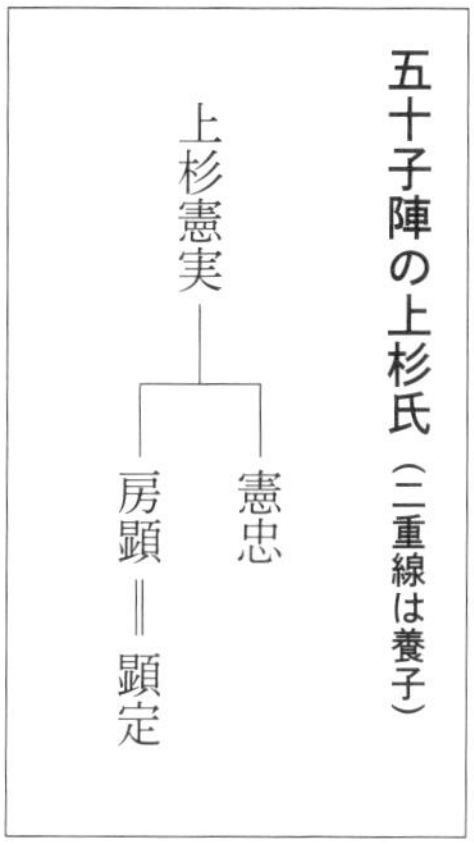

五十子陣の上杉氏（二重線は養子）

ここで改めて確認すると、関東の主君（東国の王）は足利氏であり、上杉氏はその補佐役にすぎない。

したがって、足利氏と上杉氏の対立は主従敵対（下克上《げこくじょう》）

となってしまう。それゆえ、上杉氏（関東管領）にとって自らが戴《いただ》く足利氏（公方）は絶対に不可欠な自明の前提であり、そのため、京都足利氏（室町将軍）がバックにいたわけであるが、しかし、関東だけで見た場合、足利氏対上杉氏の構図は避けられず、古河公方に代わる関東足利氏が求められた。かくして、上杉氏は成潤を重視した（足利成氏も離反され動揺した）のだ。

しかし、成潤は五十子で病死してしまう。そこで、新たな貴種として迎えられたのが、足利政知《まさとも》である。足利政知は将軍・足利義政の兄であり、僧籍にあったが還俗《げんぞく》し、長禄《ちょうろく》二年（一四五八）、足利成氏（古河公方）に対抗する東国の王として関東に下向する。だが、鎌倉には入ることなく、伊豆国堀越《ほりごえ》（静岡県伊豆の国市）を拠点とした。これを堀越《ほりごえ》公方と呼ぶ。伊豆は関東管領＝山内上杉氏の守護国であり、堀越公方の御座所（国清寺《こくしょうじ》・円成寺《えんじょうじ》周辺）も同氏とは密接な場所であった。室町幕府の支持も受けつつ、関東管領（上杉氏）の補佐のもと、堀越公方（足利氏）は東国に君臨し、古河公方（足利氏）勢と対峙《たいじ》したのである。

このように、東国には公方（足利氏）―管領（実力者）という秩序が存在した。これを公方―管領体制、ないし、公方―管領秩序と呼称する。この秩序は根強く、「享徳の乱」以前（「上杉禅秀の乱」「永享の乱」「結城合戦」）も足利氏を上杉氏ないし有力者が支えるかたちがとられており、「享徳の乱」以後も戦国末期に至るまでこうした秩序は維持された。

事実、戦国大名（上杉氏・北条《ほうじょう》氏・武田《たけだ》氏・佐竹《さたけ》氏・里見《さとみ》氏ら）は自身を管領（副将軍）と位置付け、自らの公方（足利氏）を擁立《ようりつ》して戦い続けている。いかに足利氏の権力が衰えようと

も、同氏を権威＝王とする価値観は武家間に共有されていた。なお、公方は将軍とも呼ばれ、まさに東国の大名・武士たちにとって、足利氏は「関東将軍」「東将軍」そのものであった。

ここまで、キーワードを列挙しながら乱の構造を眺めてきた。以下、ポイントを整理する。「享徳の乱」は足利方（古河公方）と上杉方（関東管領）の全面戦争であり、それは関東を二分する戦いであった。関東十ヵ国は基本的に旧利根川を境界として東西で分断され、東に足利方、西に上杉方が対峙・割拠した。東（足利方）の総帥は古河公方で、その拠点は下総国古河であり、西（上杉方）の総帥は関東管領で、その拠点は武蔵国五十子である。その実態は多様ではあるが、総じて足利方には東国大名が、上杉方には室町幕府がついた。上杉氏は自らの足利氏（成潤・堀越公方）を支える形で、古河公方・足利氏と対決した。

このように、まずは、乱の基本構造がわかればよいと思う。その上で、個々の詳細に進んでいただければ幸いである。

◎乱の流れを変えた長尾景春

乱の構造は以上の通りであり、足利方・上杉方は一進一退を繰り返すが、次第に戦線は膠《こう》着《ちゃく》し長期化する。では、「享徳の乱」が、「永享の乱」「結城合戦」とは異なって、短期間で終結しなかったのはなぜか。これは、足利方の奮戦もあるだろうが、上杉方に不和があったり、

室町幕府から全面的な支援を受け切れなかったりしたのも大きい。すなわち、「享徳の乱」のさなか、西国では「応仁・文明の乱」（応仁元〜文明九年）が勃発したのである。

「応仁・文明の乱」の要因も複雑であって、すでにそれ以前から室町幕府はその内部においてさまざまな問題を抱えていたが、東国政策をめぐる幕閣の方向性のズレも乱の原因の一つとされている。つまり、「享徳の乱」は「応仁・文明の乱」に影響を与えており、西国の「応仁・文明の乱」ではなく東国の「享徳の乱」こそが戦国期の出発点であると近年強調されているのである。戦国期は東国で始まり（享徳三年の「享徳の乱」）、東国で終わる（天正《てんしょう》十八年の「小田原合戦」）のだ。

そうした中で、乱の構造が大きく変容する契機となったのが、「長尾《ながお》景春《かげはる》の乱」である。長尾氏は上杉方の有力者、正確にいえば、関東管領＝山内上杉氏の家宰である。文明五年（一四七三）、その家宰を務めていた長尾景信《かげのぶ》が死ぬと、長尾忠景《ただかげ》（長尾景信の弟）が同職を継承するが、それに反発した長尾景春（長尾景信の子）が上杉方から離脱したのである。そして、文明九年（一四七七）、長尾景春は上杉方の拠点・五十子を襲撃し、これを破壊した。上杉方はこぞって上野へ脱出し、足利方は当然ながら長尾景春に味方することとなる。

「長尾景春の乱」が勃発すると、足利方のみならず上杉方（西関東）からも少なからぬ勢力が彼に同調したため、上杉方は空中分解し、重大な危機に瀕《ひん》した。そうした中で動いたのが、太《おお》

田《た》道灌《どうかん》である。太田氏は上杉方の実力者、正確にいえば、扇谷上杉氏の家宰である。扇谷上杉氏は、当時、上杉方では、関東管領＝山内上杉氏に次ぐ地位を誇っており、上野・北武蔵に勢力を持つ山内上杉氏と、南武蔵・相模に勢力を持つ扇谷上杉氏は、「両上杉」と称された。その扇谷上杉氏の家宰が太田氏であったのであり、太田氏はまさしく扇谷上杉氏、さらには、上杉方の支柱の一人であった。

なお、太田道灌といえば、江戸城（東京都千代田区）を建てた人物として有名であるが、その築城がまさにこの「享徳の乱」によるもの、すなわち、足利方に対抗する軍事拠点の構築であったことはあまり知られていない。江戸は当時から港湾都市として繁栄する重要地点であり、城を創るに際しては、太田道灌のみならず、扇谷上杉氏の人々が総力を挙げて取り組んだ。

長尾氏と太田氏の関係

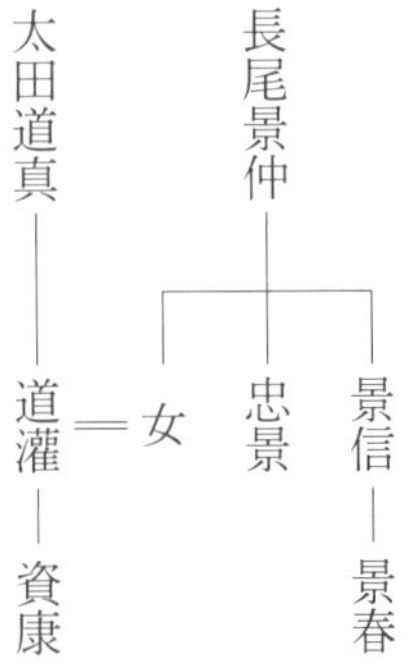

そうした太田道灌が、上杉方として、「長尾景春の乱」の鎮圧を断行したのである。実は、太田道灌は長尾景春と姻戚《いんせき》を含め緊密な関係にあり、内紛を回避すべく奔走《ほんそう》していたのであるが、結局交渉は失敗し、結果、武力による掃討《そうとう》戦を開始するに至る。文明九年、太田道灌は相模・南武蔵の敵方を撃破して北上していき、上野から進軍してきた上杉方の軍勢と合流した上で、北武蔵にて長尾景春と戦い、勝利を収めた。

◎「都鄙和睦」による乱の終結

一転して窮地に陥ったのが、長尾景春である。しかし、文明九年（一四七七）、古河公方・足利成氏が長尾景春の味方として参戦すると、足利方と上杉方の勢力は再び拮抗《きっこう》し、大雪もあって両者のあいだで睨《にら》み合いが続く。

こうした中で模索されたのが、和議であった。文明十年（一四七八）、足利方・上杉方には和睦《わぼく》が成立し、足利氏は上杉氏を通して室町幕府（文明九年に「応仁・文明の乱」は終結していた）とも和平交渉を進めることとなり、その後、紆余曲折を経て、文明十四年（一四八二）、古河公方・足利成氏は前室町将軍・足利義政と和睦を結んだ。これを「都鄙《とひ》和睦」という（「都」は京都、「鄙」は関東を指している）。ここに、約三十年にわたって東国を分断してきた「享徳の乱」はようやく終結したのである。

では、「享徳の乱」によって、東国は、時代は、どう変わったのであろうか。最後に、これまでに登場した人物たちの「その後」に注目しながら、乱後の世界を見ていくことにしよう。

まず、長尾景春であるが、足利方・上杉方の都鄙和睦によって立場を失い、没落を余儀なくされてしまう。長尾景春自身はその後も抵抗の人生を歩んでいくが、それが成功することはなかった。だが、「長尾景春の乱」自体が、上杉方の分裂、太田道灌の台頭、都鄙和睦と、結果的に「享徳の乱」を終結させ、「次の時代」を準備することに寄与したのも事実である。

次に、太田道灌であるが、「長尾景春の乱」を鎮圧し、その残党勢力の追討も進めたことで、名声は否応《いやおう》なく高まっていった。ところが、文明十八年（一四八六）、太田道灌は突如主君である扇谷上杉氏によって粛清されてしまう。その理由は、一つには、太田道灌個人の急激な成長に伴う扇谷上杉氏家臣団の不和（不満）、もう一つには、太田道灌の台頭による扇谷上杉氏当主の不安（第二の長尾景春化＝下克上的状況への恐れ）、また一つには、関東管領＝山内上杉氏の関与などもいわれているが、今なお真相は闇《やみ》の中である。

続けて、両上杉氏であるが、太田道灌の処刑後、太田資康《すけやす》（太田道灌の子）が関東管領・山内上杉氏に助けを求め、以後、山内上杉氏は扇谷上杉氏との全面戦争に突入していく。両上杉氏は分裂抗争を続けるが、結局それは伊勢宗瑞《いせそうずい》（後世北条早雲《ほうじょうそううん》と呼ばれる人物）の関東進出を許す結果を生む。太田道灌の粛清と両上杉氏の内紛は、結果的に北条氏の誕生を招くのである。

最後に、足利氏であるが、都鄙和睦によって、堀越公方・足利氏は関東の主君たる地位を失い、以後は、伊豆の主君にとどまるのみとなり、やがて伊勢宗瑞によって滅ぼされるに至る。一方、古河公方・足利氏は、都鄙和睦によって、関東の主君たる地位を認められ、以後、上杉氏や北条氏から東国の主君として庇護《ひご》・補佐されていくこととなり、その後、関東足利氏の家は近世・近代を経て現代にまで続いていくことになる。

このように、「享徳の乱」は東国を実力主義の時代へ変換する画期となった。しかし同時に、足利氏を頂点とする秩序は維持された。この変化と連続の両側面を見ることが肝要である。

第10章

「長禄の変」

赤松氏再興の悲願と
細川氏の山名氏牽制策が交錯した陰謀

渡邊大門

◎「長禄の変」の時代背景

嘉吉《かきつ》元年（一四四一）の赤松満祐《あかまつみつすけ》による「嘉吉の乱」後、満祐をはじめとする赤松氏一族が次々と討伐《とうばつ》されたことは、第7章で書いた通りである。赤松氏の惣領家《そうりょうけ》が討伐されたことにより、赤松氏旧臣らは牢人《ろうにん》にならざるを得なかった。彼らが主家再興を悲願としたことは容易に想像できるが、決して彼らの望み通りに事は進展しなかった。

ところが、「嘉吉の乱」後、お互いに勢力を伸ばした山名《やまな》氏と細川《ほそかわ》氏の対立が生み出した中央政局のひずみから、赤松氏旧臣にもわずかながら一筋の光明が差すことになる。それが、「長禄《ちょうろく》の変」である。「長禄の変」とは、「禁闕《きんけつ》の変」（第8章）で奪われた神璽《しんじ》を赤松氏が奪還した作戦だが、まずは、そこに至るまでの背景について述べておくこととしよう。

文安《ぶんあん》二年（一四四五）四月、山名持豊《もちとよ》（宗全《そうぜん》）は赤松満政《みつまさ》を滅ぼすと、満政の旧領だった播磨《はりま》（兵庫県）国内の三郡を接収し、播磨一国を配下に収めた。これにより、持豊は赤松氏旧領国の播磨、備前《びぜん》・美作《みまさか》（岡山県）に自身の領国だった但馬《たじま》（兵庫県）、因幡《いなば》（鳥取県）などを加え、山名氏一族だけで相当な数の守護職《しゅご》を保有することになった。

山名氏が赤松氏旧領国で展開した支配はきわめて苛烈《かれつ》なものであり、領民が苦しんでいたといわれる。これにも増して手厳しく批判されたのが、持豊の態度であった。一族の繁栄を背景とした持豊の傲岸不遜《ごうがんふそん》な態度は、盟友である細川氏はおろか将軍家の不興をも買ったのである。

それ以前に話は遡《さかのぼ》るが、細川氏と山名氏の共通の敵でもあった畠山持国《はたけやまもちくに》は、後継者をめぐる騒動で奔走《ほんそう》していた。当初、持国は養子として弟の持富《もちとみ》を迎え、のちに家督を継がせようとしたが、永享《えいきょう》九年（一四三七）に持国の妾《めかけ》が義就《よしひろ》を生んだので、家督を実子の義就に譲ろうとした。ところが、この計画は家臣の一部から反対され、持富の子・弥三郎《やさぶろう》を擁立《ようりつ》する動きが起こった。その際、細川氏と山名氏は、弥三郎を支援することで一致し、将軍・足利義政《あしかがよしまさ》も弥三郎に畠山氏の家督を継がせることを認めた。

しかし、その後も畠山家内の家督継承をめぐる混乱は収まらず、弥三郎派と義就派とに分裂して争いが続いた。そのような状況下で、持国は享徳《きょうとく》四年（一四五五）三月に没したのである。管領《かんれい》として権勢を振るっていた持国が亡くなると、畠山氏は家中の紛争もあって求心力が低下し、権力の中枢に残ったのは細川氏と山名氏になった。そして、両者は縁戚関係にありながらも、徐々に対立を深めることになるのだ。

細川氏と山名氏が反目するきっかけを作ったのは、細川家一門の成之《しげゆき》である。成之は阿波《あわ》（徳島県）守護・細川持常《もちつね》の甥《おい》であったが、のちにその養子となった。宝徳《ほうとく》元年（一四四九）十二月の持常没後、成之は阿波などの守護になった。享徳三年（一四五四）、成之は強大化する山名氏一門の勢力拡大を恐れ、赤松満祐の甥・則尚《のりなお》を幕府に出仕させるよう運動した。要望を受けた義政は、早速則尚を赦免《しゃめん》して幕府に出仕させると、播磨、摂津《せっつ》（大阪府）などに所領を与えた。すでに播磨は持豊の領国だったので、持豊は則尚の出仕に怒りをあらわにし、義政への不満を強めた。成之はこの事実を義政に告げ口し、ついに持豊の追討《ついとう》を決意させた。しかし、成之と同じ細川一門である管領・細川勝元《かつもと》は、持豊の養女を正室に迎えていたので、縁戚関係にあった持豊を支援する姿勢を見せた。結局、持豊の討伐は、勝元の協力を得られず頓挫《とんざ》した。事件後、持豊は但馬へ隠居し、子の教豊《のりとよ》に家督を譲ったのである。

その翌年、持豊は隠居生活にピリオドを打ち、突如として子の教豊を播磨へ攻め込ませ、則尚を備前へ追い詰め討伐した。このような経緯を経て、勝元が持豊への脅威を感じはじめたのは疑いなく、強大化した山名氏への対抗策を考えるようになった。そこで、勝元は赤松氏再興を企て、山名氏を牽制《けんせい》しようとした。それこそが「長禄の変」のきっかけなのである。

◎赤松氏旧臣の行動

「嘉吉の乱」後、細川氏の思惑とは別に赤松氏旧臣たちも、赤松氏再興策を模索していた。そのもっとも中心的な勢力の一人が、赤松氏旧臣だった石見《いわみ》氏である。では、石見氏とは、いかなる人物なのだろうか。石見氏に関する史料は乏しく、『看聞日記《かんもんにっき》』（『看門御記』）応永二十六年（一四一九）十一月二十四日条に赤松氏の使者として「石見新左衛門《しんざえもん》」の名前が見える程度である。少なくとも、石見氏は赤松氏の配下にあったのは確かだ。

石見氏の出自に関しては不明であるが、現在の兵庫県たつの市御津《みつ》町岩見をその出自とする土豪と考えられる。同所には、播磨国守護代所が所在していた。『赤松盛衰記』によると、石見氏は赤松一家衆に名を連ねており、「嘉吉の乱」で城山城《きのやま》（兵庫県たつの市）に籠城《ろうじょう》した武将として石見太郎左衛門《たろうざえもん》の名前を記している。同史料の別の箇所では、石守城《いしもり》（同加古川市）主として石見小五郎常晴《こごろうつねはる》の名前を挙げるが、それぞれが血縁関係にあったかは不明である。

『碧山日録《へきざんにちろく》』長禄三年（一四五九）十一月二十四日条には、石見太郎（左衛門）が赤松氏の家客であったとする。家客とは、客分程度の意味ではないかと指摘されている。他の「嘉吉の乱」関係軍記を確認しても、石見氏は赤松氏の配下で従軍していたことが判明する。もちろん、軍記物語という史料の性質があるので、すべてを無批判に信用するわけにはいかないかもしれない。しかし、少なくとも石見氏が赤松氏の配下にあって、「嘉吉の乱」で幕府を相手に籠城したことは信じてもよいのではないだろうか。

石見氏は赤松氏被官《ひかん》（家臣）の中でも、さほど目立たない存在だったが、「長禄の変」では後南朝からの神璽奪還のキーマンになる。そのことを示しているのが、『赤松記』、『南方御退治条々』（「上月家文書《こうづきけもんじょ》」所収）、『赤松盛衰記』の諸史料である。以下、それらの史料に基づき、「長禄の変」に至る経緯を確認しておこう。

◎赤松氏再興と細川勝元の思惑

『赤松記』によると、赤松氏旧臣らは内大臣・三条実量《さんじょうさねかず》の御内（配下）の石見太郎左衛門と語らい、後花園《ごはなぞの》天皇そして将軍・義政への口聞きを実量へ依頼することを画策した。口聞きの目的とは赤松氏再興、つまり赤松満祐の甥であり、かつて実量が養育していた赤松時勝《ときかつ》の子・次《じ》郎法師《ろうほうし》丸《まる》（政則《まさのり》、以下、政則で統一）の出仕を求めることだ。『赤松盛衰記』によると、石見太郎左衛門は赤松氏滅亡後に実量に仕えたとあるが、その理由としては「嘉吉の乱」で赤松氏が滅亡した罪滅ぼしも加わっているという。しかし、赤松氏を再興するとはいえ、すでに旧領の播磨など三ヵ国守護は山名氏一族の手に渡っており、実現はきわめて困難だった。

　そこで、石見氏は赤松氏旧臣が後南朝一党を討《う》ち果たし、「禁闕の変」で奪われた神璽を奪還すれば、赤松氏再興も叶《かな》うだろうという結論に至った。神璽を奪った後南朝の勢力は、奥吉野（奈良県川上村、上北山村）に逼塞《ひっそく》していた。こうして実量は、右の件について後花園と将軍の了解を取り付け、赤松氏旧臣は神璽奪還の任務を帯びることになったのだ。ただし、『赤松記』には、赤松氏再興の条件に関する詳しい中身が記されていない。『赤松盛衰記』も同様であり、了解は勅命《ちょくめい》つまり天皇の命令となっており、将軍の名はない。

　その点で、『南方御退治条々』の記述は、かなり具体的である。将軍から下された御内書《ごないしょ》には、次のような条件が示されていた。

①加賀《かが》国（石川県）半国守護（河北・石河両郡・富樫成春《とがししげはる》跡）。
②備前《びぜん》国　新田荘《にゅうたのしょう》（岡山県和気《わけ》町）、出雲《いずも》国宇賀荘《うがのしょう》（島根県安来《やすぎ》市）、伊勢《いせ》国高宮保《たかみやのほう》（三重県鈴鹿《すずか》市）など。

これらは、播磨など赤松氏旧領国の替地として、加賀半国などを赤松氏に与えようとしたものだ。右の恩賞地を候補にしたのには、明確な意図があったと考えられる。加賀国半国守護（河北・石河両郡）は、もともと富樫成春が守護を務めていた場所であるが、富樫氏は家督をめぐって富樫教家《のりいえ》・成春父子と教家の弟・泰高《やすたか》が争っていた。この時、泰高を支援したのが細川勝元であり、教家・成春父子を支援したのが畠山持国であった。

この事実を考慮するならば、政則に加賀国半国守護を与えようとしたことは、泰高の支援を掲げる細川勝元による策謀と考えられなくもない。つまり、成春を加賀国半国守護から除き、政則を新たに守護に任じることで、間接的に畠山氏の影響力を削減しようとしたと推測される。要するに、勝元は畠山氏に対抗する上で、あえて政則を加賀国半国守護に任じようとしたのである。ところが、赤松氏の加賀国半国への入部は、富樫氏の反抗に遭って円滑には進まなかった（後述）。

このように考えてみると、石見太郎左衛門が三条実量を通じて、天皇と将軍に神璽奪還を持ちかけたという通説には若干の疑問が残る。赤松氏再興にかかる神璽奪還計画は、天皇や将軍の意向というよりも、富樫成春を除こうとする勝元の意向が強く反映されているように感じられる。赤松氏再興の条件は、勝元によって義政に提案されたのではないだろうか。綸旨《りんじ》は、そうした意向を受けて発給されたに過ぎないと考えられる。

それだけではない。赤松氏の再興計画は、その旧領国を接収した山名氏に大きなプレッシャーをかけたに違いない。事実、「長禄の変」後に備前国新田荘を赤松氏に与えたことは、備前守護・山名氏と赤松氏の合戦の原因となった。つまり、赤松氏の再興自体は、山名氏への牽制策になったのである。

「禁闕の変」によって、朝廷は三種の神器のうち神璽を奪われたが、それでも正統性が保たれたことは、大学者で摂関家《せっかんけ》の一条兼良《いちじょうかねよし》が理論的な構築を行った。実際、神璽を欠いたとはいえ、朝廷において何らかの支障が出たとの記録はない。そう考えると、天皇が神璽奪還を命じたとは考えにくく、むしろ勝元の意向を色濃く反映した政治的な意味があったように思える。

このように赤松氏再興の機運が盛り上がったのは、康正《こうしょう》二年（一四五六）頃のことであり、早くも同年末には神璽奪還が開始された。

◎神璽奪還計画

以下、「長禄の変」の顛末《てんまつ》を記録した『南方御退治条々』を主たる史料として、赤松氏旧臣による神璽奪還の計画を確認することにしよう。『南方御退治条々』は「上月《こうづき》家文書」の中に含まれるもので、文明十年（一四七八）八月に成立したものである。同書は後世に成っているが、実際に「長禄の変」に参加した赤松氏一族の上月満吉《みつよし》の手になるものであり、内容は信用に足るものと考えてよいだろう。満吉が執筆した動機は、「長禄の変」に関わった者として、「末代の証拠」を書き残そうとしたという理由によるものだ。

赤松氏旧臣らが神璽を奪還すべく吉野（奈良県吉野町）へ向かったのは、康正二年十二月二十日のことである。これより遡《さかのぼ》ること一ヵ月前、南方宮《なんぽうのみや》（後南朝の皇胤《こういん》）が吉野で蜂起《ほうき》したため、義政は大和興福寺《やまとこうふくじ》（奈良市）などに軍勢催促を促していた。そのような背景のもと、上月満吉、間島彦太郎《まじまひこたろう》を主要メンバーとする赤松氏旧臣の総勢二十数名は、神璽奪還に着手した。しかし、彼らは決して、正面から「後南朝討伐、神璽奪還」を掲げて吉野へ向かったのではない。『赤松記』には、その作戦について次のように書かれている。

吉野殿（後南朝）を攻略する作戦として、「赤松氏牢人はどこにも仕《つか》えるところが無く、これ以上辛抱《しんぼう》することもできないので、吉野殿（後南朝の皇胤）を頼り吉野へ参上することとした。赤松氏牢人が一味して都を攻め落とし、ぜひ御供《おとも》したい」と申し入れると、吉野殿は「同心（味方）する」とのことであった。

幕府や朝廷は赤松氏に対して、軍勢を与えるなどしなかったのだろう。赤松氏旧臣は少人数で戦うため、必然的に効率的な作戦を考えた。そこで、赤松氏旧臣は都を攻め落とす（朝廷と幕府を討つ）ことを口実にして、後南朝勢力に擦《す》り寄ったのである。この作戦は功を奏し、赤松氏旧臣は後南朝の内部に潜り込むことに成功する。

◎悲壮な覚悟の後南朝潜入

赤松氏旧臣は、内部では十分に意見統一ができていなかったようだ。『赤松記』によると、「さて大勢は御隔心なれば、夜討に入《い》るべき人数をすぐり」とあるように、後南朝討伐には躊躇《ちゅうちょ》する者がいたので、夜討ちの人選を厳選したという。事実、『南方御退治条々』は、「返忠《かえりちゅう》」つまり味方を裏切る赤松氏旧臣がいたと記している。赤松氏再興を果たすべく、忠誠心のあるメンバーを厳選する必要があったのだ。

赤松氏旧臣による神璽奪還は、悲壮な覚悟のもとで行われた。満吉が吉野に入山する約一カ月前には、娘の五々《ごご》に譲状を残した（「上月家文書」）。内容を要約すると、満吉は朝廷と幕府の命により吉野へ向かい、本意（神璽奪還）を達したいこと、そのためには再び帰ることができない覚悟があることを記している。

赤松氏旧臣は後南朝の内部に潜り込んだものの、警戒心を解くには困難が伴った。中村弾《だん》正忠貞友《じょうのちゅうさだとも》の被官（家臣）・小谷与次《こたによしじ》は「忠阿弥《ちゅうあみ》」と号し、人目をくらましながら、後南朝の皇胤である一宮《いちのみや》、二宮《にのみや》の居所である御息所《みやすどころ》を何度も訪ねた。そして幾たびか一宮、二宮に事情を話すうちに、ようやく態度を和《やわ》らげることに成功したという。後南朝に心を開いてもらうだけでも、相当な苦労があったのである。

この頃の後南朝は、どのような状況にあったのだろうか。後南朝の皇胤とは、小谷与次が接近した一宮、二宮と称される人物だった。『南方御退治条々』には、一宮が北山（奈良県上北山村）、二宮が同じく河野郷（同川上村）にいたと記す。ところが、二人の系譜や事蹟《じせき》などは判然としない。加えて、二人を支える勢力も詳細が不明であり、大和の土豪らが支えていたものと推測される。

◎失敗に終わった最初の作戦

赤松氏が神璽を奪還するには、一年余の準備を要した。神璽奪還の過程は、『南方御退治条々』のほかに『経覚私要抄《きょうかくしようしょう》』や『大乗院寺社雑事記《だいじょういんじしゃぞうじき》』にも詳しい記事があるので、それらの史料に基づき述べることにしよう。

赤松氏旧臣が神璽奪還を実行に移すのは、長禄元年（一四五七）十二月二日の子《ね》の刻《こく》（午前零時頃）のことで、大雪が降る寒い夜であったという。この間、赤松氏旧臣らは後南朝に取り入ったので、彼らの信頼を勝ち取ることができたのだろう。後南朝にすれば、彼らが神璽を狙《ねら》っているとは夢にも思っていなかったに違いない。

赤松氏旧臣の丹生屋《にゅうのや》帯刀左衛門《たてわきざえもん》、同四郎左衛門兄弟が北山へ忍び込むと、兄の帯刀が一宮の首を討ち取った。そして、内裏《だいり》に押し入ると神璽奪還に成功したが、その後の展開はそう簡単にはいかなかった。この動きを察知した吉野の郷民らが丹生屋兄弟を追いかけ、一宮の首と神璽を取り戻し、伯母谷《おばだに》（奈良県川上村）という場所で丹生屋兄弟を討ち取ったのだ。

ほぼ同じ頃、赤松氏旧臣らによって、二宮が河野郷で首を討ち取られた。二宮を討ち取った面々は、間島彦太郎、上月満吉、中村貞友そして貞友の被官で後南朝に潜り込んだ小谷与次など八名である。実際に二宮の首を取ったのは、上月満吉だった。一緒に乱入した中村貞友はその首を運ぶ途中で、吉野の郷民に襲撃されて討ち取られた。いったん赤松旧臣は神璽奪還に成功したものの、後南朝を支援する郷民らの反撃もあって、失敗に終わったのだ。

ここで巻き返しを図ったのが、小寺藤兵衛入道《こでらとうべえにゅうどう》である。小寺氏は赤松氏旧臣の中でも家格が高く、かつては備前国守護代を務めた家柄でもあった。しかし、小寺氏は大和の地理や人脈に不案内だったと考えられ、単独での行動には限界もあった。そこで、小寺氏に協力したのが、大和の越智家栄《おちいえひで》と小川弘光《おがわひろみつ》の両人である。

越智氏は、南北朝期を通して南朝方で活躍した。正長二年（一四二九）の「大和永享の乱」では畠山持国の支援を受け、細川持之《もちゆき》の支援を受けた筒井《つつい》氏に対抗した。一時期、越智氏は筒井氏を攻略したものの、永享七年（一四三五）の「多武峰《とうのみね》の戦い」で幕府・筒井軍に敗れると、いったんは没落した。しかし、畠山持国は越智氏の支援を続け、断絶した越智氏の家督を家栄に継承させたのである。

一方の小川氏は、吉野郡小川郷（奈良県東吉野村）を本拠とする土豪であり、丹生《にう》神社（現在の丹生川上神社中社）の神主職《かんぬし》を代々務めていた。のちには、興福寺大乗院門跡《だいじょういんもんぜき》の支配下に入り国民《こくみん》（春日社・興福寺領内の在地武士で末社の神主だった者）に列せられるなど、在地の有力者だった。

◎再度の奪還

その後、再び神璽奪還が動き出したのは、長禄二年（一四五八）三月のことであった。小川氏は後南朝の在所に討ち入ると、見事に神璽を奪還したのである。『大乗院寺社雑事記』によると、小川氏は越智氏に神璽を持参し、四月十三日に都に奉《たてまつ》る手筈《てはず》であると伝えた。そのために大和の国人《こくじん》・衆徒を動員し、都までの警護を計画したが、事態は思わぬ方向に展開する。

同年四月に幕府の使いの者が越智氏の在所に向かい、神璽奪還を褒《ほ》め称《たた》えた。そして、越智氏に所領を一ヵ所、赤松氏の牢人に所領を二ヵ所与えると報告した。しかし、小川氏は態度を急変し、神璽を都へ献上することを渋ったのである（『大乗院寺社雑事記』）。困った幕府は越智氏を小川氏の説得に当たらせたが、小川弘光がさまざまな要求をしていることもあり、うまくいかなかった。また、一族の小川弘房《ひろふさ》が神璽を抱え込む問題もあったようだ（『経覚私要抄』）。

そこで、幕府は伊勢（三重県）の北畠教具《のりとも》に依頼し、小川氏の説得に当たらせた。教具は自ら宇陀《うだ》郡へ向かい、配下の沢氏ら三名を使者として遣わした。ところが、小川氏は北畠氏の使者がやってくると追い払い、仮名状をもって「神璽は小川弘房が持ち出し、逐電《ちくでん》した」と通達した。同年五月三十日のことである。先述の通り、越智氏と赤松氏には恩賞が与えられたが、小川氏に与えられた形跡はない。そのことが態度を急変させた大きな要因ではなかったか。

同年八月二十六日、一転して神璽が都に送られることになった。おそらく、約三ヵ月の間に小川氏に対する恩賞の件が協議され、合意を得たのであろう。神璽還幸のスケジュールは、同月二十七日に長谷《はせ》（奈良県桜井市）まで行き、同月二十八日に奈良に到着するというものだった。同月二十八日、小川一党をはじめ二百数十名の衆徒・国民に警護された神璽は、三十日に帰洛《きらく》を果たした。彼らは、神璽が醍醐寺《だいごじ》三宝院天神堂《さんぼういんてんじんどう》（京都市伏見区）に神璽が運ばれるまで供奉《ぐぶ》を行った。

この過程を見る限り、赤松氏が単独で神璽奪還を行ったというのは不正確で、越智氏・小川氏の関与もあった。地理や周辺地域の事情に精通した両氏の協力は、不可欠だったのである。それにしても、彼らが協力した理由は何であったのだろうか。特に、越智氏は畠山氏の支援により再興を果たしたので、細川氏が支援した赤松氏との関係がどうだったのか、なお疑問が残るところである。

ところで、無事神璽が戻ってきたにもかかわらず、一人しらけた態度を取る人物がいた。一条兼良である。『大乗院寺社雑事記』長禄二年八月晦日《みそか》条によると、兼良は神璽が戻ってきたことについて、「無益のことと仰《おお》せなり。かくの如《ごと》き例これなし」と感想を漏らしている。神璽の帰京を素直に喜んでいないのである。先にも触れた通り、兼良は神璽に特段の意義を見出《みいだ》していなかった。彼の目から見た神璽奪還は、武家の勢力争いの茶番に過ぎなかったということであろうか。

◎赤松氏再び表舞台へ

神璽奪還を大和の越智氏・小川氏との共同作戦でなしえた赤松氏には恩賞が与えられ、いよいよ念願の政界復帰を成し遂げた。その経過などに触れておこう。

赤松氏が再興を許され、政則が幕府へ出仕が認められたのは、長禄二年(一四五八)十一月十九日のことである(『蔭涼軒日録《いんりょうけんにちろく》』)。神璽を奪還した日からは、二百日以上を要している。赤松氏再興の陰には、当時管領として活躍著しい細川勝元の力があった。以後、赤松氏は細川氏の影響のもとで、山名氏との対決姿勢を強めることとなる。

赤松氏の再興によって、旧臣らもその恩恵を受けた。政則の周辺には、雑掌《ざっしょう》として明石氏・堀氏らが仕えたが、中心にいたのはその二人を含む「長禄の変」で活躍したメンバーだった。

赤松氏への恩賞が実際に与えられたのは、翌長禄三年(一四五九)五月六日のことである。幕府に出仕が認められてから、さらに半年余りを要したことになる。『蔭涼軒日録』によると、与えられたのは加賀国半国と備前国新田荘しか記されていない。当初の約束であった伊勢国高宮保や出雲国宇賀荘は、のちに与えられたと推測される。しかし、先に触れた通り、加賀国半国守護は富樫成春の跡職であり、備前国新田荘は同国守護・山名氏のもとにあった。

つまり、赤松氏が円滑に入部を果たすのは困難が予測され、実際には実力行使でもぎ取るしかなかった。以下、備前国新田荘と加賀国半国守護のケースを取り上げることにしよう。

◎備前国新田荘と加賀半国における赤松氏

備前国新田荘は現在の備前市東部を中心とした広大な荘園で、しかも赤松氏と縁の深い土地でもあった。現在、兵庫県上郡《かみごおり》町河野原《こうのはら》にある赤松氏の菩提寺《ぼだいじ》の宝林寺《ほうりんじ》は、もともと貞和《じょうわ》元年（一三四五）に新田荘に建立《こんりゅう》された。しかし、宝林寺は早々に焼失したため、河野原に再建されたのである。したがって、赤松氏にとって新田荘を得たことは、大きな意義があったと認められる。

逆に、備前守護である山名氏にとって、赤松氏に新田荘が与えられたことは、苦々しい出来事であったと容易に想像できる。早くも長禄三年（一四五九）春には、赤松氏が一族の宇野上野入道《うのこうずけにゅうどう》を新田荘に入部させた。ところが、宇野上野入道は簡単に入部できず、山名氏の被官・足立《あだち》彦左衛門尉《ひこざえもんのじょう》らと合戦を行った。長禄三年六月晦日には、早くも新田荘内の三ヵ保の領有をめぐって、山名教之《のりゆき》と赤松政則は対決の様相を見せている。

この背景には、播磨における赤松氏と関係の深い寺院宝林寺と法雲寺《ほううんじ》（兵庫県上郡町）の寺領が不知行になっており、寺領還付を求められた山名氏がこれに難色を示したという事情があった。赤松氏が新田荘を支配することは、すなわち赤松氏とゆかりある宝林寺・法雲寺の再興につながり、山名氏にとって面倒になる。また、山名氏は新田荘の主要な領域を占める、三石、藤野、吉永の三つの保が荘域に含まれているか否《いな》かを問題としたが、幕府は最終的にこの訴えを退けた。

その後も新田荘をめぐる相論は何度か繰り返されるが、赤松氏が簡単に入部できなかったのは事実である。幕府からは入部を認められたが、あとは実力次第というのが現実であった。

加賀半国守護の拝領は、さらに過酷な条件であった。

加賀守護は富樫氏内部で争っており、それに便乗するかのように細川氏らが裏で策略をめぐらしていたことは先述した。事実、政則が得た加賀半国守護は富樫成春の跡であり、入部に際しては大きな困難が伴った。長禄三年十月、赤松氏が加賀に入部しようとすると、すぐに富樫氏の被官・岩室《いわむろ》氏と交戦状態に陥ったが、政則はただちに反撃を試みたわけではない。政則には加賀半国守護に就任したという将軍の御教書《みぎょうしょ》があり、それを根拠として平和的な解決を望んだ。

しかし、現実には御教書の有効性は乏しく、富樫氏の勢力と戦わざるを得なくなった。その後、赤松氏被官人の中村氏は、笠間（石川県白山市）で富樫氏の軍勢と合戦に及んだ。それでも政則は室町幕府の判断を望んだが、幕府は及び腰で判断を下さなかった。つまり、実力により、加賀国半国を勝ち取るしかなかったのだ。長禄四年（一四六〇）八月を境にして、赤松氏による加賀支配は円滑に進んだようである。実際に加賀に入部してから、約一年も経過していた。詳しい支配の様相は省略するが、支配は守護代の小寺氏が担当していた。

かつては、赤松氏による加賀半国守護補任《ぶにん》については、その支配の実効性にあまり注意が払われなかった。端的にいえば、もともと赤松氏は加賀に基盤がなかったので、名目的に過ぎないと考えられていたかもしれない。ところが、実際には赤松氏の加賀半国支配は実効性を持っており、数々の史料から支配に意欲的であったことがうかがえる。その事実は、「長禄の変」の功績で与えられた伊勢高宮保の代わりに、徳満《とくまん》という人物の加賀の所領を闕所地《けっしょち》（没収した土地）とし、拝領することを希望したことにも表れている。政則は自身が加賀半国守護であるとの認識が強く、加賀国内に所領を持つことになんら抵抗がなかったのであろう。

結局、赤松氏による加賀半国支配は、そう長く続かなかった。応仁《おうにん》元年（一四六七）、「応仁・文明《ぶんめい》の乱」（第11章）が勃発すると、赤松氏はすぐに播磨へ攻め込み、もとの通り播磨など三ヵ国守護として返り咲いた。一方、その翌年の五月、加賀半国守護代であった小寺氏は、富樫氏の勢力に敗退している。事実上、この時点において、赤松氏は加賀半国守護から外れたと考えてよいであろう。

このように、きわめて短期間ではあったが、赤松氏は加賀半国守護で実効支配を展開しえた。守護という地位には、それだけの重みがあったのである。ただし、地縁のなかった地域でもあり、その支配には困難が伴ったのである。

「長禄の変」は、赤松再興の大きなターニングポイントであった。しかし、その背景には、細川氏をはじめとする諸大名の思惑があったことに注意すべきだろう。

第11章

「応仁・文明の乱」

全国を二分、戦国時代の到来を招いた
混沌たる大戦乱

浜口誠至

◎「応仁・文明の乱」の時代背景

「応仁《おうにん》・文明《ぶんめい》の乱」は、応仁元年（一四六七）から文明九年（一四七七）にかけて起きた、室町幕府を二分した戦乱である。この戦乱では、管領《かんれい》家の分裂や大名の派閥《はばつ》抗争が乱の原因となったことが知られる。だが、こうした状況は突然生じたわけではない。室町幕府を構成する主要大名が東西両軍に分かれて衝突したのは、本書でもこれまで解説してきたさまざまな騒乱を通じての混乱、そしてそれらに対する乱以前の幕府政治の結果であった。そこで、「応仁・文明の乱」を取り上げる前に、まずはその前提となる義政《よしまさ》期の政治情勢について見ていくことにしたい。

文安《ぶんあん》六年（一四四九）四月、足利義成《あしかがよししげ》（義政）は室町幕府第八代将軍に就任した。だが、当初その治世を担ったのは、義政ではなかった。義政の父・足利義教《よしのり》（第六代将軍）は嘉吉《かきつ》元年（一四四一）の「嘉吉の乱」（第7章）により赤松満祐《あかまつみつすけ》に討《う》たれたが、義教の跡を継いだ足利義《よし》勝《かつ》（義政の兄）はまだ幼かったため、管領が将軍の代理として政務を担った。義勝も早世したために義政が将軍となったが、幼い将軍が続いたため、引き続き管領が将軍の代理を務めたのである。義政の治世の前半は、管領を務めた畠山徳本《はたけやまとくほん》（持国《もちくに》）、細川勝元《ほそかわかつもと》の二人が幕府政治を主導したことから、「管領政治」と呼ばれている（百瀬：一九七六）。

その後、成長するにしたがい、義政は自身の判断で政治を行うようになる。そのため、義政の治世の中期は、「管領政治」と対比して「将軍親政」と呼ばれている（百瀬：一九七六）。だが、義政の前には課題が山積みであった。義政の父・義教は自身の意向に沿わない大名を排除したため、家督を交替させられたものや領地を没収されたものが続出した。しかし、義教死後、失脚した大名は復権を図ったため、家督や領地をめぐる抗争が頻発《ひんぱつ》したのである。

義政を支えたのは、政所《まんどころ》（財政を担当する機関）執事《しつじ》（長官）・伊勢貞親《いせさだちか》らの将軍側近であった。だが、将軍側近の意向が義政の判断を動かし、大名の家督が左右されるなど大きな影響力を持つようになると、側近政治は大名の反発を生むことになる。文正《ぶんしょう》元年（一四六六）九月、伊勢貞親は義政の後継者であった足利義視《よしみ》（義政の弟）に謀反《むほん》の疑いをかけ、失脚させようとした。だが、足利義視が無実を訴えると、逆に伊勢貞親の責任が問われることとなった。さらに貞親の権勢に不満を抱き、義視支持に回っていた山名《やまな》宗全《そうぜん》（持豊《もちとよ》）をはじめとする大名たちは、この機に貞親追放を義政に要求、貞親一派は失脚した。この「文正の政変」により側近勢力が没落すると義政親政も後退し、再び大名の影響力が強まることになったのである。

◎「上御霊社の戦い」

「応仁・文明の乱」の始まりといわれるのが、「上御霊社《かみごりょうしゃ》の戦い」である。これは管領家の一つ、畠山氏の家督争いに端を発した争乱である。

先述の通り、義政期は大名家の家督をめぐる内紛が頻発《ひんぱつ》しているが、畠山氏の場合は次のような経過をたどった。

享徳《きょうとく》四年（一四五五）三月に畠山徳本が死去すると実子の畠山義就《よしひろ》が跡を継いだ。畠山氏では義就が後継者となる前に、一度は畠山持富《もちとみ》（徳本の弟）が次の家督とされていたが、それが撤回されての家督相続であった。そのため、持富没後もその子である弥《や》三郎《さぶろう》、弥三郎没後はその弟の政長《まさなが》を支持する家臣が派閥を形成し、義就に対抗したのである。結果、畠山氏は家督をめぐって義就派と政長派に分裂してしまった。

畠山氏の家督問題は、大名家内部の問題にとどまらなかった。畠山義就と畠山政長は、分国（管轄国）の河内《かわち》（大阪府）などで武力衝突する一方、将軍・義政に対して家督の公認を求めた。そうした中、長禄四年（一四六〇）九月、義政が畠山義就に対して隠居を命じると、反発した義就が隠居を拒否して河内に下向してしまったため、畠山政長が家督を継いだ。この結果討伐《とうばつ》対象となった畠山義就は幕府軍に攻撃され、分国の紀伊《きい》（和歌山県）に没落した。しかしその後、義政は義就を赦免《しゃめん》、文正元年（一四六六）十二月に義就が上洛《じょうらく》すると、文正二年（一四六七）正月、今度は畠山政長が管領を罷免《ひめん》されてしまう。二転三転する義政の判断は畠山氏の内

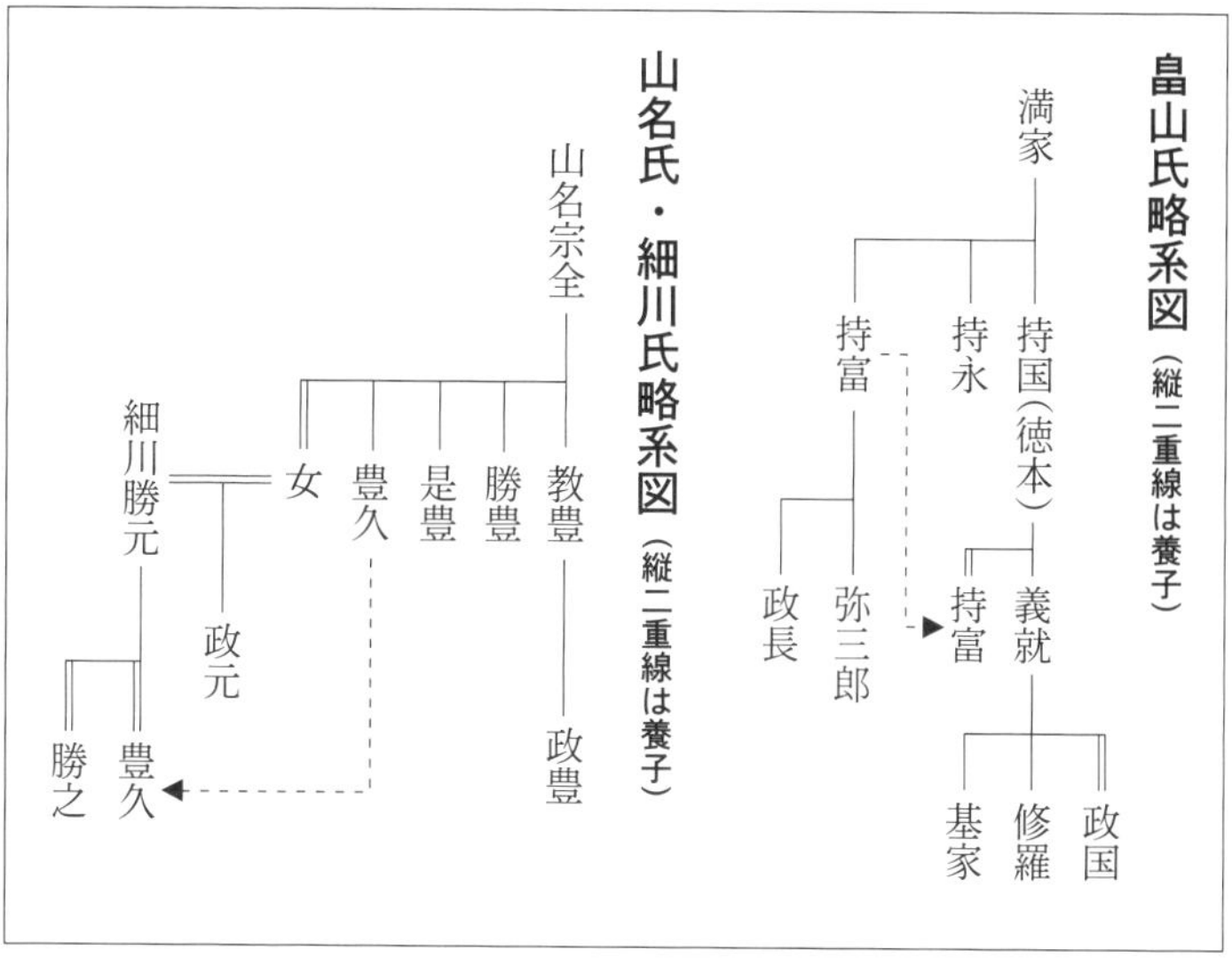

部抗争に拍車をかけることになった。

畠山義就の赦免と畠山政長の管領罷免の背景には、義就を支持する山名宗全と政長を支持する細川勝元の対立があった。分裂した大名家では、双方が有力大名の支援を求め、その支持により将軍による家督公認と対抗勢力に勝利するための武力を得ようとしたのである。畠山氏の家督問題の激化は、やがて細川勝元・山名宗全の二大大名を中心とする大名の派閥抗争へと展開することとなった。

足利義政が畠山義就の支持を鮮明にしたことにより、畠山政長は苦境に追い込まれた。政長は上御霊社（御霊神社、京都府京都市上京区）に陣取り、挽回《ばんかい》を図った。一方、義就は山名宗全、一色義直《いっしきよしなお》らとともに将軍御所に陣取った。将軍御所の周囲には政長を支持する細川勝元、京極《きょうごく》生観《しょうかん》（持清《もちきよ》）が陣取っており、畠山氏の家督を

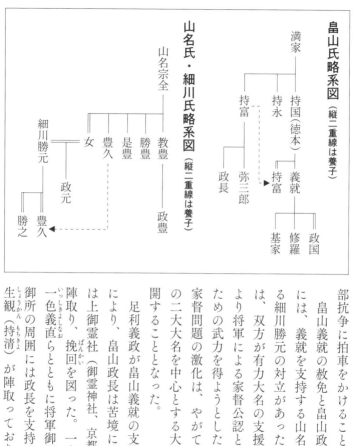

めぐる義就と政長の対立は、双方を支持する大名たちの対立へと転化しつつあった。

義政は、山名宗全、細川勝元らに対し、義就と政長の支援をやめるよう命じた。大名たちは命令に応じ、両畠山氏の支援をやめた。この義政の命令を守るかどうかが、両者の明暗を分けることとなる。文正二年正月十八日、義就は上御霊社の政長を攻撃し、合戦となった。この「上御霊社の戦い」において、細川勝元らは政長を支援しなかった。一方、山名宗全は義政の命令を無視し、義就に加勢した。

結局、「上御霊社の戦い」は、宗全の加勢を得た義就の勝利に終わった。一方、敗走した政長は、細川勝元に匿《かくま》われた。義政の命令を守って政長を支援しなかった勝元は、結果的に政長を見捨てたことになった。そのため、「弓矢の道を失う」と評され、面目を失うことになった。このことが、のちのち禍根を残すことになる。

◎東軍と西軍に分かれた大名家

「上御霊社の戦い」以後、しばらく小康状態が続いた。だが、大名たちは分国から軍勢を京都に呼び寄せており、一触即発の状態であった。そして、応仁元年(三月五日、応仁に改元)五月二十六日、細川方が一色義直邸を攻撃し、ついに両軍の本格的な戦闘が始まった。

「応仁・文明の乱」では、両軍の陣地の場所(将軍御所周辺と御所西方)に基づき、細川勝元を中心とする大名たちを東軍、山名宗全を中心とする大名たちを西軍と呼んでいる。東軍は、

「応仁・文明の乱」対立の構図

東軍		西軍
足利義政 細川勝元・成之 畠山政長 斯波義敏、京極生観、 赤松政則、山名是豊、 武田信賢	VS	足利義視 山名宗全 畠山義就・義統 斯波義廉、一色義直、 大内政弘、土岐成頼、 六角高頼

細川勝元、細川成之《しげゆき》、畠山政長、斯波義敏《しばよしとし》、京極生観、赤松政則《まさのり》、山名是豊《これとよ》、武田信賢《たけだのぶかた》など、西軍は、山名宗全、畠山義就、畠山義統《よしむね》、斯波義廉《よしかど》、一色義直、土岐《とき》成頼《しげより》、六角高頼《ろっかくたかより》などである。東軍の細川勝元、細川成之、京極生観、赤松政則は畠山政長を、西軍の山名宗全、一色義直、土岐成頼は畠山義就を支持していた大名たちであり、乱の発端となった畠山氏をめぐる対立が両軍の構成に反映されている。

一方、東西両軍に分かれた家も多い。細川一族は東軍に結集したが、山名一族は宗全の子で備後《びんご》（広島県）守護の山名是豊が東軍に属した。管領家の畠山氏と斯波氏は両軍に分かれており、各大名家の家督争いが戦局をさらに複雑なものとした。

将軍・足利義政の身柄は、東軍が確保した。五月の開戦時、東軍は将軍御所を包囲するように布陣した。「上御霊社の戦い」とは異なり、将軍を自派で囲い込むことに成功したのである。さらに、六月三日には細川勝元の申請により、東軍に対して幕府の旗が与えられた。

足利将軍家は必ずしも東軍支持で一致していたわけではない。たとえば、東軍への幕府の旗の授与には、山名宗全寄りの日野勝光《ひのかつみつ》と、その妹で義政正室の日野富子《とみこ》が反対しており、義政も西軍討伐に積極的ではなかった。他方、同じく東軍が身柄を確保した足利義視は敵兵の首実検《くびじっけん》を行うなど、東軍の大将格として動いている。

内情はどうあれ、将軍を擁《よう》することで東軍は、西軍を将軍の敵と位置付け、自派の行動を正当化することに成功した。逆に、西軍は旗印を欠くことになり苦戦、斯波義廉、土岐成頼、六角高頼が東軍に降伏したという噂《うわさ》が流れるなど、動揺が見られるようになる。

だが、八月になると情勢が一変した。周防《すおう》（山口県）を中心に中国地方西部、九州北部を分国とする有力大名・大内政弘《おおうちまさひろ》が西軍に加勢したのである。大内政弘は本拠地の中国地方の軍勢に加え、伊予《いよ》（愛媛県）守護・河野通春《こうのみちはる》ら四国・九州の軍勢からなる大船団を率いて兵庫に到着した。東軍は上洛経路にあたる摂津《せっつ》（大阪府）で迎え撃ち、阻止しようとしたが、摂津国人から内通者が現れ、大内政弘は無事上洛を果たした。以後、西軍は勢力を回復し、東軍と一進一退の攻防が続くこととなった。

◎〝二つの幕府〟の対立

勢いを取り戻した西軍だったが、合戦の大義名分という面では不利な立場に置かれたままだった。

東軍には将軍御所へ避難していた後《ご》花園《はなぞの》上皇と後《ご》土御門《つちみかど》天皇もいたのである。応仁元年（一四六七）十月には、山名宗全の討伐を命じる後花園上皇の「治罰《ちばつ》の院宣《いんぜん》」（上皇による征討命令）が下されるなど、西軍は朝敵《ちょうてき》にも指定されている。

そこで、西軍は東軍への対抗策として、足利義視を擁立《ようりつ》した。先述したように足利義視は当初、東軍に属していた。だが、かつて自分を失脚させようとした伊勢貞親を乱の発生後に義政が赦免したことに反発し、応仁元年八月、北畠教具《きたばたけのりとも》（伊勢《いせ》国司）を頼って伊勢（三重県）へ下向してしまった。足利義視は義政の上洛命令に応じず在国を続けたが、翌応仁二年（一四六八）九月、ようやく上洛した。だが今度は、義政側近として勢威を振るう公卿の日野勝光と対立し、義政との関係がまたもや悪化してしまった。日野勝光は伊勢貞親の赦免を取りなした人物であり、以前の遺恨が再燃したのである。そして、義政が義視を誅伐《ちゅうばつ》するという噂が流れるに及び、十一月、ついに義視は将軍御所を出奔し、西軍に転じることになった。

西軍は自派の将軍格として足利義視を擁立するにとどまらず、管領に斯波義廉、政所執事に伊勢貞藤《さだふじ》（伊勢貞親の弟）を起用、奉行人《ぶぎょうにん》（文書発給などを担う幕臣）や公家も加わる、幕府を模した政治体制を構築した。そのため、西軍は西幕府とも呼ばれている（百瀬：一九七六）。さらに、文明三年（一四七一）八月、西軍は南朝の後村上天皇《ごむらかみ》の末裔《まつえい》にあたる小倉宮《おぐらのみや》家の皇子を擁立した。将軍・天皇を擁する東軍に対し、西軍は独自の将軍・天皇を擁立することで対抗したのである。

西軍の体制強化に対し、東軍も対抗措置に出る。乱の勃発後も管領は西軍の斯波義廉のままであったが、応仁二年七月、義廉は罷免され、細川勝元が管領に再任した。十二月には、足利義視と西軍に属した公家が解官《げかん》（官職を解任されること）され、後花園上皇の治罰の院宣と義政の御内書《ごないしょ》により、義視の討伐命令が出された。大名同士の抗争に端を発した東西両軍の対立は、足利将軍家の家督問題という新たな火種が加わり、収束が困難になっていった。

東西両軍の性格は、文書発給にも表れている。西軍は当初、管領・斯波義廉が管領下知状《げちじょう》（将軍不在時や幼少時などに、管領が将軍代行として発給する文書）で軍事命令を伝達した。また、西軍の主要大名（土岐成頼、山名政清《まさきよ》、山名教之《のりゆき》、畠山義統、一色義直、山名宗全、畠山義就、斯波義廉）による連署状という、従来の幕府にはない独自の文書も発給しており（桜井：二〇〇九、初出二〇〇二）、有力大名連合という性格を示している。だが、足利義視擁立後は、将軍格の義視の御内書と、御内書を補完する管領格の斯波義廉の副状《そえじょう》が見られるようになり、従来の幕府の文書発給体系を踏襲している。

一方、東軍は当初管領不在であったことから、幕府奉行人が連名で出す奉行人連署奉書を中心に軍事命令を伝達した。だが、応仁二年、伊勢貞親（伊勢氏は御内書の作成も担当）が復帰し、細川勝元が管領に再任すると、将軍・足利義政の御内書と、伊勢貞親や細川勝元の副状による軍事命令の伝達が見られるようになる（吉田：二〇一〇、初出二〇〇六）。東西両軍の軍事関係文書は類似しており、文書発給の面でも二つの幕府の対立という性格を帯びるようになったのである。

◎地方に波及、長期化した戦乱

京都での戦乱が長期化する一方、戦乱は地方でも展開した。文明二年（一四七〇）、細川勝元の誘いに乗り、大内道頓《どうとん》（教幸《のりゆき》。西軍・大内政弘の伯父《おじ》）が長門《ながと》（山口県）で挙兵した。翌文明三年には、武田信綱《のぶつな》（東軍・武田信賢の弟）が安芸《あき》（広島県）で挙兵しており、東西両軍ともに在京した敵方大名の領地で反乱を起こさせ、その勢力を削《そ》ごうとしている。中でも、戦乱の行方に大きな影響を与えたのが、文明三年六月の、西軍・朝倉孝景《あさくらたかかげ》（斯波義廉の有力家臣）による東軍への寝返りである。朝倉孝景の越前《えちぜん》（福井県）での挙兵は西軍を動揺させ、戦局を東軍優位へと傾けた。

こうした中、東西両軍では和議の気運が高まる。文明四年正月頃から和睦《わぼく》交渉が開始されたが、東軍の赤松政則、西軍の畠山義就ら主戦派の反対もあり、実現しなかった。文明五年三月十八日に山名宗全、同年五月十一日に細川勝元と相次いで東西両軍の主将が死去したものの、それでも終戦には至らなかった。

そして、文明六年（一四七四）四月、東軍の細川聡明丸《そうめいまる》（政元《まさもと》、勝元の子）と西軍の山名政豊《まさとよ》（宗全の孫）の間でようやく和睦が成立した。西軍の一色義直も和睦に応じ、山名政豊とともに幕府へ復帰した。前年十二月には足利義尚《よしひさ》（義政の子）が将軍に就任しており、義尚のもと、幕府の統一へと向かうことになる。だが、西軍のその他の大名は和睦に応じなかった。当初の対立要因であった細川氏と山名氏の対立、足利将軍家の家督問題とは関係なく、戦乱は続いたのである。

だが、文明九年（一四七七）九月二十二日、畠山義就が分国の河内へ下向したことが転機となる。主戦派の畠山義就が京都からいなくなり、ようやく東西両軍の和睦が成立したのである。そして、同年十一月十一日、西軍の大内政弘（周防）、土岐成頼（美濃《みの》）、畠山義統（能登《のと》）はそれぞれの分国へ、足利義視も土岐成頼とともに美濃（岐阜県）へ下向し、約十年にわたる「応仁・文明の乱」はようやく終結した。

◎最近の研究に見る「構図」と「原因」

「応仁・文明の乱」の研究は、戦前から通史（田中：一九七九、初出一九二三、稲垣：一九六三）、や一般向けの書籍（小川：一九九四、初出一九六六、永島：一九六八、鈴木：一九七三）を中心に積み重ねられてきた。中でも百瀬今朝雄《ももせけさお》氏の研究（百瀬：一九七六）は、伊勢貞親を将軍権力の代表とし、東軍と西軍の対立を東西幕府の対立と位置付けるなど独自の視点が盛り込まれ、

「応仁・文明の乱」の研究に大きな影響を与えた。現在の「応仁・文明の乱」の通説は、百瀬氏の研究が基盤となっている。

だが、その後の研究の進展に伴い、近年は通説と異なる新説も提起されている。ここでは、乱の構図と原因を中心に、「応仁・文明の乱」の最近の研究状況について紹介することにしたい。

まずは乱の構図についてであるが、以下の四つの対立要因が挙げられる。

1・細川氏と山名氏の覇権争い

「応仁・文明の乱」は、長らく細川氏・山名氏の二大勢力の覇権争いとして描かれてきた。複数の分国を持つ有力大名、細川勝元と山名宗全がそれぞれの与党の大名とともに二大派閥を形成し、覇権争いを繰り広げた結果、「応仁・文明の乱」に至るというものである。この構図は、戦前にはすでに定説（田中：一九七九、初出一九二三）となっており、戦後も継承（百瀬：一九七六）されている。

2・将軍権力の分裂

近年、「細川・山名の覇権争い」という伝統的な構図とは異なる見解が出されるようになっている。一つは、将軍権力の分裂を重視する説（家永：二〇〇一、二〇一一、二〇一四）である。この説では、将軍権力による有力大名抑圧政策が行われていた義政期に次期将軍候補者となった足利義視が、抑圧された大名（山名宗全、斯波義廉、畠山義就）と接近したため、対大名政策の違いが将軍権力の分裂を招いたとする。そして、親義視派の大名たちは義政から義視への将軍交替が間近に迫ったことから政権奪取を図り、義政政権を支える細川勝元との対立に至ったと説明する。

また、細川勝元と山名宗全がもともとは提携関係にあったことから、両者の対立を重視する従来説には批判的な立場をとっている。

3・細川派と反細川派の対立

もう一つの対立構図として挙げられるのが、細川派と反細川派の対立とする説（末柄：二〇一四）である。この説では、まず「応仁・文明の乱」に影響した「文正の政変」について分析する。すなわち、政変時の動向から大名を義政派（斯波義敏、赤松政則、畠山政長、京極生観）と反義政派（山名宗全、斯波義廉、一色義直、土岐成頼）に区分し、義政派は東軍、反義政派は西軍に参加したことを確認する。

次に、「文正の政変」では義政派として行動しなかった細川勝元と、政変時は京都にいなかった畠山義就と大内政弘について分析し、畠山義就と大内政弘を反細川派と位置付ける。そして、西軍は反義政派に反細川派が加わったものであることから、「応仁・文明の乱」の基本的な対立構図として細川派対反細川派を想定する。

この説では、細川派と山名派の対立が決定的となる応仁元年五月以降は、従来の細川氏と山名氏の二大勢力の衝突と捉えることができるとしており、従来の細川派と山名派の対立を乱勃発後の構図と位置付けている。

4・個別の対立要因

「応仁・文明の乱」では、これまでに見てきたような複数の大名に共通する対立構図の他に、個別の大名ごとの対立関係がある。よく知られているものとしては、足利将軍家（東軍・足利義政、西軍・足利義視）・畠山氏（東軍・畠山政長、西軍・畠山義就）・斯波氏（東軍・斯波義敏、西軍・斯波義廉）の家督をめぐる対立がある。

「応仁・文明の乱」に参加した大名には、乱以前の対立関係から東西両軍に分かれたものも多い。東軍の赤松政則は、「嘉吉の乱」により失った播磨《はりま》（兵庫県）、備前・美作《みまさか》（岡山県）の守護職の回復が悲願であった。この三ヵ国の守護職は赤松氏討伐で功績を挙げた山名一族が所有しており、山名・赤松両氏は犬猿の仲であった。また、西軍の一色義直は足利義教（義政の父）政権時代に失った若狭《わかさ》（福井県）の守護職の回復を目指しており、新たに若狭守護となった武田信賢とは対立関係にあった。大名たちが乱に参加した背景には、個々の利害関係も存在した。

西軍の大名の下国により「応仁・文明の乱」は終結したが、大名同士の個々の対立要因は未解決に終わったものも多い。乱の発端となった畠山政長と畠山義就の抗争は子孫に受け継がれ、乱以前から続いた畠山氏の分裂抗争は百年以上続いた。赤松政則と山名政豊の対立は、長享《ちょうきょう》二年（一四八八）に山名政豊が播磨から撤退するまで続いた。一色義直は東軍と和睦して幕府に復帰したが、領有権をめぐって争っていた小浜《おばま》が武田国信《くにのぶ》に与えられたことに反発して下国し、戦国期を通じて一色・武田両氏の対立は続いた。「応仁・文明の乱」を機に顕在《けんざい》化した大名たちの対立は乱後も続き、戦乱の長期化と地方への拡大をもたらしたのである。

◎さまざまな要素が絡み合う乱の原因

次に乱の原因については以下の四つの理由が、近年提唱されている。

1・細川氏と山名氏の対立

「応仁・文明の乱」は、長らく細川氏と山名氏の対立が原因であったといわれてきた。両者が対立した理由としては、覇権争いの他に細川勝元の後継者をめぐる確執が指摘されている。

両者の後継者をめぐる確執は、二つある。一つは、細川勝元が山名氏出身の養子を出家させたことである。勝元には男子がなかったため、山名豊久《とよひさ》（宗全の子）を養子にした。だが、実子が生まれると山名豊久を後継者から除外し、さらに出家させたため、宗全が反発したというものである。

もう一つは、山名氏の血を引く子がいるにもかかわらず、細川勝元が養子を迎えたことである。勝元の実子、細川聡明丸（政元）は、細川勝元と山名宗全の養女（山名熙貴《ひろたか》の娘）の間に生まれた子であった。だが、勝元は細川聡明丸の誕生後、細川氏一門の野州家《やしゅう》から新たに細川勝之《かつゆき》（細川教春《のりはる》の子）を養子に迎えたため、宗全との関係が悪化したというものである。

だが、細川勝元の後継者問題を両者の対立要因と見る見解については、近年批判（家永：二〇一〇）がなされている。すなわち、山名豊久の出家は細川聡明丸の誕生前のことであり、また、嫡子誕生後に一族から養子を迎えたのは勝元と宗全の対立が始まった後のことであるから、いずれも乱の原因とはいえないとするものである。

2・足利将軍家の家督問題

細川氏・山名氏の対立と並んで古くから「応仁・文明の乱」の原因とされてきたのが、義政の正室・日野富子である。富子が実子の足利義尚を将軍にするため、山名宗全を頼ったというのである。足利義政には男子がなかったため、寛正《かんしょう》五年（一四六四）、弟・義尋《ぎじん》（のちの義視）を養子に指名する。だが、その直後、義政と富子の間に実子・義尚が生まれると富子は彼を後継者にしようと考え、山名宗全に義尚の庇護《ひご》を頼んだ。日野富子の依頼を受け入れた山名宗全は、義視を支える細川勝元、畠山政長に対抗するため、両者と敵対する畠山義就と提携し、勝元と宗全の対立に至るというものである。

だが、この説についても、批判（家永：二〇〇一、二〇一一、二〇一八）がなされている。まず、日野富子が足利義尚の庇護を山名宗全に依頼したことについては、『応仁記』（戦国期に成立した軍記）が作り上げた虚構とする。また、山名宗全と畠山義就の提携は義尚の誕生前に成立しているため、日野富子の依頼を受けて提携したわけではないとする。なお、『応仁記』の評価ならびに日野富子と「応仁・文明の乱」の関係については研究者の間で評価が分かれており、現在も論争（桜井：二〇一九、家永：二〇二〇）が続いている。

3・諸大名の動向の影響

従来の定説であった1、2の説に対し、近年新たに提起されたのが、諸大名の動向により細川勝元と山名宗全の提携が壊れたために、「応仁・文明の乱」が起きたとする説（家永：二〇〇一、二〇一二）である。まず、細川勝元と山名宗全の提携が動揺した原因として、赤松氏の再興を挙げる。長禄《ちょうろく》二年（一四五八）に赤松氏の遺臣が吉野の後南朝から三種の神器《じんぎ》の一つである神爾《しんじ》を奪い返すと、その功績により赤松次郎法師丸《じろうほうしまる》（赤松政則）は加賀半国の守護職と播磨・備前の国内で領地を与えられた（第10章「長禄の変」参照）。先述したように、赤松氏の旧領だった播磨・備前は「嘉吉の乱」により山名領国となっており、赤松・山名両氏は犬猿の仲だった。そして、この赤松氏の再興を支援したのが、赤松氏との親交が深い細川勝元であった。そのため、政敵を支援した細川勝元に対する山名宗全の不信感が高まったとする。

また、細川勝元と山名宗全の提携は、宗全と畠山義就の提携により破綻《はたん》したとしている。これは、細川勝元と山名宗全の提携が畠山徳本・義就父子に対抗するためのものであったという理解による。だが、両者の関係の破綻に先行して、大名たちの提携関係の変化が見られる。斯波義廉は足利義政や斯波義敏に対抗するため、畠山義就と提携した。細川勝元は畠山政長を支援しているため、畠山義就との提携は勝元との対立を意味する。また、大内政弘は伊予河野氏の家督問題をめぐり、細川勝元と対立した。斯波義廉・大内政弘はいずれも山名宗全と親しい大名である。そして、こうした諸大名の動向の延長線上に、細川勝元と山名宗全の提携の破綻を位置付けている。この説では、細川勝元と山名宗全の対立が大名たちを動かして乱が起きたのではなく、大名たちの動きにより細川勝元と山名宗全の提携関係が壊れ、乱が起きたとする。

4・山名宗全による畠山義就の支援

「応仁・文明の乱」の原因として近年重視されているのが、「上御霊社の戦い」で山名宗全が畠山義就を支援したことである。細川勝元は足利義政の要請を守り、畠山政長を支援しなかったが、弓矢の道に背《そむ》くとして世間から厳しく非難されることとなったことは先述した。そのため、武士のメンツを潰《つぶ》された細川勝元が宗全に遺恨を抱き、その報復が乱の拡大につながったとするものである（桜井：二〇〇一、末柄：二〇一四、呉座：二〇一六）。この説では、細川勝元と山名宗全は当初から合戦をするつもりだったわけではなく、個々の要因が積み重なったことが結果として長く続く大乱を招いたと捉えている。

◎「応仁・文明の乱」の意義

「応仁・文明の乱」は、室町時代の画期となる重要な戦乱であった。では、乱によりどのような変化が起きたのであろうか。まず、室町幕府の基本制度である大名在京制が変質した。室町幕府は、政権基盤である大名たちが在京し、将軍とともに幕府を運営することで成り立っていた。だが、「応仁・文明の乱」後、大名たちはそれぞれの分国に下向し、一時は在京する大名が細川政元のみの状態に陥ってしまった。その後は足利義尚の近江出陣などにより大名の上洛が相次いでおり、「応仁・文明の乱」によって大名在京制が崩壊したわけではない。だが、在京大名の減少、大名の在国の常態化などが生じており、「応仁・文明の乱」をきっかけとして室町幕府の根幹であった大名在京制が変質し、幕府の政権基盤は縮小した。

また、「応仁・文明の乱」は、戦乱の地方への拡大を招いた。乱の発端となった畠山義就と畠山政長の対立が乱後も続いたように、乱は多くの戦乱の火種を残した。また、武力による問題解決を容認する風潮が広まり、大名家の家督問題、大名と家臣や国人の対立、近隣大名同士の対立などによる抗争が各地で頻発した。乱以前から戦乱が広まっていた関東や九州に続き、戦乱は全国へと拡大しており、時代は戦国へと移り変わりつつあった。

第12章

「明応の政変」

〝将軍が二人？〟――
細川政元による新将軍擁立のクーデター

古野 貢

◎「明応《めいおう》の政変」の時代背景

「明応の政変」とは、明応二年（一四九三）四月に起こった、足利《あしかが》将軍廃立《はいりつ》事件である。室町幕府第十代将軍・足利義材《よしき》が廃され、第十一代将軍として足利義澄《よしずみ》が擁立《ようりつ》されたもので、細川《ほそかわ》政元《まさもと》が主導したとされている。この政変が起こった時代背景について、「応仁《おうにん》・文明《ぶんめい》の乱」（第11章）前後の政治状況を追うことで確認していきたい。

室町時代の政治は、室町将軍と守護《しゅご》などに任じられる大名とが相互に協力や牽制《けんせい》をしあうバランスの上に成立していた。このようなあり方は、政治を担う政権そのものが不安定化する可能性を常に内包している。将軍や大名ら諸勢力は、それぞれの政策意図や利害関係によって、独自の行動を取ろうとする。中でも、嘉吉《かきつ》元年（一四四一）の「嘉吉の乱」（第7章）は、強硬な将軍主導による幕政運営の姿勢を見せた第六代将軍・足利義教《よしのり》に対する守護方のカウンターであった。

その結果もたらされた将軍不在状況は、室町時代の政治を担う構成員が欠けたことを意味し、幕政運営を不安定化させた。こうした状況下で文安《ぶんあん》六年（一四四九）、足利義政《よしまさ》が第八代将軍に任じられた。将軍就任時、義政はまだ十四歳であったため、必然的に幕府内の有力者や守護らに補佐され幕政を運営することとなった。長じるにつれ、自身の意思を幕政に反映させようとしはじめた義政に対し、幕政運営の構成員である守護らは必ずしも同調するものではなく、政策や利害関係によっていくつかの路線（系統、派閥）に収斂《しゅうれん》していくことになる。

　またこの時期、幕府を支える守護らの家中において家督争いが頻発《ひんぱつ》した。斯波《しば》氏や畠山《はたけやま》氏などがそれにあたるが、こうした家中の争いは、幕政におけるそれぞれの発言力や政治力を低下させ、将軍と守護らによるバランスの上に成立する政治を体現しづらくさせた。こうした状況の中、寛正《かんしょう》五年（一四六四）、義政は、浄土寺《じょうどじ》門跡《もんぜき》となっていた弟の義尋《ぎじん》を還俗《げんぞく》させ、自らの後継者に指名する。のちの足利義視《よしみ》である。当時、義政の後継者は不在だった。幕政に倦《う》んだ義政が後事を頼む存在として義視を指名したともされるが、さしあたっての後継者候補として指名したとの指摘もある。

　義視は義政のもとで武家政権内部の高位に上り、また日野《ひの》富子《とみこ》（義政正室）の妹・日野良子《よしこ》と結婚して文正《ぶんしょう》元年（一四六六）に子が生まれる。これがのちの義材（義稙《よしたね》・義尹《よしただ》。本稿では義材で統一）である。

　義視を後継指名した翌年、義政と富子の間には実子・義尚《よしひさ》が誕生して後継問題が複雑化する一方、義政は東山《ひがしやま》山荘の建設予定地を決定するなど、なお幕政を担おうという意思を見せる。

　このような義政の幕政への関与の姿勢は、守護らにとっては自らとのバランスの上に成立する室町幕府の政治的あり方とは異なるものと受け止められた。たとえば義政は、守護らの分国（管轄国）に所在する寺社本所領《ほんじょ》の返還を命令したが、これは守護からすれば分国支配への介入と受け止められた。また義政は斯波氏や畠山氏などの家督相続にも介入した。足利将軍は守護らの次期当主を決定する権能を有していると考えられていたが、実際には家中で決まったものを追認することが多く、家中がまとまらない時の調整機能と受け止められていた。

しかし将軍が過度に介入すれば、将軍の意向があたかも家督の「正統性（正当性）」を示す根拠となりえ、将軍の意向によって守護家などの家中が次期家督をめぐって混乱し、抗争する要因ともなった。またこの頃、義政を支えていたのは幕府政所《まんどころ》（財政を担当する機関）頭人を務める伊勢貞親《いせさだちか》であった。貞親とともに積極的な幕政運営を進める義政に対して反発する守護などは、その結集核として足利義視に近づいた。守護らは山名宗全《やまなそうぜん》（持豊《もちとよ》）や細川勝元《かつもと》を代表として伊勢貞親の追放を義政に要求し、これを実現させている（「文正の政変」）。室町幕府の政治は、将軍と守護らとのバランスの上に成立するものであった。

伊勢貞親の追放を認めさせ、幕府における義政の政治力が削《そ》がれたことを受けて、こののち幕政運営をめぐって守護らは山名宗全と細川勝元それぞれの系統に分かれ、幕政の主導権を争うようになり、これがやがて「応仁・文明の乱」を引き起こすこととなる。「応仁・文明の乱」は、いわば守護らの系統（派閥）抗争ともいえるのである。

◎将軍・義尚、六角氏征討中に陣没

「応仁・文明の乱」の最中の文明五年（一四七三）、足利義尚は室町幕府第九代将軍に就任した。しかしそれ以後も義政は義尚の後見を務めるとともに、東山山荘の造営を進め、室町殿《むろまちどの》の義尚とは一定の距離を置きつつ幕政に関わっていた。

ところで、後継に指名されていた義視はどうなったのか？

「応仁・文明の乱」において当初東軍方として動いた義視だったが、義政がかつて「文正の政変」で敵対した伊勢貞親を復権させると、伊勢《いせ》（三重県）に出奔《しゅっぽん》してしまった。一旦は帰京したものの、日野勝光《かつみつ》（日野富子の兄）の追放を進言したために再び義政と対立する。

応仁二年（一四六八）、義視は再び東軍方から出奔し、西軍方へ走った。これを知った義政は朝廷に働きかけて朝敵《ちょうてき》として追討《ついとう》を命じた。ここに義政と義視は決裂するに至った。その後、乱が終結すると、西軍方に与《くみ》していた義視は、子の義材とともに美濃《みの》（岐阜県）へ下向してしまっていたのである。

そうした中で義尚は、奉公衆《ほうこうしゅう》が幕府奉行人《ぶぎょうにん》を殺害するなど、現任将軍でありながら幕政の中核を押さえ切れていなかった。将軍権威を確保することを目指していた義尚に、長享《ちょうきょう》元年（一四八七）、近江《おうみ》（滋賀県）守護・六角高頼《ろっかくたかより》が近江国内の幕府奉公衆の所領を押領《おうりょう》しているとの訴えがあった。「応仁・文明の乱」以前から続く家中の抗争から、北部の京極《きょうごく》氏は東軍方へ、南部の六角氏は西軍方に属していた。六角高頼は近江国人を味方とするため、寺社本所領などを安堵《あんど》したのである。

乱後、幕府は六角氏を南近江の守護に任じ、押領した地の還付を指示したが、六角高頼はこれに従わなかった。この機に乗じ、六角高頼を追討《ついとう》することで将軍としての立場を確立することを目指した義尚は、同年九月に近江坂本へ出陣した。これに管領、守護、奉公衆、同朋衆《どうぼうしゅう》、公家らが従った。六角高頼は防衛線を張るも、金剛寺城《こんごうじ》（伊庭《いば》氏居城）、観音寺城《かんのんじ》（六角氏本拠地）が落とされたため、甲賀《こうか》（滋賀県甲賀市）へ没落した。好調な戦況を受け、義尚は十月に鈎《まがり》（滋賀県栗東市《りっとう》）に陣替を行った。しかしこののち戦況は膠着《こうちゃく》する。高頼の行方がつかめない上に甲賀の牢人《ろうにん》衆から反撃を受けたりした。義尚は伊勢国司・北畠具方《きたばたけともかた》に高頼捜索を命じるなど対応したが、成果は上がらなかった。

この間に六角高頼が押領していた寺社本所領や奉公衆領がそれぞれの領主に返還されたが、それらは幕府に収公され、遠征の兵糧に宛《あ》て行《が》われた。このことは所領回復という義尚出陣の目的を失わせた。遠征が長期化する中で義尚は意欲を失って和歌や猿楽《さるがく》、酒宴に興じ、恣《し》意的な人事を行うなどしたため人望を失った。このような姿を見た細川政元は、長享二年六月京都へ撤兵する。義尚は義熙《よしひろ》と改名して状況を変えようとするも果たせず、翌三年三月に陣没してしまった。

◎将軍・義材と日野氏の関係

長享三年（一四八九）、義尚（義熙）の死亡を受け、足利義視・義材父子が上洛《じょうらく》することとなった。日野富子らの推薦によって新将軍に義材を就《つ》けることが決められたからである。「応仁・文明の乱」は、将軍後継をめぐる日野富子と義視の対立が要因の一つだったとされることもある。しかし富子は、かつて対立した義視の子・義材を将軍に推した。なぜ日野富子は義材を次期将軍に推薦したのか。

実子がいないまま死亡した義尚の後継者候補には、当時、義材と香厳院清晃《こうげんいんせいこう》がいた。清晃は足利義政の庶兄《しょけい》・足利政知《まさとも》の次男である。政知は出家して香厳院に入ったが、のちに還俗《げんぞく》して「足利政知」を名乗り、堀越《ほりごえ》公方として伊豆《いず》国堀越（静岡県伊豆の国市）へ移った（第9章「享《きょう》徳《とく》の乱」参照）。義政はこの政知の次男を香厳院の住持とした。文明十九年（一四八七）、香厳院に入り、「清晃」を名乗る（『蔭涼軒日録《いんりょうけんにちろく》』）こととなったこの人物の上洛は、義尚後継をめぐる政治的な動きを誘発する。その中心にいたのが日野富子である。

長きにわたって将軍の室《しつ》（妻）を輩出してきた日野氏出身の富子は、夫・義政とともに室町幕府を支え、高利貸や京都七口《ななくち》での関銭《せきせん》徴収など、京都住民らからの非難を受けても政策を実行する政治家でもあった。義政が将軍を退き、実子・義尚が将軍に就任したことから、室町幕府内においてもっとも影響力のある人物であった。富子からすれば、武者小路《むしゃのこうじ》家を母とする清晃は、自らの幕府内での地位の点からも受け入れ難い存在であったと考えられる。自身の妹

（日野良子）を母とする義材のほうが相対的に受け入れやすかったのではないか。

　こうした関係を踏まえ、富子は義材を「左馬頭《さまのかみ》」に任官させた。「左馬頭」とは、第三代将軍・足利義満《よしみつ》が最初に任官した、将軍家にとっては特別な官位である。これに補されるということは、次期将軍の有力候補であることをアピールすることになる。

　こうして足利義視・義材父子は上洛した。義視・義材は日野富子の邸宅（小川御所《おがわのごしょ》）に住むことになった（『実隆公記《さねたかこうき》』）。このことは富子が義材を義尚の後継者として支持していることを示す。一方、清晃には細川政元らの支持があったとされる。

　しかし義尚死後しばらくは、再度義政が執政した。義政は、文化人としては一流だが、政治家としては高く評価されていない。それは「応仁・文明の乱」の要因となった自らの後継者たる将軍家の家督争いや守護家の家督争いへの対応、幕政運営への姿勢などによる。延徳《えんとく》二年（一四九〇）正月、義政が死亡すると、足利将軍家の家督は義材が継承し、第十代将軍に就任した。

　ところがその直後、日野富子が小川御所を清晃に与えようとしたことにより、足利義視との関係が悪化する。小川御所は、かつて義尚も居所としていたことから「公方《くぼう》御座の在所」と称されており、この場所を清晃に与えることは、富子が「義材の次の将軍は清晃」と考えているのではないか、と疑われたのである。なぜ富子がこれまで支持してきた義視・義材方ではない清晃を優遇するかのような行動を取ったのか、その理由ははっきりしない。

ともあれ、これに立腹した義視は、小川御所を破壊し、富子の所領を差し押さえた。これを受けて富子は出家し逼塞《ひっそく》することとなった。また富子の逼塞と時を同じくして、幕府政所頭人であった伊勢貞宗《さだむね》がその職を辞し、子の貞陸《さだみち》に譲った（『室町幕府諸奉行次第』）。貞宗は義政側近の伊勢貞親の子であり、義尚の養育係も務めていて、富子とは近い関係にあった。これが、のちの政変の伏線となる。

義材が将軍となって間もなく、父である義視が病床に臥《ふ》した。義材にとって自らを支える人材は少なかったゆえに、将軍後継者に擬せられ、政治経験を積んでいた義視の存在は大きかった。そのため、延徳《えんとく》三年（一四九一）正月、義視が死亡すると、幕府内における基盤が脆弱《ぜいじゃく》な義材はそれを強化する策として軍事行動を選択した。具体的には近江六角氏攻撃である。

◎第二次六角氏攻撃で揺らぐ将軍の権威

義材の将軍としての最初の課題は、六角氏への対応であった。長享三年（一四八九）、義材は六角高頼を赦免《しゃめん》している。ところが、高頼が寺社本所領などの返還と在京を誓う請文を幕府に提出したにもかかわらず、高頼の被官《ひかん》（家臣）らが寺社本所領などの返還を拒否したのである。この六角氏方の対応を口実として、幕府は赦免を破棄した上で、「第二次六角征伐《せいばつ》」を決定する。

義材は、義尚と同様の失敗を繰り返さないように、延徳二年（一四九〇）八月、幕府の有力者である細川政元を近江守護に補任《ぶにん》し、支配を委《ゆだ》ねようとした。そして延徳三年（一四九一）四月、みずからの出陣と各地の守護らへの参陣を命令した（『蔭凉軒日録』）。軍勢に加わったのは細川政元をはじめ、畠山政長《まさなが》、斯波義寛《よしひろ》、赤松政則《あかまつまさのり》、細川義春《よしはる》、淡路《あわじ》細川氏、若狭武田《わかさたけだ》氏、山名《やまな》氏、一色《いっしき》氏、京極氏、土岐《とき》氏、北畠氏、仁木《にっき》氏、大内《おおうち》氏などであり、将軍の影響下にあるほぼすべての勢力が参陣した。「第二次六角征伐」と称される今回の軍事行動は、「雲の如《ごと》し、霞《かすみ》の如し」とも称された大軍勢となり、将軍の軍事動員力を見せつけた。

六角氏追討軍の中心は政元被官の安富元家《やすとみもといえ》で、「守護の如し」と形容されるほどの働きを見せ、六角氏の拠点の一つである金剛寺まで到達して、南近江を支配した。一方、六角高頼は、義尚による攻撃時と同様再び甲賀に退き幕府軍との戦いに備えたが、義材の大軍勢の前には劣勢であった。こうした情勢下、一族の六角政綱《まさつな》が降参を申し出たが義材はこれを許さず誅伐《ちゅうばつ》するなど、延徳三年八月から開始した攻撃は、義材方の優勢で推移した。

しかし明応元年（一四九二）になると六角氏方が反撃し、安富元家が位置する金剛寺を攻撃、元家は大敗し、金剛寺から敗走した（『大乗院寺社雑事記』）。これに対し義材方は赤松氏（浦上《うらがみ》則宗《のりむね》）、斯波氏（織田敏定《おだとしさだ》）、若狭武田氏（逸見弾正《へんみだんじょう》）の軍勢を送って反撃し大勝した。さらに義材は六角高頼が籠《こ》もる甲賀を攻撃するとし、自らの出陣を決めると、同年十月、金剛寺まで進軍した。六角氏方は隣接する伊勢まで逃れるも、北畠氏の軍勢に惨敗を喫した。

この結果を受け、義材は同年末、京都に凱旋《がいせん》した。その上で近江国内の寺社本所領を奉公衆に宛て行ったが、この政策は寺社勢力の反発を買った。また細川政元の近江守護職を解き、六角氏一族の虎千代《とらちよ》が擁立された。これらの対応は恣意的な将軍権力の実態をあぶり出すこととなり、将軍への信頼性が失われた。一方、六角高頼は度重なる幕府からの追討を退け、近江南部地域における支配権を強化させることに成功した。

◎畠山氏内紛への介入が陥穽に

近江六角氏の動向に対し、反幕府的な動向として二度にわたる将軍の親征が行われた。二度目の義材による攻撃は大きな戦果を上げた。しかし幕府や将軍に必ずしも従順ではない勢力は他にも存在した。「応仁・文明の乱」開始の引き金を引いた畠山氏の家中の対立もその一つである。将軍・義材は、前年までの六角氏攻撃に引き続き、明応二年（一四九三）正月、畠山氏への軍事行動を起こすことを発表し、諸勢力への軍事動員を行った。そしてこの対応の中で「明応の政変」が起こるのである。

畠山氏の内部対立は十五世紀前半から継続してきた。南山城《みなみやましろ》をめぐって在地勢力から追われたこともあったが、守護職を保持する河内《かわち》（大阪府）や紀伊《きい》（和歌山県）をめぐる戦いは継続していた。延徳二年（一四九〇）十二月、かつて「仏法・王法之敵」と称された畠山義就《よしひろ》が死亡した。義就の跡は基家《もといえ》が継ぎ、河内誉田《こんだ》に拠点を置いていた。一方畠山政長は嫡男・尚順《ひさのぶ》を幕府の六角氏攻撃に参加させ、幕府・将軍との関係強化を進めた。義就死亡という好機を得、

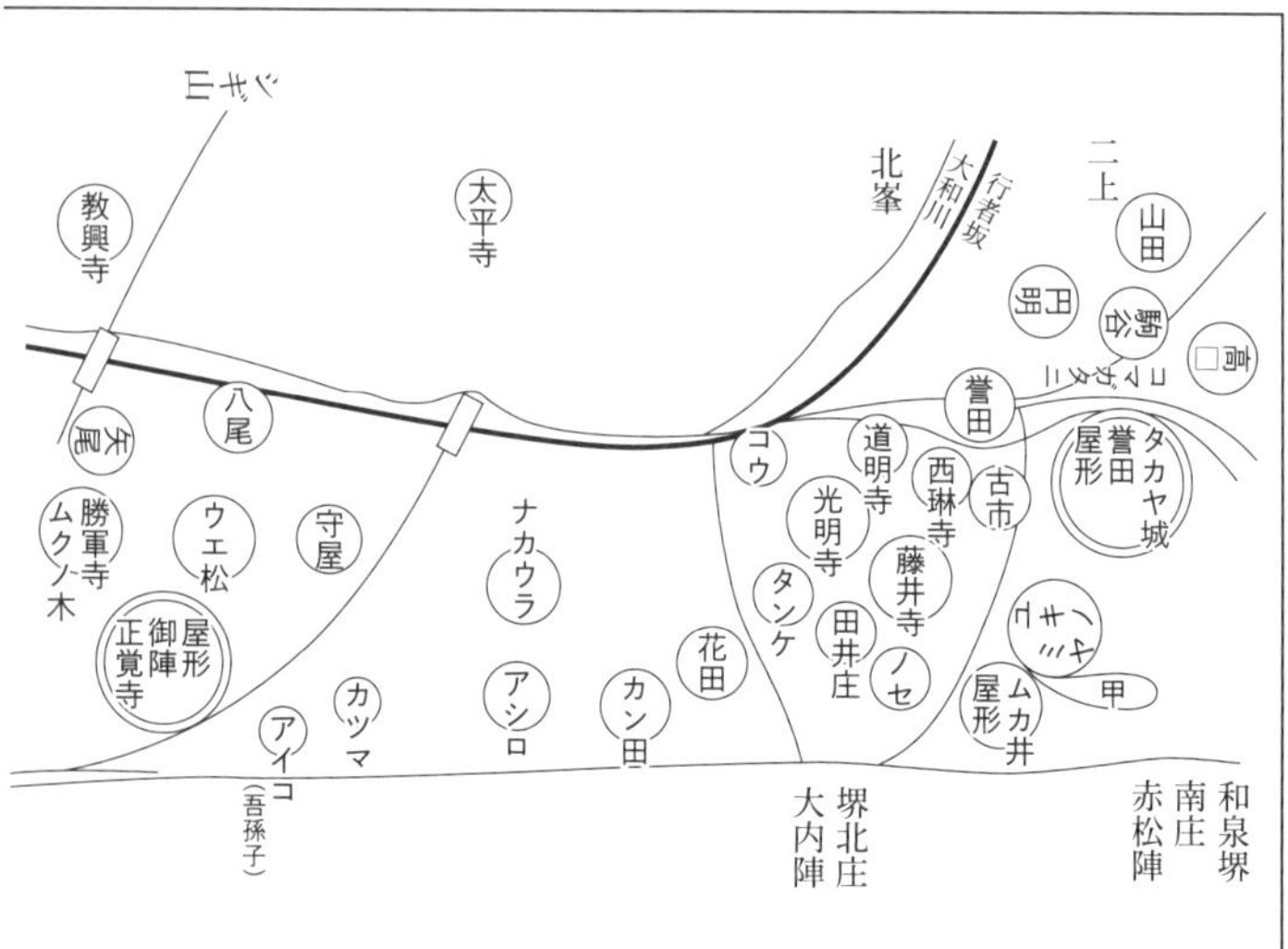

西　**明応二年御陣図**（「福智院文書」をもとに作成）

政長は基家追討を幕府に訴えた。その結果、河内と大和《やまと》（奈良県）に基家追討の幕府奉行人奉書が出され、基家方に与する国人勢力を罪科に処し、所領を没収すると記されていた。

　このような状況の中、明応二年（一四九三）二月、義材は畠山基家追討のために出陣した。軍勢に加わったのは、畠山政長、赤松政則、斯波義寛、細川義春、淡路細川氏、若狭武田氏、能登《のと》畠山氏、一色氏、京極氏、大内氏、山名氏、土岐氏などであり、近江六角氏攻撃と同様の大軍勢となった。

　義材は大軍を率いて京都から八幡を経て畠山政長が在陣する正覚寺《しょうかくじ》に入ったのち、安国寺《あんこくじ》に自身の陣を置いた。この義材の出陣の様子を表した貴重な陣図が残っている。「明応二年御陣図」（「福智《ふくち》院《いん》文書」。上掲の図を参照）である。

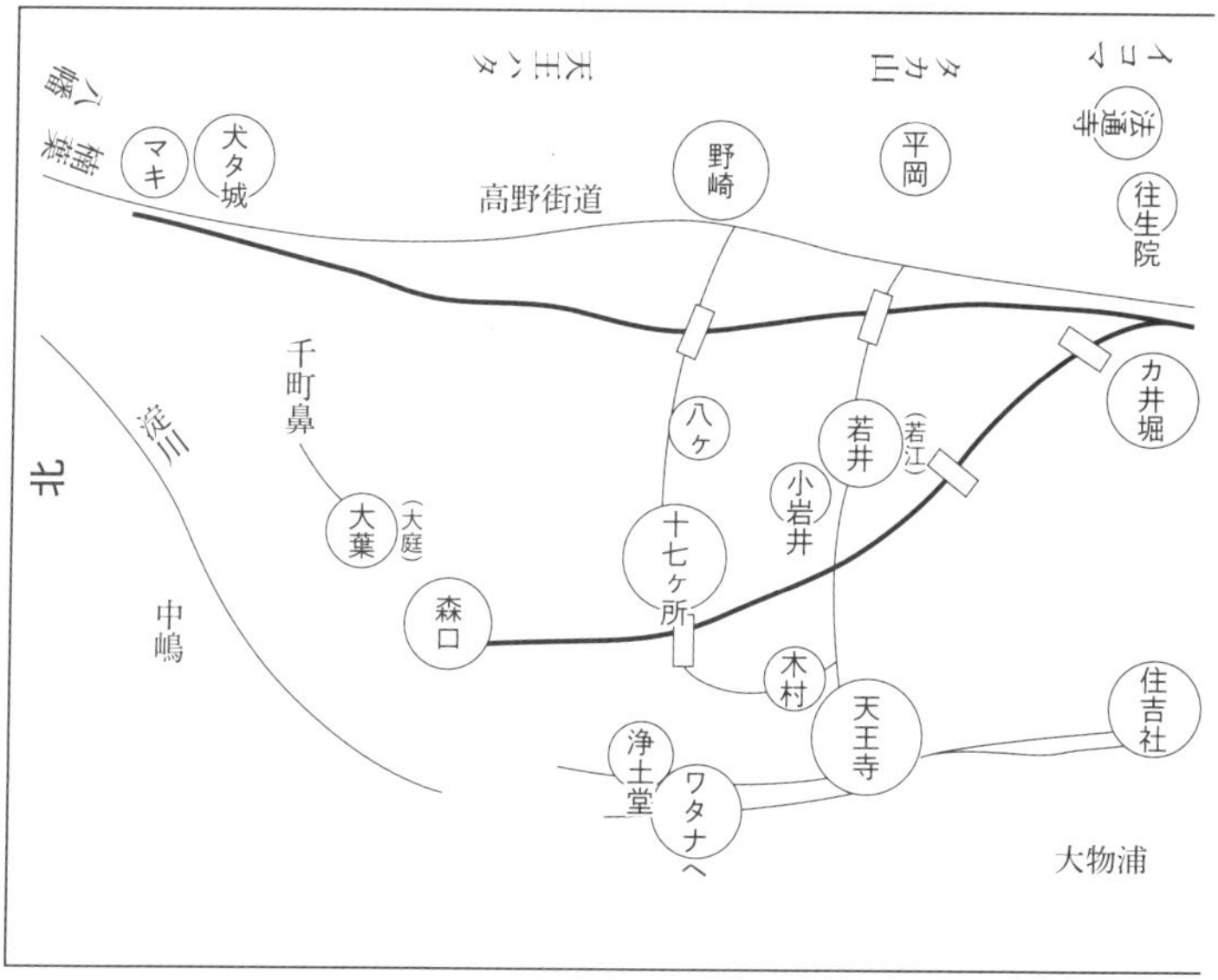

この図は河内北部と摂津《せっつ》・和泉《いずみ》（大阪府）の一部を範囲とする基家・政長両陣営の布陣を示すものであり、双方が対峙《たいじ》する緊迫した状況を表している。この戦いでは義材を擁する政長方が優勢であり、基家方は孤立し追い詰められていた。

義材は六角氏攻撃と同様、多くの軍勢を率いて畠山基家方を攻め、順調に戦果を上げていた。また義材は斯波義寛からの要請を受け、越前朝倉氏攻撃も計画していた。こうした矢継ぎ早の軍事行動は、義材に将軍としての「器量」や「軍事的力量」を示し得た。守護など諸勢力を引っ張る将軍としての軍事動員力や実際の戦果がそれを裏付けたと考えられる。さらには動員した諸勢力との関係の構築が挙げられる。もともと在京せず、権力基盤がなかった義材にとって、軍事行動を行うことで得られた関係は大きな財産になった。しかし順調に進んでいた義材の行動を根底から覆したのが「明応の政変」だったのである。

◎細川政元挙兵、新将軍を擁立

足利義材による河内の畠山基家攻撃が行われていた明応二年（一四九三）四月二十二日、細川政元が京都で挙兵し、河内に出陣中の義材を廃し、香厳院清晃を新将軍・義澄として擁立した。翌二十三日には、京都の畠山尚順邸や被官の在所が政元方の足軽《あしがる》によって破却、放火された（『後法興院記』『蔭凉軒日録』）。「明応の政変」である。細川政元はまず清晃を遊初軒《ゆうしょけん》に迎え、その後京都市中の義材の関係先を攻撃した。結果三宝院《さんぼういん》や曇華院《どんけいん》、慈照寺《じしょうじ》、葉室光忠《はむろみつただ》邸などが襲われ、破壊された（『親長卿記《ちかながきょうき》』『晴富宿禰記《はるとみすくねき》』）。葉室光忠は足利義材の側近の公家で、申次《もうしつぎ》として公家・武家双方に権勢をふるった。その後清晃は政元邸に移され、四月二十八日に還俗して「足利義遐《よしとお》」を名乗った。なお義遐は六月に「義高《よしたか》」、文亀《ぶんき》二年（一五〇二）七月に「義澄《よしずみ》」と改名した（『実隆公記』）。

細川氏略系図（縦二重線は養子）

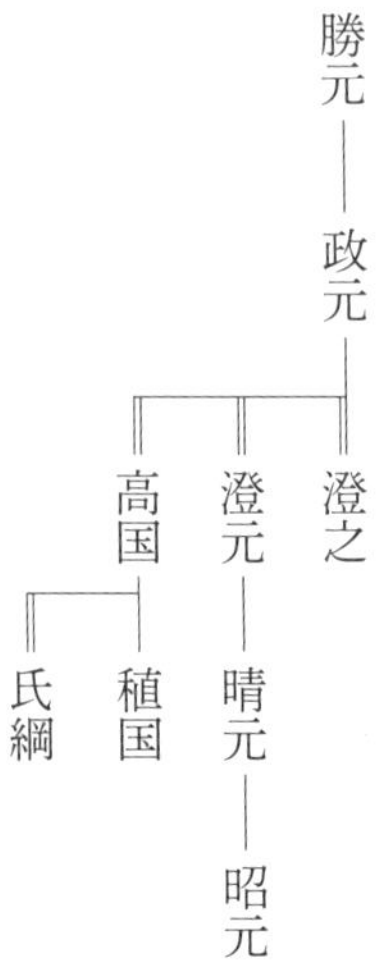

この政元挙兵の情報が河内国正覚寺に伝わると状況は一変した。基家攻撃に加わっていた守護や奉公衆らが戦線を離脱しはじめた。彼らは細川政元が足利義材、畠山政長攻撃のために被《ひ》官《かん》（家臣）の安富元家、上原元秀《うえはらもとひで》（細川政元内衆）を河内に発向させるとこれに応じたのである。足利義澄方に与し、義材と畠山政長への攻撃に加わる者もいた。直臣や有力な勢力の中で、義材方に積極的に与し、支援する者は少なかった。義材・政長は正覚寺に籠城《ろうじょう》することとなった。戦況が不利になったとはいえ、義材にはなお八千名の軍勢がおり、また政長には紀伊の根来衆《ねごろしゅう》らの援軍の報もあって、にわかに勝敗が決するものではなかった。

正覚寺に籠もる義材・政長軍は、攻撃してきた上原元秀軍を撃退するなど激しい戦闘が繰り返され、和平交渉も破れている。閏《うるう》四月二十一日、細川政元方の赤松政則が在陣していた堺《さかい》を根来衆などが攻撃した。赤松政則自身が出陣して防戦し、根来衆方に多くの戦死者が出た。援軍が届かない段階になり、政長は自害し、尚順は紀伊に逃れた。正覚寺を出た義材は逮捕された。四天王寺《してんのうじ》に送られ、その後同年五月二日に多くの野次馬の見る中、板輿《いたこし》に乗せられた。三ヵ月前に「雲霞《うんか》のごとき」兵を率いて京都から出陣した義材は、六名の近臣のみと帰京したのである（『蔭涼軒日録』『晴富宿禰記』）。

大軍であったはずの義材軍が、なぜ簡単に崩壊したのか。畿内で最有力であった細川政元が挙兵したことに加え、将軍の動員要請に応じはしたものの、なお守護や大名、諸勢力との密接な関係を取り持ち切れていなかったことが要因の一つといえる。さらに近江の六角氏攻撃のの

「明応の政変」対立の構図

細川政元 香厳院清晃（足利義澄） 日野富子 伊勢貞宗 畠山基家	VS	足利義材 葉室光忠 畠山政長

ち間を置かず実行された畠山氏攻撃への動員は、多大な負担を守護らに強《し》いることになった。これを強行した義材に対し、守護らの支援は乏しかった。

さらに義材方の諸勢力に与えた日野富子の影響力も見逃せない。細川政元が挙兵すると日野富子は足利義澄支持を表明した。結果、正覚寺にいた奉公衆は雪崩《なだれ》を打つように義澄方へついた。幕府を代表する存在の富子の意思表明が、政元の軍事行動に「正当性」を与えることになった。本来なら反逆とされて当然の政元の軍事行動は、日野富子が追認したことで「正当な」行動とされ、諸勢力が義澄方へ加わることを後押ししたのである。

「明応の政変」を主導し、実際の軍事行動を起こしたのは細川政元である。政元は挙兵した翌日の明応二年四月二十三日、朝廷に対し、「河内への外征は良くないと言上したのに義材が拒否したためこれを廃し、義澄を擁立した」と説明している（『晴富宿禰記』）。度重なる将軍親征に対する諸勢力の不満を汲《く》み、自身の行為を正当化しようとしており、幕府の有力者としての政元の姿勢が示されている。

畠山氏の内紛は継続しており、対立する両畠山氏はそれぞれ正統性と勢力の維持拡大を求めて周辺諸勢力との結合や離散などが常態化していた。幕府内での主導権争いから直接的な利害関係があり、政元は畠山基家方を支持していた。義材が主導した六角氏攻撃には出陣した政元だが、この度の河内攻撃には加わっていない。義材の攻撃対象が、自らが支持する基家だったからである。義材による河内攻撃が成功し、政元と対立する畠山政長が畠山氏を統一すると、幕府支配における政元の優位性が減退する可能性がある。政元による義材の廃立は、幕府内における自身の立場の保全の側面があった。

政元がこのように考え挙兵した背景には、義材との関係性もあった。六角氏追討の際、実際の軍事行動を行ったのは政元被官の安富元家だった。しかし元家は攻撃に失敗し、義材からの信頼を失うこととなった。また幕府内で有力な存在である政元に対する勢力削減の意図もあって、義材は政元と対立する畠山政長や、他の勢力との関係を深めようとした。このような動向が幕府内における自身の孤立を招くと考えた政元が、将軍義材の廃立を決意し、実行したのが「明応の政変」と考えられる。

◎政変後も続く義材の戦い

細川政元に降《くだ》り、逮捕された足利義材は、明応二年(一四九三)五月二日に京都に連行され、まずは龍安寺《りょうあんじ》に入れられたのち、政元被官の上原元秀邸に移された。上原邸に移された義材は毒殺されかけたりもした（『大乗院寺社雑事記』）。六月二十九日、義材は上原邸から逃れ、近江を経由して越中《えっちゅう》（富山県。畠山氏分国）に逃げ、畠山政長被官だった神保長誠《じんぼうながのぶ》のもとに入った。義材は越中から政元の打倒を各地の諸勢力に指示し、大内氏などこれに従おうとする者も出てきた（『大乗院寺社雑事記』）。政元は即座に越中へ派兵し追討しようとしたが、逆に惨敗を喫した。

勢いを得た義材は、翌明応三年（一四九四）九月、細川政元と彼によって擁立された足利義澄打倒に向けて旗揚げした（『大乗院寺社雑事記』）。京都は大混乱に陥ったものの、義材も旗揚げ後、具体的な軍事行動に出られなかった。越中を含む北陸の諸勢力は、義材に従うとの意思は示すものの、具体的な行動には出ていない。見返りを得られなかったためとも考えられる。それはすでに北陸地方においても将軍権力に与することが必要不可欠なものとは認識されていなかったことを示すともいえる。

こののち義材は、政元方との和平交渉をするも失敗し、明応七年（一四九八）になって上洛戦を開始した。大内氏の上洛と援軍を期待してのものだったが、後継者争いでの混乱や、豊後《ぶんご》（大分県）での大友《おおとも》氏との抗争が始まり、大内氏は上洛できなかった。軍勢確保が必要となった義材は越前《えちぜん》（福井県）に至り、朝倉《あさくら》氏を頼った。

ほぼ同時期、畿内では畠山尚順が挙兵し、畠山基家を打倒した。義材からすれば、尚順と連携することで政元に対して優位に立つことが可能な状況となった。明応八年、政元との対決をめざし、義材は上洛した。しかしこの上洛戦は、朝倉氏が飢饉《ききん》の影響で派兵せず、近江まで進軍してきた義材方を、政元方に与していた六角高頼が撃退した。義材は周防の大内氏のもとへ逃れ、再起を図ることになる。永正《えいしょう》五年（一五〇八）に再上洛した義材はついに将軍職に復帰するものの管領・細川高国《たかくに》（政元の養子）と対立、大永《だいえい》元年（一五二一）に堺に出奔後は、淡路、阿波などを転々とし大永三年（一五二三）に没した。

◎「明応の政変」とは何だったのか？

現象だけを見れば、「明応の政変」は細川政元が将軍・足利義材を廃し、新将軍として足利義澄を擁立したクーデターといえ、政元による政権奪取や新たな政権構想の構築と評価することができる。実際、将軍の廃立が政策的意図を持つ家臣によってなされることは前代未聞の事件であり、その後の「下克上《げこくじょう》」の先例を作ったともいえ、戦国時代の嚆矢《こうし》ともされる。

しかし政元は義材を追ったのちに自らが将軍に取って代わることはしない。あくまでも室町幕府による支配という体制は保全したまま、実権を握ろうとするものであった。この政元のみが突出するようなあり方は、室町幕府が歴史的に担保しようとしてきた将軍と守護らによるバランスを壊すものであった。政元は「二人の将軍」による不安定化した室町期の政治状況を克服しようとしたものの、新たな混乱を招来したといえる。

畿内地域は、「応仁・文明の乱」以降も室町幕府の体制や影響が残り、他の地域とは異なる社会の政治的条件が存在した。「明応の政変」はこうしたあり方を乗り越え、戦国期的な社会状況を畿内にもたらした政変と評価することができよう。

おわりに

冒頭で日本中世史の関心の的が戦国・織豊《しょくほう》時代にあると述べた。しかし、本書を編んでみて、室町時代もおもしろいと改めて実感した。大変お忙しい中、ご執筆いただいた各位には、改めて厚くお礼を申し上げる次第である。

実は、もともと私自身も播磨赤松《はりまあかまつ》氏を研究テーマとしており、室町時代に強い関心を寄せていた。室町時代の赤松氏といえば、矢野荘《やののしょう》（兵庫県相生《あいおい》市）、大部荘《おおべのしょう》（同小野市）などの荘園史料が豊富であり、実に関わりが深い。この二つの荘園に関しては、分厚い研究史がある。

しかし、言い訳をするならば、私が学生だった三十年前は両荘の史料は一部が活字化されただけで、まだ全体を収録した史料集が刊行されていなかった（のちに『相生市史』『小野市史』『兵庫県史』史料編に収録）。おまけに私自身の力（勉強）不足もあって（これが最大の理由）、卒業論文では「応仁《おうにん》・文明《ぶんめい》の乱」以降の赤松氏を取り上げた。今回の本で、私は、赤松氏に関わる「嘉吉《かきつ》の乱」と「長禄《ちょうろく》の変」を執筆したが、まだまだ課題は多いといえる。

室町時代については戦乱と政変だけではなく、他にも取り上げるべきテーマがたくさんある。機会を改めて、そうしたテーマもぜひ取り上げてみたいと思う。

なお、本書は一般書であることから、本文では読みやすさを重視して、学術論文のように逐

一、史料や研究文献を注記しているわけではない。執筆に際して多くの論文や著書に拠ったことについて、厚く感謝の意を表したい。また、各章の研究文献は膨大になるので、参照した主要なものに限っていることをお断りしておきたい。

最後に、本書の編集に関しては、柏書房の村松剛氏のお世話になった。村松氏には原稿を丁寧に読んでいただき、種々貴重なアドバイスをいただいた。ここに厚くお礼を申し上げる次第である。

渡邊大門

二〇二一年二月

◆執筆者紹介（執筆順）

秦野裕介（はたの・ゆうすけ）　**第1章「観応の擾乱」、第8章「禁闕の変」執筆**
一九六六年京都府生まれ。立命館大学大学院文学研究科博士後期課程単位取得退学。修士（文学）。現在、立命館大学授業担当講師等。主な業績として、『乱世の天皇』（東京堂出版、二〇二〇年）、「後花園天皇と貞成親王の関係についての基礎的考察」（『研究論集　歴史と文化』五号、二〇一九年）、「室町時代における天皇論」（『日本思想史研究会会報』三五号、二〇一九年）など。

市川裕士（いちかわ・ゆうじ）　**第2章「明徳の乱」執筆**
一九八〇年福岡県生まれ。広島大学大学院文学研究科博士課程後期修了。博士（文学）。主な業績として、「呉鎮守府の設立と広島県令千田貞暁」（『日本歴史』八五六号、二〇一九年）、『山陰山名氏』（戎光祥出版、二〇一八年）、『室町幕府の地方支配と地域権力』（戎光祥出版、二〇一七年）など。

浅野友輔（あさの・ゆうすけ）　**第3章「応永の乱」執筆**
一九八八年茨城県生まれ。上智大学大学院文学研究科博士前期課程修了。修士（文学）。現在、上智大学比較文化研究所内「日本の人名データベース（JBDB）」プロジェクトメンバー等。主な業績として、「戦国期大名・国衆間の対京都交渉の展開―大内氏・毛利氏の官途獲得周旋―」（『人民の歴史学』二一八号、二〇一八年）、「戦国期石見における地域秩序と大名・国衆」（戦国史研究会編『戦国期政治史論集　西国編』岩田書院、二〇一七年）、「戦国期室町将軍足利義輝による和平調停と境目地域―尼子、毛利氏間和平と石見福屋氏の動向―」（『十六世紀史論叢』四号、二〇一五年）など。

千葉篤志（ちば・あつし）　**第4章「上杉禅秀の乱」執筆**

一九八一年千葉県生まれ。日本大学大学院文学研究科博士後期課程満期退学。修士（文学）。現在、日本大学文理学部人文科学研究所研究員。主な業績として、「文禄期の結城朝勝の政治的位置について」（『研究論集 歴史と文化』五号、二〇一九年）、「天正六年の佐竹氏と白河結城氏の和睦に関する一考察」（渡邊大門編『戦国・織豊期の諸問題』歴史と文化の研究所、二〇一八年）、柴辻俊六・小川雄・千葉篤志編『史料集「柴屋舎文庫」所蔵文書2』（日本史史料研究会、二〇一五年）など。

中根正人（なかね・まさと）　**第5章「永享の乱」執筆**

一九八六年茨城県生まれ。國學院大學大学院文学研究科博士課程前期修了。修士（歴史学）。現在、国立大学法人筑波技術大学職員。主な業績として、『常陸大掾氏と中世後期の東国』（岩田書院、二〇一九年）、「応永の乱と「足利義氏」」（『ヒストリア』二六九号、二〇一八年）、「室町前期の東国南朝勢力―元中年号の検討を通じて―」（『日本歴史』八二六号、二〇一七年）など。

前川辰徳（まえかわ・たつのり）　**第6章「結城合戦」執筆**

一九八一年茨城県生まれ。茨城大学大学院人文科学研究科修士課程修了。修士（学術）。現在、目黒区めぐろ歴史資料館研究員。主な業績として、「常陸一の宮・鹿島社の武士たち」（高橋修編『実像の中世武士団―北関東のもののふたち―』高志書院、二〇一〇年）、「鹿島神宮文書の成立と伝来」（『茨城県史研究』九五号、二〇一一年）、「佐竹氏と下野の武士」（高橋修編『佐竹一族の中世』高志書院、二〇一七年）など。

渡邊大門（わたなべ・だいもん）　**第7章「嘉吉の乱」、第10章「長禄の変」執筆**
一九六七年神奈川県生まれ。佛教大学院文学研究科博士後期課程修了。博士（文学）。現在、株式会社歴史と文化の研究所代表取締役。主な業績として、「京都所司代・板倉勝重について―大坂冬の陣開戦時の役割を中心に―」（渡邊大門編『日本中近世の権力と社会』歴史と文化の研究所、二〇二〇年）、「播磨長水城の戦いと戦後処理」（『研究論集　歴史と文化』六号、二〇二〇年）、「織田信長の禁制に関する一考察」（『政治経済史学』六二九号、二〇一九年）など。

谷口雄太（たにぐち・ゆうた）　**第9章「享徳の乱」執筆**
一九八四年兵庫県生まれ。東京大学大学院人文社会系研究科博士課程修了。博士（文学）。現在、東京大学文学部研究員。主な業績として、『室町期東国武家の「在鎌倉」』（鎌倉考古学研究所、二〇二〇年）、『中世足利氏の血統と権威』（吉川弘文館、二〇一九年）など。

浜口誠至（はまぐち・せいじ）　**第11章「応仁・文明の乱」執筆**
一九八二年三重県生まれ。筑波大学大学院人文社会科学研究科博士課程修了。博士（文学）。現在、産業能率大学兼任講師等。主な業績として、「戦国時代の扉を開いた「明応の政変」とは？」（日本史史料研究会監修・山田康弘編『戦国期足利将軍研究の最前線』山川出版社、二〇二〇年）、「中御門宣胤と武家」（戦国史研究会編『論集　戦国大名今川氏』岩田書院、二〇二〇年）、『在京大名細川京兆家の政治史的研究』（思文閣出版、二〇一四年）など。

古野　貢（ふるの・みつぎ）　**第12章「明応の政変」執筆**

一九六八年岡山県生まれ。大阪市立大学大学院文学研究科後期博士課程単位取得退学。博士（文学）。現在、武庫川女子大学准教授。主な業績として、「中世後期守護研究の現在」（『十六世紀史論叢』八号、二〇一七年）、「畿内近国の大名と盟約」（酒井紀美編『生活と文化の歴史学6　契約・誓約・盟約』竹林舎、二〇一五年）、「阿波守護細川氏と三好氏」（今谷明・天野忠幸監修『三好長慶』宮帯出版社、二〇一三年）など。

◆主要参考文献

第1章「観応の擾乱」

飯倉晴武『地獄を二度も見た天皇　光厳院』（吉川弘文館、二〇〇二年）
亀田俊和『観応の擾乱』（中公新書、二〇一七年）
佐藤進一「室町幕府開創期の官制体系」（同『日本中世史論集』岩波書店、一九九〇年、初出一九六〇年）
瀬野精一郎『足利直冬』（吉川弘文館、二〇〇五年）
日本史史料研究会監修、呉座勇一編『南朝研究の最前線』（洋泉社歴史新書y、二〇一六年）
日本史史料研究会監修、亀田俊和編『初期室町幕府研究の最前線』（洋泉社歴史新書y、二〇一八年）
秦野裕介『乱世の天皇』（東京堂出版、二〇二〇年）
久水俊和・石原比伊呂編『室町・戦国天皇列伝』（戎光祥出版、二〇二〇年）
深津睦夫『光厳天皇』（ミネルヴァ書房、二〇一四年）
峰岸純夫『足利尊氏と直義　京の夢、鎌倉の夢』（吉川弘文館、二〇〇九年）
桃崎有一郎『室町の覇者　足利義満』（ちくま新書、二〇二〇年）
森茂暁『懐良親王』（ミネルヴァ書房、二〇一九年）

第2章「明徳の乱」

市川裕士『室町幕府の地方支配と地域権力』（戎光祥出版、二〇一七年）
市川裕士「山陰山名氏の動向と研究の成果」（同編『山陰山名氏』戎光祥出版、二〇一八年）
伊藤俊一『室町期荘園制の研究』（塙書房、二〇一〇年）
榎原雅治「一揆の時代」（同編『日本の時代史11　一揆の時代』吉川弘文館、二〇〇三年）

大坪亮介「『明徳記』における義満・頼之体制とその背景」（『文学史研究』五五号、二〇一五年）
大坪亮介「『明徳記』における山名氏清と新田義貞」（『国語国文』八五巻三号、二〇一六年）
小川剛生『足利義満 公武に君臨した室町将軍』（中公新書、二〇一二年）
小川信『細川頼之』（吉川弘文館、一九七二年）
亀田俊和『観応の擾乱』（中公新書、二〇一七年）
川岡勉『山名宗全』（吉川弘文館、二〇〇九年）
呉座勇一『戦争の日本中世史』（新潮選書、二〇一四年）
佐藤進一『日本の歴史9 南北朝の動乱』（中公文庫、二〇〇五年、初刊一九六五年）
谷口雄太『中世足利氏の血統と権威』（吉川弘文館、二〇一九年）
谷口雄太「幻の「六分の一殿」」（『日本歴史』八六七号、二〇二〇年）
新田一郎『日本の歴史11 太平記の時代』（講談社学術文庫、二〇〇九年、初刊二〇〇一年）
山田徹「南北朝後期における室町幕府政治史の再検討（上）」（『文化学年報』六六号、二〇一七年）
山田徹「南北朝後期における室町幕府政治史の再検討（中）」（『文化学年報』六七号、二〇一八年a）
山田徹「南北朝末期備中国における石塔氏・細川氏」（『日本歴史』八四三号、二〇一八年b）
山本隆志『山名宗全』（ミネルヴァ書房、二〇一五年）
吉田賢司「室町幕府論」（大津透ほか編『岩波講座 日本歴史 第8巻 中世3』岩波書店、二〇一四年）

第3章「応永の乱」

石橋一展「足利氏満と室町幕府」（黒田基樹編著『関東足利氏の歴史 第2巻 足利氏満とその時代』戎光祥出版、二〇一四年）
石橋一展「足利満兼と室町幕府」（黒田基樹編著『関東足利氏の歴史 第3巻 足利満兼とその時代』戎光祥出

版、二〇一五年）
市川裕士「南北朝・室町初期における室町幕府の地方支配と地域権力」（同『室町幕府の地方支配と地域権力』戎光祥出版、二〇一七年）
伊藤幸司「大内氏の国際展開　十四世紀後半～十六世紀前半の山口地域と東アジア世界」（『山口県立大学国際文化学部紀要』十一号、二〇〇五年）
小川剛生『足利義満　公武に君臨した室町将軍』（中公新書、二〇一二年）
小国浩寿『動乱の東国史5　鎌倉府と室町幕府』（吉川弘文館、二〇一三年）
川岡勉「大内氏と室町幕府」（大内氏歴史文化研究会編『室町戦国日本の覇者　大内氏の世界をさぐる』勉誠出版、二〇一九年）
川添昭二『今川了俊』（吉川弘文館、一九八八年）
岸田裕之「安芸国人一揆の形成とその崩壊」（同『大名領国の構成的展開』吉川弘文館、一九八三年、初出一九七八年）
久保健一郎『列島の戦国史1　享徳の乱と戦国時代』（吉川弘文館、二〇二〇年）
田辺久子『関東公方足利氏四代　基氏・氏満・満兼・持氏』（吉川弘文館、二〇〇二年）
谷口雄太「武家の王としての足利氏像とその形成」（同『中世足利氏の血統と権威』吉川弘文館、二〇一九年、初出二〇一七年）
早島大祐『人をあるく　足利義満と京都』（吉川弘文館、二〇一六年）
平瀬直樹『大内義弘』（ミネルヴァ書房、二〇一七年）
藤井崇『室町期大名権力論』（同成社、二〇一三年）
松岡久人『大内義弘』（戎光祥出版、二〇一三年、初刊一九六六年）
丸山裕之『図説　室町幕府』（戎光祥出版、二〇一八年）

第4章「上杉禅秀の乱」

石橋一展「禅秀与党の討伐と都鄙和睦」（黒田基樹編著『関東足利氏の歴史 第4巻 足利持氏とその時代』戎光祥出版、二〇一六年）
伊藤喜良『足利義持』（吉川弘文館、二〇〇八年）
植田真平編著『中世関東武士の研究 第二〇巻 足利持氏』（戎光祥出版、二〇一六年）
植田真平「上杉禅秀の乱の実像と意義」（同『鎌倉府の支配と権力』校倉書房、二〇一八年、初出二〇一〇年）
小川剛生『足利義満 公武に君臨した室町将軍』（中公新書、二〇一二年）
小国浩寿『動乱の東国史5 鎌倉府と室町幕府』（吉川弘文館、二〇一三年）
駒見敬祐「犬懸上杉氏と上杉禅秀の乱」（黒田基樹編著『関東足利氏の歴史 第4巻 足利持氏とその時代』戎光祥出版、二〇一六年）
杉山一弥編著『図説 鎌倉府―構造・権力・合戦』（戎光祥出版、二〇一九年）
高橋修編『佐竹一族の中世』（高志書院、二〇一七年）
谷口雄太「朝香神社棟札の翻刻と紹介」（『常総中世史研究』七号、二〇一九年）
山田邦明「犬懸上杉氏の政治的位置」（黒田基樹編著『中世関東武士の研究 第一一巻 関東管領上杉氏』戎光祥出版、二〇一三年、初出二〇〇三年）
吉田賢司『足利義持』（ミネルヴァ書房、二〇一七年）

第5章「永享の乱」

石橋一展「禅秀与党の討伐と都鄙和睦」（黒田基樹編著『関東足利氏の歴史 第4巻 足利持氏とその時代』戎光祥出版、二〇一六年）

植田真平「上杉禅秀の乱の実像と意義」（同『鎌倉府の支配と権力』校倉書房、二〇一八年、初出二〇一〇年）
植田真平「永享の乱考」（黒田基樹編著『関東足利氏の歴史 第4巻 足利持氏とその時代』戎光祥出版、二〇一六年）
内山俊身「鳥名木文書に見る室町期東国の政治状況―永享の乱・結城合戦時の霞ヶ浦周辺と足利万寿王丸の鎌倉公方復権運動について」（『茨城県立歴史館報』三一号、二〇〇四年）
遠藤珠紀「中世の元号」（『歴史と地理』七二七号、二〇一九年）
小国浩寿「永享記と鎌倉持氏記―永享の乱の記述を中心に」（植田真平編著『中世関東武士の研究 第二〇巻 足利持氏』戎光祥出版、二〇一六年、初出二〇〇三年）
風間洋「足利持氏専制の周辺―関東奉公衆一色氏を通して―」（植田真平編著『中世関東武士の研究 第二〇巻 足利持氏』（戎光祥出版、二〇一六年、初出一九九七年）
梶原正昭「永享の乱関係軍記の展望」（同『室町・戦国軍記の展望』和泉書院、一九九九年、初出一九八四年）
黒田基樹『長尾景仲』（戎光祥出版、二〇一五年）
黒田基樹「持氏期の上杉氏」（黒田基樹編著『関東足利氏の歴史 第4巻 足利持氏とその時代』戎光祥出版、二〇一六年）
呉座勇一「永享九年の「大乱」―関東永享の乱の始期をめぐって―」（植田真平編著『中世関東武士の研究 第二〇巻 足利持氏』戎光祥出版、二〇一六年、初出二〇一五年）
呉座勇一「足利安王・春王の日光山逃避伝説の生成過程」（倉本一宏編『説話研究を拓く』思文閣出版、二〇一九年）
佐藤博信「永享の乱後における関東足利氏の動向―とくに「石川文書」を中心として」（同『古河公方足利氏の研究』校倉書房、一九八九年、初出一九八八年）
清水克行「まぼろしの鎌倉公方―足利義永について―」（『駿台史学』一五七号、二〇一六年）

清水亮「南北朝・室町期の常陸平氏と鎌倉府体制」（高橋修編著『常陸平氏』戎光祥出版、二〇一五年、初出二〇〇一年）
清水亮「大石遠江入道聖顕と左衛門尉憲重」（『埼玉地方史』七一号、二〇一五年）
杉山一弥「室町幕府と下野「京都扶持衆」」（同『室町幕府の東国政策』思文閣出版、二〇一四年、初出二〇〇五年）
杉山一弥「室町幕府と常陸「京都扶持衆」」（同『室町幕府の東国政策』思文閣出版、二〇一四年）
杉山一弥「正長・永享期室町幕府と鎌倉府の紛擾」（黒田基樹編著『関東足利氏の歴史 第4巻 足利持氏とその時代』戎光祥出版、二〇一六年）
杉山一弥編著『図説 鎌倉府―構造・権力・合戦』（戎光祥出版、二〇一九年）
杉山一弥「永享の乱」（高橋典幸編『中世史講義【戦乱篇】』ちくま新書、二〇二〇年）
田辺久子『関東公方足利氏四代 基氏・氏満・満兼・持氏』（吉川弘文館、二〇〇二年）
谷口雄太「足利持氏願文は「血書」か」（『鎌倉』一二七号、二〇二〇年）
渡辺世祐『関東中心足利時代之研究 改訂版』（新人物往来社、一九九五年、初刊一九二六年）
渡政和「「京都様」の「御扶持」について―いわゆる「京都扶持衆」に関する考察―」（植田真平編著『中世関東武士の研究 第二〇巻 足利持氏』戎光祥出版、二〇一六年、初出一九八五年）

第6章「結城合戦」

秋山隆雄「小山の城と奥大道」（橋本澄朗・荒川善夫編『東国の中世遺跡』随想舎、二〇〇九年）
石橋一展「足利持氏没後の騒乱と鎌倉公方足利成氏の成立」（黒田基樹編著『関東足利氏の歴史 第5巻 足利成氏とその時代』戎光祥出版、二〇一八年）
内山俊身「鳥名木文書に見る室町期東国の政治状況―永享の乱・結城合戦時の霞ヶ浦周辺と足利万寿王丸の鎌

倉公方復権運動について」（『茨城県立歴史館報』三一号、二〇〇四年）
江田郁夫「武力としての日光山―昌膳の乱をめぐって」（同『戦国大名宇都宮氏と家中』岩田書院、二〇一四年、初出二〇〇一年）
木下聡「結城合戦前後の扇谷上杉氏―新出史料の紹介と検討を通じて」（黒田基樹編著『シリーズ・中世関東武士の研究　第五巻　扇谷上杉氏』戎光祥出版、二〇一二年、初出二〇〇九年）
呉座勇一「足利安王・春王の日光山逃避伝説の生成過程」（倉本一宏編『説話研究を拓く』思文閣出版、二〇一九年）
齋藤慎一「鎌倉街道上道と北関東」（同『中世東国の道と城館』東京大学出版会、二〇一〇年、初出二〇〇三年）
佐藤博信「永享の乱後における関東足利氏の動向―とくに「石川文書」を中心として」（同『古河公方足利氏の研究』校倉書房、一九八九年、初出一九八八年）
田辺久子『関東公方足利氏四代　基氏・氏満・満兼・持氏』（吉川弘文館、二〇〇二年）
永原慶二「結城合戦」（結城市史編さん委員会編『結城市史　第四巻―古代中世通史編』第三編第四章、同市、一九八〇年）
永原慶二「東国社会の変動」（同『大系日本の歴史　六　内乱と民衆の世紀』小学館、一九八八年）
前川辰徳「結城合戦再考」（大田原市那須与一伝承館編『『結城戦場物語絵巻』の世界と那須の戦国』同館、二〇一二年）
百瀬今朝雄「主なき鎌倉府」（神奈川県県民部県史編集室編『神奈川県史　通史編一―原始・古代・中世』第三編第三章第三節、同県、一九八一年）
百瀬今朝雄「足利成氏の幼名」（『日本歴史』四一四号、一九八二年）
渡辺世祐『関東中心足利時代之研究　改訂版』（新人物往来社、一九九五年、初刊一九二六年）

第7章「嘉吉の乱」

今谷明『土民嗷々 一四四一年の社会史』（東京創元社、二〇〇一年、初刊一九八八年）
今谷明『籤引き将軍足利義教』（講談社選書メチエ、二〇〇三年）
高坂好『赤松円心・満祐』（吉川弘文館、一九七〇年）
高坂好『中世播磨と赤松氏』（臨川書店、一九九一年）
水野恭一郎「守護赤松氏の領国支配と嘉吉の変」（同『武家時代の政治と文化』（創元社、一九七五年、初出一九五九年）
水野恭一郎「嘉吉の乱と井原御所」（同『吉備と京都の歴史と文化』思文閣出版、二〇〇〇年、初出一九九三年）
森茂暁『室町幕府崩壊』（角川ソフィア文庫、二〇一七年、初刊二〇一一年）
渡邊大門『赤松氏五代』（ミネルヴァ書房、二〇一二年）

第8章「禁闕の変」

石原比伊呂『北朝の天皇』（中公新書、二〇二〇年）
桜井英治『日本の歴史12 室町人の精神』（講談社学術文庫、二〇〇九年、初刊二〇〇一年）
田村航「禁闕の変における日野有光」（『日本歴史』七五一号、二〇一〇年）
秦野裕介『乱世の天皇』（東京堂出版、二〇二〇年）
秦野裕介「禁闕の変再考」（『十六世紀史論叢』一一号、二〇一九年）
久水俊和『中世天皇家の作法と律令制の残存』（八木書店、二〇二〇年）
久水俊和・石原比伊呂編『室町・戦国天皇列伝』（戎光祥出版、二〇二〇年）
水野智之「動乱期の公武関係を支えた公家たち」（日本史史料研究会監修、神田裕理編著『伝奏と呼ばれた

人々』ミネルヴァ書房、二〇一七年）
森茂暁『南朝全史　大覚寺統から後南朝へ』（講談社学術文庫、二〇二〇年、初刊二〇〇五年）
森茂暁『闇の歴史、後南朝』（角川ソフィア文庫、二〇一三年、初刊一九九七年）
渡邊大門『奪われた「三種の神器」』（草思社文庫、二〇一九年、初刊二〇〇九年）

第9章「享徳の乱」

石田晴男『戦争の日本史　9　応仁・文明の乱』（吉川弘文館、二〇〇八年）
久保健一郎『列島の戦国史1　享徳の乱と戦国時代』（吉川弘文館、二〇二〇年）
黒田基樹『図説　太田道灌』（戎光祥出版、二〇〇九年）
黒田基樹『長尾景仲』（戎光祥出版、二〇一五年）
黒田基樹『太田道灌と長尾景春』（戎光祥出版、二〇一九年）
桜井英治『日本の歴史12　室町人の精神』（講談社学術文庫、二〇〇九年、初刊二〇〇一年）
高橋典幸編『中世史講義【戦乱篇】』（ちくま新書、二〇二〇年）
則竹雄一『動乱の東国史6　古河公方と伊勢宗瑞』（吉川弘文館、二〇一二年）
峰岸純夫『享徳の乱　中世東国の「三十年戦争」』（講談社選書メチエ、二〇一七年）
森田真一『上杉顕定』（戎光祥出版、二〇一四年）
山田邦明『日本史のなかの戦国時代』（山川出版社、二〇一三年）
山田邦明『敗者の日本史8　享徳の乱と太田道灌』（吉川弘文館、二〇一五年）
山田邦明編『関東戦国全史』（洋泉社歴史新書y、二〇一八年）
群馬県立歴史博物館編『関東戦国の大乱』（群馬県立歴史博物館、二〇一一年）

第10章「長禄の変」

今井啓一「嘉吉ノ變と長祿ノ變」(後南朝史編纂会編『後南朝史論集』原書房、一九八一年、初刊一九五六年)
高坂好『赤松円心・満祐』(吉川弘文館、一九七〇年)
高坂好『中世播磨と赤松氏』(臨川書店、一九九一年)
秦野裕介『乱世の天皇』(東京堂出版、二〇二〇年)
水野恭一郎「赤松氏再興をめぐる二・三の問題」(同『武家社会の歴史像』国書刊行会、一九八三年、初出一九五九年)
森茂暁『闇の歴史、後南朝』(角川ソフィア文庫、二〇一三年、初刊一九九七年)
渡邊大門『赤松氏五代』(ミネルヴァ書房、二〇一二年)
渡邊大門「赤松氏再興と加賀国半国守護補任について—中央政局と越前国朝倉氏との関係から」(同『中世後期の赤松氏—政治・史料・文化の視点から』日本史史料研究会、二〇一一年。初出二〇一〇年)
渡邊大門『奪われた「三種の神器」』(草思社文庫、二〇一九年、初刊二〇〇九年)

第11章「応仁・文明の乱」

家永遵嗣『室町幕府将軍権力の研究』(東京大学日本史学研究室、一九九五年)
家永遵嗣「軍記『応仁記』と応仁の乱」(学習院大学文学部史学科編『歴史遊学』山川出版社、二〇〇一年)
家永遵嗣「細川政元の生母桂昌了久」(『日本歴史』七四二号、二〇一〇年)
家永遵嗣「応仁2年の「都鄙御合体」について」(『日本史研究』五八一号、二〇一一年)
家永遵嗣「再論・軍記『応仁記』と応仁の乱」(学習院大学文学部史学科編『増補 歴史遊学』山川出版社、二〇一一年)
家永遵嗣「足利義視と文正元年の政変」(『学習院大学文学部研究年報』六一輯、二〇一四年)

家永遵嗣「日野富子と山名宗全との連繫の発端」(『戦国史研究』七五号、二〇一八年)
家永遵嗣「日野富子暗躍伝承は排除すべきである——桜井英治の論難に応える——」(『歴史学研究』九九二号、二〇二〇年)
石田晴男『戦争の日本史9 応仁・文明の乱』(吉川弘文館、二〇〇八年)
稲垣泰彦「応仁・文明の乱」(『岩波講座 日本歴史7』岩波書店、一九六三年)
小川信『山名宗全と細川勝元』(吉川弘文館、二〇一三年、初刊一九六六年、人物往来社)
呉座勇一『応仁の乱』(中公新書、二〇一六年)
桜井英治『日本の歴史12 室町人の精神』(講談社学術文庫、二〇〇九年、初刊二〇〇一年)
桜井英治「応仁二年の「都鄙和睦」交渉について」(『日本史研究』五五五号、二〇〇八年)
桜井英治「『応仁記』捏造説の収束に寄せて」(『歴史学研究』九八二号、二〇一九年)
末柄豊「応仁・文明の乱」(『岩波講座 日本歴史8』岩波書店、二〇一四年)
鈴木良一『応仁の乱』(岩波新書、一九七三年)
田中義成『足利時代史』(講談社学術文庫、一九七九年、初刊一九二三年)
永島福太郎『応仁の乱』(至文堂、一九六八年)
百瀬今朝雄「応仁・文明の乱」(『岩波講座 日本歴史7』岩波書店、一九七六年)
吉田賢司「足利義政期の軍事決裁制度」(同『室町幕府軍制の構造と展開』吉川弘文館、二〇一〇年、初出二〇〇六年)

第12章「明応の政変」

青山英夫「「明応の政変」に関する覚書」(『上智史学』二八号、一九八三年)
家永遵嗣「明応二年の政変と伊勢宗瑞(北条早雲)の人脈」(『成城大学短期大学部紀要』二七号、一九九六年)

木下昌規「足利義稙の側近公家衆の役割をめぐって―葉室光忠と阿野季綱を中心に」（同『戦国期足利将軍家の権力構造』岩田書院、二〇一四年）
日本史史料研究会監修・平野明夫編『室町幕府全将軍・管領列伝』（星海社新書、二〇一八年）
福島克彦『戦争の日本史11　畿内・近国の戦国合戦』（吉川弘文館、二〇〇九年）
丸山裕之『図説　室町幕府』（戎光祥出版、二〇一八年）
山田康弘「明応の政変直後の幕府内体制」（同『戦国期室町幕府と将軍』吉川弘文館、二〇〇〇年）
山田康弘『足利義稙』（戎光祥出版、二〇一六年）

さ

し

◆人名索引

戦乱《せんらん》と政変《せいへん》の室町時代《むろまちじだい》

二〇二一年四月一〇日　第一刷発行
二〇二一年六月二五日　第二刷発行

編　者　渡邊大門《わたなべだいもん》

発行者　富澤凡子
発行所　柏書房株式会社
東京都文京区本郷二-一五-一三（〒一一三-〇〇三三）
電話（〇三）三八三〇-一八九一［営業］
（〇三）三八三〇-一八九四［編集］

装　丁　藤塚尚子（e to kumi）
DTP　株式会社キャップス
印　刷　壮光舎印刷株式会社
製　本　株式会社ブックアート

ISBN978-4-7601-5307-7